主　　编：王　名
副 主 编：仝志辉
执行主编：马剑银
编　委：陈洪涛 蓝煜昕 李长文 李　勇 林志刚 羌　洲 王　超 俞祖成 张　潮
　　　　郑　琦 朱晓红
编辑秘书：刘彦霞 刘瑜瑾
刊物支持：增爱公益基金会

学术顾问委员会：
白永瑞（韩国延世大学）
陈健民（香港中文大学）
陈金罗（北京大学）
陈锦棠（香港理工大学）
陈旭清（中央民族大学）
大卫·霍顿·史密斯（David Horton Smith, 美国波士顿学院）
邓国胜（清华大学）
丁元竹（国家行政学院）
高丙中（北京大学）
官有垣（台湾中正大学）
郝秋笛（Jude Howell，英国伦敦政治经济学院）
何增科（北京大学）
华安德（Andrew Watson，澳大利亚阿德莱德大学）
黄浩明（深圳国际公益学院）
贾西津 （清华大学）
江明修（台湾政治大学）
康保瑞（Berthold Kuhn，德国柏林自由大学）
康晓光（中国人民大学）
莱斯特·萨拉蒙（Lester Salamon，美国约翰-霍普金斯大学）
林尚立（中央政策研究室）
罗家德（清华大学）
马长山（华东政法大学）
马克·西得乐（Mark Sidel，美国威斯康星大学）
山内直人（Naoto Yamauchi，日本大阪大学）
沈　原（清华大学）
师曾志（北京大学）
天儿慧（Amako Satoshi，日本早稻田大学）
陶传进（北京师范大学）
托尼·塞奇（Tony Saich，美国哈佛大学）
王　名（清华大学）
王绍光（香港中文大学）
温铁军（中国人民大学）
吴玉章（中国社会科学院法学研究所）
谢寿光（社会科学文献出版社）
徐家良 （上海交通大学）
雅克·德富尔尼（Jacques Defourny, 比利时列日大学）
杨　团（中国社会科学院社会学研究所）
张　经（中国商会行业协会网）
张秀兰（北京师范大学）
张严冰 （清华大学）
周延风 （中山大学）
朱晓红 （华北电力大学）
（以上均按首字母排序）

本刊编辑部地址：北京市海淀区中关村东路1号院5号楼文津国际公寓807
电话：010-62773929
投稿邮箱：lehejin@126.com
英文版刊号：ISSN：1876-5092；E-ISSN：1876-5149
出版社：Brill出版集团
英文版网址：www.brill.nl/cnpr

China NonProfit Review Vol.23 2019 No.1

中国非营利评论

清华大学公益慈善研究院
明德公益研究中心　主办

第二十三卷　2019 No.1

社会科学文献出版社
SOCIAL SCIENCES ACADEMIC PRESS (CHINA)

本刊得到增爱公益基金会的赞助

理事长胡锦星寄语本刊：增爱无界，为中国公益理论研究作出贡献！

增爱无界

胡锦星

增爱公益基金會
More Love Foundation

目　录

CONTENTS

Cases

Book Reviews

Reference to Study

卷首语

转眼新年已近月。

元旦几位友人在宁波走马。42.2 公里耗时 7 个半小时，绕行东钱湖，新年祈善福，期待 2019 中国公益有新的境界、新的突破。

从去年 7 月暑假在天津统稿时开始，我利用晨练及徒步的时间背诵《论语》，每天 4～5 章，今明两天完成第 20 篇《尧曰》，算大功告成了！半年时间背下了整篇《论语》，这是在挑战我的记忆力，更是用国学加强我对公益的思考和研究。今年上半年，我在给博士生开设的"国家与社会"课中，加入了有关《论语》的三章，分别为君子、善治和仁政，与这些新锐的年轻人重温两千多年前古圣先贤的思想境界及其场域，以窥"宗庙之美""百官之富"，乃一件令人期待的幸事！

日前，我在第八届中国慈善年会上发表主旨演讲，提出当下中国社会组织的最大挑战是"能力专有性"不足。这一观点引起了广泛的关注。本期"特稿"以专稿的形式刊发了我和蔡志鸿详细阐述这一观点的论文。这一概念及其详细的论证，是我们在栖居三亚斗室近一个月里深入研讨、激烈争论及反复验证的结果，三亚河入海口夕阳的余晖及鱼跃之美，见证了我们思想的火花及场域。志鸿来自台湾，跟了我多年，终于毕业且将赴三亚一所大学就职，这个三年不曾回乡省亲的高雄人，此刻正沉浸在天伦之乐中。借笔送上对他及家人的问候和祝福。

在去年 10 月 14 日清华 NGO 20 周年庆典上，我引用《论语》中曾子之语"任重而道远"以明志；我的知友、台湾政大社会科学院院长江明修教授和我一起主持，他用庄子之言"道行之而成"，共贺清华，祈福未来。

　　猪年新春在即。大年初一我的清华走马也开始备战了。我喜欢走马，尤其喜欢春节第一天和家人一起挑战。那路每年都有进步。最近他也在学论语，每天下课后都会和我讨论。期待在初一的东操走马中，我们的讨论能够精彩继续！

王　名

2019 年 1 月 27 日

于清华园

以"能力专有性"论政社合作[*]

——以两岸防艾社会组织为例

王　名　蔡志鸿[**]

【摘要】既有理论对于政府与社会关系（以下简称"政社关系"）的解释更多聚焦于制度论和理念论两个视角，尤其强调制度供给的不足造成了政社关系的不同模式。本文在评述这些观点的基础上，从能力论的视角出发探求新的解释框架，进而提出能力专有性这一新的概念。基于经济学对于分工的研究，本文认为：政社之间相互依赖程度的不同源于社会组织所拥有的能力专有性的差异，社会组织能力专有性越强，政府与其越容易形成相互依赖的关系，反之则容易形成任意支配型的关系。本文以艾滋病防治为主要领域并以台湾地区和我国大陆的社会组织为例对这一问题进行比较分析。研究发现：分工基础上的深耕细作、专业化的员工及志愿者队伍以及长期的经验及社会资本的累积，使台湾地区防艾社会组织在自身擅长的领域内形成了很强的能力专有性，这一方面突出了社会组织的竞争优势，但另一方面也限制了其跨域流动的可能性，最终形成政社之间相互依赖的紧密关系；而我国大陆防艾社会组织的专业化分工不明确，缺乏在固有领域的深

---

* 本文为国家社科基金重大项目（16ZDA007）的中期成果之一。

** 王名，清华大学公共管理学院教授，清华大学公益慈善研究院院长；蔡志鸿，清华大学公共管理学院博士研究生。

耕细作，全职员工欠缺特别是员工和志愿者团队的专业性差、流动性高，种种因素使之缺乏能力专有性，在与政府合作中处于被任意支配的地位。本文进而从制度视角解释了社会组织形成不同能力专有性的原因。

【关键词】 政社关系　政社合作　防艾社会组织　能力专有性

一　政社关系的三种分析视角及其不足

政社关系一直以来备受学术界的关注。目前对于政社关系的研究主要基于三种视角：制度论视角、理念论视角与能力论视角。制度论视角强调政府与社会组织所处的制度和环境结构对双方关系的影响；理念论视角强调政府与社会组织各自的价值观及认知在双方关系中所发挥的作用；能力论视角强调政府与社会组织各自的实力对双方关系的影响。本文对这三种视角的主要观点加以评述，并指出各自的不足。

（一）　制度论视角

在学术界关于政社关系的讨论中，最常用的是制度论的解释视角。

制度论视角认为，当前中国政社关系的现实互动是制度形塑的结果，制度的发展影响着政社关系的发展，为政社合作提供了空间。

笔者长期关注社会组织管理体制问题并曾指出：从中国社会组织的发展过程看，政社关系经历了不同的历史阶段，社会组织管理体制几经制度创新，沿着分散管理到归口管理，再从归口管理和双重管理到分类管理的路线演进，分别体现了背后的发展型战略、控制型战略和规范型战略三种不同战略（王名等，2011）。也有学者从政策文本和实践效果的双重角度划分，指出政社关系经历了严密控制、局部发展、甄别性吸纳三个阶段，不同阶段在政策目标、功能边界和政策功能的不同，体现了政府对社会组织的不同的策略性选择（陈天祥等，2017）。

到目前为止，我国社会组织管理体制最突出的特点仍然是双重管理体制，以及在双重管理体制基础上形成的现行制度环境。笔者曾将这一体制的特征概括为：由统一的登记管理机关和分散的业务主管单位分别行使对社会组织的控制和管理职能，形成政治把关和监督管理的责任分担机制。这种制度供给上的特殊体制安排成为制约我国社会组织发展的最大障碍（Wang & Liu，2009）。

社会组织的合法性问题，实则包含了在现行制度下的发育和发展条件，是制度层面探讨政社关系的基础。政府能够通过合法性的安排以及各种政策工具，对社会组织的发育、发展和规模产生积极或消极影响（Lecy & Slyke，2013）。高丙中将政社关系归结为三种合法性，即社会合法性、行政合法性、政治合法性，认为现实中的政社关系及其博弈，体现为三种合法性之间的相互替代（高丙中，2000）。李朔严则强调了党与社会组织关系的重要性，强调政治合法性在一定程度上能够支持社会组织的发展（李朔严，2018）。

制度执行是政社关系的现实展现。有学者探究了我国社会组织制度建设的特点，认为我国存在政社关系多样性的基本格局，原因在于行政监管、政府扶持、政社合作和政策参与四个政社关系的主要领域中，都存在制度不足和制度多样性的特征（周俊，2014）。另外，有学者在对社会组织的政策环境进行解读时，将政策执行者纳入分析视野，政策执行者会因不同层级、属性，以及政策执行者本身而采取不同的策略。具体而言，由于社会组织所在领域的"模糊发包"机制，在制度生产风险和弱激励的双重影响下，不同层级的政府共同塑造了社会组织发展的制度环境，在公共服务与政治挑战下，为规避风险，地方政府更可能在"平衡主义"下采取较为模糊的态度（黄晓春，2015）。

在中央放松管制社会组织的政策背景下，地方政府在政策执行的过程中往往会进行创新性探索。有学者从地方政府制度创新的角度，总结社会组织在地方政府创新中的作用，认为应及时将有创新的改革政策上升为法规制度，从制度上解决政社关系重塑的动力问题，把社会组织纳入制度化、规范化的体制中，而当前我国社会组织发展依然存在诸多因素的限制，从政治社会学意义上看，地方政府创新应包括社会民主化的意蕴，意味着社会组织的发展和不断壮大，且广泛存在于社会生活的各个领域和各种层次中。为此，在管理制度安排上，政府应努力构建社会组织的良性发展环境（周庆智，2014）。

针对我国社会组织发展的现状，制度视角下的文献无不谈及通过制度供给改革，促进社会组织发展并提高其参与社会治理能力的政策建议。从制度供给视角，有学者对行业协会的制度供给进行探析，认为应探索建立开放准入、职能清单、配套扶持、综合监管、政会互动等制度，通过政府改革激发行业协会活力，优化社会治理（韦诸霞，2016）。在机制设置上，社会组织孵化器不失为一种重要的实践创新，形成对社会组织发生、发展的支持性机制，为其提供必要的初期投入和发育能力的平台，提升组织力和执行力（王世强，2012；栾晓峰，2017），通过制度供给为社会组织提供良好的发展环境，无疑是对政社关系的一种营造与优化。

制度论视角在一定程度上解释了我国政社关系中政府的强势地位，但这种视角有其局限：首先，这种视角忽视了社会组织的主观能动性，无法解释同一制度环境下政社关系的差异及其原因；其次，制度论视角只说明了制度的约束作用，却未说明政社之间为何会出现深度合作甚至相互依赖这一更加普遍的现象；最后，制度论视角将问题过于简化，将问题归因于制度，却未能说明到底什么影响制度。这就为新的解释视角提供了可能。

（二）理念论视角

第二种视角是基于理念的解释视角，可称之为理念论视角。

相比制度论视角，理念论视角更强调政社双方的价值观对政社关系及其合作形态的影响。这些价值观主要包括两个方面：一是基于利益的理念；二是基于信任的深层次理念。

持利益观的学者认为，政社关系的根本着眼点在于双方各自的"利益"。纳吉姆通过建立概念架构以了解政社关系的重要性，其中战略性制度利益成为理解政社关系的核心变量，而不仅仅是政府动机如政府的性质（民主或独裁）、国家发展状况、经济意识形态所决定的，为此其在目标和策略两个方面构建了政社互动关系的四个维度，分别是：合作、对抗、补充、笼络的"4C模型"（Najam，2000）。在此探索下，国家发展的制度环境在政社关系的比较研究中不是重要的影响因素。有学者基于经济学理论，阐述了政社间的互动关系，提出"增补型""互补型""抗衡型"三种不同的关系模式，并以此分析了不同国家（美国、英国、以色列和日本）的政社互动模式，为国家间的政社互动关系模式的比较提供了较好的思路（Dennis，2000）。

国内基于利益理念的研究以康晓光等人提出的"分类控制"理论为代表。分类控制理论打破了政社关系"铁板一块"的藩篱，开始探讨政府与不同社会组织间的关系，因而具很强的理论解释力。该理论假设政府是理性的"经济人"，其最根本的利益是垄断政治权力，实施什么样的控制策略和控制强度，取决于政府的利益需求，政府根据社会组织的挑战能力和提供的公共物品，对不同的社会组织采取不同的控制策略。政府既需要社会组织参与公共服务的供给，又要努力防止其对政治稳定的威胁，从而政府与社会组织间构建了不同的分类关系模式：控制或支持（康晓光、韩恒，2005）。依据政治风险与社会经济效益，王信贤对社会组织给出分类，政府会依据不同的政治风险和经济效益对社会组织赋予不同的发展机会（王信贤，2006：25）；孙发锋总结了政府选择性控制和选择性扶持的动因在于政府稳定的政治考量、管理成本、职能转移、党政矛盾态度（孙发锋，2012）；纪莺莺通过对中国商业协会的考察，试图进一步明晰政府利益，认为政府利益主要体现在"社会稳定"和"经济发展"方面，有利于政府利益的社会组织则会获得更好的发展资源和政策（纪莺莺，2013）。遵循利益视角，有学者进一步提出了"利益契合"的概念。作为"经济人"的政府选择控制还是支持，取决于二者利益契合的程度，国家与社会的利益诉求因情境不同既有一致又有分歧，利益契合是根本驱动力，即使在受政府支持程度最大的行业组织中，其政策参与的性质和程度也取决于与政府利益的契合程度（江华等，2011）。在事务性开展上，政府与社会组织在互动的过程中，立足于不同的利益考量和立场，以及对公共事务认知的差距，也极易造成政府与民众之间无法形成唇齿相依的工作团队（吴涛、陈正芹，2008）。

利益观的理念论视角将政府视为理性的"经济人"，政府在发展社会组织过程中，会呈现不同的态度和策略。这种策略取决于社会组织的功能、类型，以及其与政府利益的契合程度，总体上来看无外乎政府的政治稳定性和政治合法性等利益。在这一视角下，社会组织的身份、领域以及专业能力都成为政府利益考量的重要因素，政府居于主导地位，即社会组织所拥有的资源为政府所用。在利益观之外，也有人强调共享价值对于维系政社关系的重要性。

另一派理念论视角强调信任在其中发挥的作用。信任是社会资本的重要组成部分，以信任关系为支撑的协同治理，在协同者之间能够产生安全感和确定感，从而达成协作意愿。在一个共同体中，信任水平越高，合作的可能性就越大（帕特南，2015），信任资源不足必然导致协同者互动成本增加，影响合作（欧黎明、朱秦，2009）。部分学者认为，在政府与社会组织互动合作的因素中，信任是最为重要的（Slyke，2007），在逻辑上，政府与社会组织协调一致和目标界定是合作的起点，不像企业组织追求利润的最大化，社会组织在公共服务的目标和动机上与政府保持一致，强调共享的价值观念，无论是政府还是社会组织，双方信任的水平将影响双方的合作意愿（Alexander & Nank，2009；Brinkerhoff，1999）。而良好的互信合作关系能够使双方在社会领域为实现共同目标而进行力量整合，形成有效衔接与良性互动，从而为社会带来更多的公共利益（王颖，1993；李永忠，2012）。

尽管政府在实践的社会管理逻辑中仍然奉行控制与管控的逻辑，但社会组织回归公共物品供给、政府职能转变、公民自我管理以及国际合作领域中的功能角色，政府相当程度上信任社会组织，通过整合相关社会资源，减轻政府治理压力，也为社会带来更多的公共利益（许源源、王通，2016）。实际上，在一定的公共服务范围内政府会持怀疑态度，表现出矛盾的信任关系，但这不代表二者之间不存在合作的信任因素，政府会积极控制信任关系，规避可能存在的政治风险（汪锦军，2012：61），当政府意识到社会组织的绩效能促进当地发展时，政府会有强烈的合作意愿，并赋权社会组织。同时，社会组织对政府的信任受到政府绩效和公民期望是否一致的影响（Herrington J.，2009）。

各级政府向社会组织购买服务变得越来越流行，当前的政府购买服务就是主要着眼于削减或转移职能，实现政府职能向社会领域分权（陈振明，2016），推动和建立政社间的一种公共非营利合作关系。在政府购买服务过程中，社会组织凭借专业素养与能力、财务制度透明化，与社区居委会建立信任关系，促成组织之间的良好合作（赵罗英、夏建中，2014）。在公共非营利合作关系中，如何选择合适的合作伙伴，在政府看来，除了看重社会组织的专业化水平与非营利的特性外，值得信任的品质是至关重要的（葛忠明，2015）。

理念论视角在政社关系上具有一定的解释力，尤其对中国早期政府与社会组织的关系有着清晰的把握。在早期，中国政府对社会组织往往抱持怀疑的态度加以防范，即便将服务外包给社会组织后，政府对社会组织依然存在很强的不信任感，这自然会影响到双方在合作过程中的进展。另外，这一视角也能够解释为什么在国外社会组织与政府在合作中总的来说比较愉快，一个非常重要的原因是国外的社会组织与政府之间有着普遍的信任，因此在合作中能够维持比较平等的关系。

然而理念论的视角也存在问题。最大的不足是：没法解释为什么在同样的场域中，秉持同样理念的政府与社会组织之间依然会出现不同的合作模式。

（三）能力论视角

第三种视角是基于能力的解释视角，可称之为能力论视角。

能力论视角强调政府与社会组织各自实力的差异，其决定了二者在互动中的地位和话语权。能力论立足于资源依赖理论，强调政府与社会组织间的互动在本质上是资源的相互依赖过程。资源依赖理论的基本假设是：组织无法生产自身所需的所有资源（Pfeffer & Salancik，2003）。政府与社会组织双方是因资源的互补性而达成合作的，不同政社关系形态反映的是政府与社会组织各自资源禀赋的差异及其互补性（Zhou，2013）。政社合作的目的是让服务接受者享受更好的服务，为此，政府提供社会组织所需的资金，社会组织帮助政府回应服务接受者的需求（Cho S.，2006）。另外，社会组织目标的实现不限于服务社会的质量，还依赖于政府某方面政策法规的出台或改变（汪锦军，2008）。

以萨拉蒙为代表的许多学者，强调政府与社会组织间的互动合作关系更多的是一种资源的流动，他们更多关注政府对社会组织的资金支持与服务外包等行为（Salamon，1987；2016）。萨德尔认为，政府与社会组织之间的关系并不完全是单方面的顺从与服从的关系，而是彼此相互依赖的关系，这是由于它们都掌握着某些重要的资源，其中社会组织主要在服务提供能力、信息、政治支持（合法性）方面，政府则给予社会组织所需的财政资金、合法性、参与渠道等资源（Saidel，1991）。社会组织不是"自足的"，其需要利用各种外部资源。在一个行政主导型社会里，政府垄断着各种稀缺资源，社会组织发展也因此而严重依赖于地方政府的政治支持、组织体系、官方媒体、活动许可、登记注册、财政资金、影响决策的机会等资源（康晓光等，2007；Xu，2013）。这表明，社会组织对政府的资源依赖具有复杂性和多元性。资金与政策法规短缺则体现了政社间资源流动的本质。在中国独特的政治权力结构和文化环境中，国家仍趋于重视社会管控和对重要社会资源的掌握（丁学良，2011）。而实际上，由于社会组织的活动能力等其他限制因素，政府与社会组织之间并不是理想的平等关系（汪锦军，2008）。如何扩充资源和健康发展，成为社会组织面临的深刻问题。社会组织动员政府资源时，拥有与政府接近的组织目标，政府具有促进社会组织发展的动力，并通过法律法规的制定对社会组织规范产生影响，社会组织可通过参与政府购买服务、税收优惠等方式从政府部门获得资金等资源。而对于体制外的草根社会组织，其可以通过与政府部门的积极沟通，逐步获得认可，先获得社会合法性，进而获得法律合法性，从而进一步扩展资源（邓宁华，2011；厉秉铎，2012）。例如，"麦田计划"作为一个法律意义上的非法组织，强调动员道德资源以获取社会合法性的重要性，最后顺利完成体制内的合法化过程（王玉生、杨宇，2012）。

　　政府与社会组织在资源的相互依赖关系中，社会组织的平等与自主地位是重要隐喻。社会组织自主意味着组织与自身的任务、核心价值和支持者保持一致，同时坚持自己的任务、核心价值和支持者（Brinkerhoff，2002），在政府与社会组织合作的过程中，通常社会组织的自主性缺乏（陈天祥等，2016）。组织内部资源也对其自身发展提供了保障。邓国胜通过考察环保社会组织的组织能力要素，认为其主要由数量、硬件、动员资源能力、管理能力和影响力指标构成，环保社会组织发挥的作用与其能力在逻辑上密切相关，其潜力的发挥依赖于环境的改善，也需加强组织内部治理体系和能力的建设（邓国胜，2010），其中信息公开的透明度是很重要的要素（Lu et al.，2018）。在环境治理领域，专业化是环保社会组织产生重大社会影响的条件（曹宏、安秀伟，2012）。

　　能力论视角强调组织资源及其流动在政社关系中所发挥的核心作用。组织资源涉及的资金、人力资源、专业性、合法性等，都成为政社互动的变量。多数学者强调了普遍资源的作用，但组织资源是一个宏观集成的概念，在对于哪类资源在发挥核心作用、发挥怎样的作用方面的探讨较少。有学者探讨了社会组织的专业性在政社互动中的作用，如分析了不同类型的资源依赖与行业协会发展之间的关系，实证研究表明，社会转型期协会专业化程度作为社会组织的内部资源的形式，对协会的发展起到积极的作用（李学楠，2015）。有学者指出，社会组织的专业性与本土性之间存在张力。朱健刚等通过对一个专业社工机构承担政府购买服务案例的考察，探讨了专业社会工作与街区权力之间的关系，其中社工的专业性成为社会工作机构与当地政府关系的重要变量，呈现"隔离型""撤退型""互惠型"等专业权力与科层权力关系的类型。他因此呼吁，社工机构的专业性切不可落于"专业社工是最有资格从事社会服务"的专业神话中，否则将会遇到当地治理体系的排斥和干预；同时，也不可让专业性成为权力争夺的场域，诟病为"一门获得政府购买的生意"，专业的人本逻辑被资本工具逻辑取代。为此，他提出专业的社工机构需谨慎对待专业权力，策略性地与街区政府建立独立又合作的关系的忠告（朱健刚、陈安娜，2013）。

能力论视角在一定程度上触及了政社合作的本质，即将这种合作归结为实力对比。这一视角的局限在于：对能力的判断局限于资源，而这种资源大部分被金钱、场地、合法性等表面性的东西所掩盖，缺乏对合作中更重要的对社会组织专业性能力的关注。

二 能力专有性的分析视角及其独特性

政社合作关系，归根到底是社会分工的结果。在分工过程中，不同主体间地位的差别在很大程度上取决于分工的专业性。这种分工的专业性，在政府与社会组织的合作实践中构建了社会组织的能力专有性。而正是能力专有性的差异，造成了政府与社会组织合作形态的不同。

（一）能力专有性及其对政社合作的解释力

为什么组织之间会形成相互依赖的关系？虽然能力论从资源或权力的视角给出了自己的解释，但正如上文所说，这种解释并没有从更深层次找到原因。到底是什么因素影响组织之间相互依赖的资源和权力关系？本文认为，组织之间之所以会产生资源上的互动与交换，其本质在于组织生存或功能实现的需要，而之所以单个组织无法解决这一问题，乃源于社会分工。如涂尔干在《社会劳动分工论》中所说，分工让社会的有机整合成为可能。在结构功能主义看来，一个稳定的系统意味着其自身内部不同子系统需要承担相应的功能，正是不同子系统之间的相互分工和合作，才使得系统得以平稳运行（涂尔干，1893）。在此背景下，任何子系统都需要与其他子系统进行资源上的交换才能够实现整个系统的稳定，因此组织之间的互动不可避免。分工的精细化程度一方面决定了效率的高低，但另一方面也造就了不同主体能力专有性的差异，而这种能力专有性则直接影响组织之间的相互依赖程度。

提出能力专有性，本文借鉴了经济学中资产专有性这一概念。

诺贝尔经济学奖得主威廉姆森在其代表作《资本主义经济制度》一书中提到，劳动分工带来的一个重要后果就是资产专有性，即生产要素的日益专一（威廉姆森，2002：43～53）。这种资产专有性主要表现在三个方面：首先是资产本身的专有性，比如专门用来加工某个部件的设备；其次是资产选址的专有性，比如一些原料产地布局一旦形成，高额的搬迁费用使迁移变得不可能；最后是人力资本的专有性，比如一些具有较高技能门槛的行业，其从业人员在这一领域长期工作积累的经验和技术只能用在这一领域。根据这一理论，分工越精细，资产专有性也就越高，生产要素越专用，设计越简单，制造费用就会变得越低。但相对地，资产专有性越高也意味着这种资产的可迁移性越低，因为某一种资产或是某一种技能只能用来从事单一的事情。这带来的就是抗社会风险能力的降低：仅仅凭借自身的资产或技能难以完成整个的生产流程，必须与其他专有性资产和技能一起合作才能实现目标。在这样的情况下，生产流程中的各个主体之间就更容易形成相互依存的紧密关系。贝克尔基于人力资本的专有性将技能分为通用型技能和专有型技能两种，并分析了两种技能对企业与员工关系的影响。根据贝克尔的观点，由于专有型技能的人力资本专用性比较高，因此这种人力资本的形成往往需要投入较大的人力、物力、财力，这也就意味着员工的离职对于企业来说是一个很大的损失，因为企业很难从劳动力市场立刻获得可以替代的员工。但另一方面，员工也难以离开企业，因为其所培养和获得的技能只能在特定的领域生产出价值。这两方面的共同作用使得企业与员工形成了相互依存的紧密关系，企业不仅不会轻易地开除员工，甚至还愿意为员工投入社会保险以消除员工习得专有型技能所要承担的社会风险。员工在习得专有型技能之后也愿意在企业长期工作。相反，通用型技能由于人力资本专有性较低，员工的职业可迁移性很强，企业也很容易在市场中找到相应的替代者，因此强势的企业与高流动率的员工共同造就了二者松散的关系（贝克尔、陈耿宣，2016）。

从资产专有性的研究及其逻辑出发，本文认为，政社合作关系的紧密程度，很大程度上取决于在同一场域内社会组织能力专有性的高低。当社会组织有较高的能力专有性的时候，政府与社会组织合作就容易形成相互依存的紧密关系。相反，当社会组织能力专有性较低时，政府在与社会组织的互动过程中就更容易占据优势地位。能力专有性越高，意味着这个社会组织所具备的能力只能在某一合作领域创造价值，这一方面表示其专业性程度很高，与其他社会组织相比具有很强的竞争优势，另一方面则意味着该能力的可迁移性很弱，难以在其他合作领域发挥作用。因此，对于政府来说，与该社会组织合作是最明智的选择，因为无论是自己干抑或是寻求其他合作对象都无法达到预期的目标，会造成效率的损失。而对于社会组织来说，发挥其比较优势，长期与政府保持合作，在擅长的领域耕耘而非转战其他领域才是其最优选择，虽然自身拥有的专业性能力可以成为与政府讨价还价的筹码，但自己其他能力的欠缺，尤其是获取资金能力的不足，也决定了其无法在与政府的博弈过程中占据优势，因此最终形成了政府与社会组织之间相互限制又相互依赖的稳定合作关系。而当社会组织能力专有性较低的时候，其就缺乏竞争的比较优势，发挥的作用也不具有不可替代性，政府便可寻求其他合作伙伴甚至是建立自己的组织取而代之，因此社会组织在与政府的博弈过程中就不具有与政府讨价还价的筹码。结果是，留在这个合作关系中的社会组织不得不因资源上的依附关系而被政府所支配，而这种较低的能力专有性由于迁移性较强，同时造成了社会组织跨界活动众多的现象。

相对于资产专有性或技能专有性，能力专有性更强调主体的组织性和非营利性，是社会组织在与政府合作中表现出的一种综合性的组织能力，具体表现为：一个社会组织在与政府合作的某一特定领域中的深耕细作、长期运营、出色表现，其所拥有的专业化的员工及志愿者队伍，以及长期的经验及社会资本的累积所形成的与包括政府在内的各个合作伙伴之间的稳定的合作关系。

（二）制度互补性视角下能力专有性的培育

较高的能力专有性意味着需要花大量的时间和精力进行培育，因此培育能力专有性就成为一件成本很高的事情。同时，能力专有性越高意味着技能的不可迁移性越强，也就意味着社会风险越高：一旦离开了原本的领域，其辛苦培育的能力将难以发挥作用。那么，为什么不同的社会组织会养成不同的能力专有性？这就成为本文必须回答的问题。

对此问题，政治经济学者也有充分的探讨。彼得·A.霍尔在其代表作《资本主义的多样性》（中文 2018 版）一书中，基于不同的技能专有性教育，区分了两种不同的资本主义：自由型资本主义和协作型资本主义。前者的教育体系是通用型教育体系，而协作型资本主义的教育体系则是专有型教育体系。在这本书中，霍尔提出了"制度互补型"（Institutional Complementary）这一重要概念，指出不同的技能专有性的教育体系所需要的配套性制度是不一样的。除了教育体系之外，另外四个配套制度分别是：社会福利体系、融资市场、工会体系与公司间关系。在自由型资本主义的体系中，经济的发展主要依靠竞争机制，因此就需要通用型教育、低社会福利、证券市场、弱势工会和竞争性的公司关系。相反，在协作型资本主义体系中，经济发展主要依靠共识，在制度的安排上就需要高社会福利、职业性教育、银行融资、强势工会以及非竞争性的公司间关系。技能专有性越高，其培育所需要的时间和成本就越高，技能的迁移性就越弱，在市场依赖性强的环境下就必须面临很强的社会风险。因此另外的四个配套性制度就必须要帮助劳动者主体消除这种社会风险，如此他才愿意选择并坚持专有型教育，从而产生强大的工会，不能让公司随便开除人，因此一旦专有型劳动力失业，便很难在市场中寻找下一份工作。同时还需要高福利体系，使得即便工人失业，国家也可以把其暂时养起来，等经济复苏的时候就可以派上用场。银行融资是用国家的力量去消除证券融资市场上的追求短期利益的弊端，让企业能够坚持研发等符合长期利益的行为。而在自由型资本主义体系中，工会力量薄弱使得公司很容易开除员工，证券市场的融资体系又很容易助长公司短期的逐利行为，低社会福利保障使得员工必须在市场中找到工作才能活下去，这种种的因素都使得发展专有型技能教育变得不可能，相反只有获得通用型技能才能在市场经济中存活下来。因此技能专有性的培育和其余制度是否能够帮助劳动者消除社会风险紧密相关（霍尔等，2018）。

基于制度互补型的视角，社会组织能否培育和保持较高的能力专有性，与外部环境所涉及的配套制度是否互补就紧密相关。本文认为，这种配套性制度主要包括如下三个方面。

第一，问题需求，强调从制度上保障 NGO 能够面对问题并及时作出响应和形成应对需求的能力，是产生能力专有性的制度前提。如果一个领域根本就没有对社会组织介入的需求，也就不会产生政府与社会组织的合作，自然社会组织也没有发展专有性能力的必要，问题需求还包括一个重要方面，即 NGO 有条件及时做出响应和形成应对需求的能力，同时政府也欢迎 NGO 的介入并及时提出与 NGO 开展合作的需要。

第二，教育与人才培养体系，强调从制度上保障 NGO 能够招聘到足够的专业人才并不断提升其专业能力、形成专业团队的能力，是社会组织获得能力专有性的人才制度保障。这里的教育与人才培养体系既包括正规学校教育，也包括继续教育和各种专业化的培训体系；专业性人才既包括拥有社会组织管理技能的人才，也包括在具体领域拥有专业性知识的人才。

第三，考核体系，强调从制度上保障 NGO 有相对宽松的条件逐步培养起应对问题需求的专有性能力，指的是外部环境对社会组织绩效的考核体系和机制。

由于专业性人才的培育需要耗费大量的人力、物力和财力，因此一个好的考核体系能够让社会组织愿意投入相应的资源去培育自己所需要的专业性人才而不会被短期的利益所俘获。

因此，社会组织能否发展和拥有专有性能力，与问题需求、教育及人才培养体系与考核体系这三大制度的互补性紧密相关。当外部环境没有对社会组织技术的需求或专业人才与支持型体制不匹配的时候，社会组织就难以发展出专有性能力，也就失去了在合作领域中的竞争优势，从而使自己在与政府的博弈过程中处于劣势地位。相反，当外部环境对社会组织有技术需求，同时专业人才和支持型体制匹配的时候，社会组织就更容易发展出专有性能力，从而在与政府合作的关系中形成相互依赖的紧密关系。

三　能力专有性形成的两种不同的政社关系模式

接下来，本文将通过比较两岸防艾社会组织与政府合作的案例，来具体检视专有性能力对政社合作模式的复杂影响。本文认为：之所以台湾地区防艾社会组织与行政部门能够形成相互依赖的合作模式，很大程度上源于台湾地区的防艾社会组织形成了较高的能力专有性，这一方面表现为这些社会组织从事固定领域、固定人群的工作，另一方面表现为其员工技能的专业性。长期的耕耘使得这些社会组织具备了独有的竞争优势，各个社会组织在自身领域形成了垄断性地位，成为唯一的、最适合与行政部门合作的对象；相反，大陆地区的防艾社会组织无论是在领域、人群抑或是专业性方面都弱于台湾地区，难以培养出自身的核心竞争力，随着艾滋病问题逐步得到控制，这些社会组织逐渐失去了在防艾领域中的竞争优势，沦为被政府所任意支配的对象。

（一）高能力专有性与合作共生型政社关系模式

在台湾地区，防艾社会组织具有较高的能力专有性并形成与行政部门之间合作共生型的关系模式，这既体现在台湾地区在数十年间不断累积形成的开放、包容与合作的艾滋病防控体系上，更体现在防艾社会组织的领域分布、专业能力及其与政府合作的具体案例中。

台湾地区自 20 世纪 80 年代中期先后出现境外移入和本土感染者后，历经30 余年的流行，年度报告感染者人数年年累增，2003 年突破千人，引起行政部门和社会的高度关注。台湾地区各级行政机关很快通过卫生福利的疾病管制系统，建立了自上而下的艾滋病防治体系，制定和执行相关政策，开展相关的医疗卫生行政及艾滋病防治工作。与此同时，台湾地区各级行政机关在艾滋病疫情发展初期，就将动员民间力量的参与提上了议事日程，积极鼓励防艾社会组织参与艾滋病防治工作。

台湾地区的防艾社会组织主要从20世纪90年代初开始成立和活动，陆续成立了数十家机构并覆盖全岛，这些社会组织包括了基金会、社会团体等多种形式。从20世纪90年代开始，行政部门分阶段提出与社会组织合作的重点和任务，建立相应的机制，如实行并不断加大购买服务，将社会组织纳入防艾委员会并进行跨部门合作，定期召开行政部门与社会组织联席会议，积极协调行政部门与社会组织在防艾工作中的相关政策与步调等。同时，行政部门分期公布参与防艾的社会组织名单及基本信息，对其所参与的防艾工作及其专业能力予以表彰和肯定。因此，随着艾滋病疫情在台湾地区的发展，特别是随着艾滋防治体系的建立，台湾地区的行政部门与防艾社会组织之间基本形成了分工互补的合作关系，而这种合作互补的关系与台湾防艾社会组织较高的能力专有性有着很强的关系。

台湾地区防艾社会组织的能力专有性，具体表现在活动领域的专门化分工和人员技能的专业化水平两个方面。

首先是社会组织活动领域的专门化分工。根据公布的信息，现有23家防艾社会组织参与政社合作。这些社会组织所开展的艾滋病防治活动主要面向四类人群：感染者、高危人群、普通大众及专业人士。其中主要面向感染者开展活动的机构有7家，所开展的活动主要包括：医疗转介、感染者咨询辅导、陪同就医、同侪陪伴、个案管理、支持团体、感染者维权等；主要面向高危人群开展活动的机构有9家，面对的主要高危人群包括性工作者、同志人群、吸毒者和服刑人员，所开展的活动主要包括：筛检前后咨询、艾滋筛检、同志咨询、咨商辅导、就业辅导、就医辅导、吸毒人群减害计划、清洁针具工作站、男同社区健康中心等；面向普通大众开展活动的机构有15家，其中有10家机构只向大众开展如下活动：教育训练、生命教育、性教育、宣导培训、宣导平权、学术研究、研讨会、训练营等；另有5家机构在面向感染者和高危人群提供服务的同时开展相关的宣导教育活动；有2家机构主要面向专业人士开展艾滋护理人员的专业培训和课程开发。由此可见，防艾社会组织的分工共有两个显著特点：第一，防艾社会组织的覆盖面广，从感染者到高危人群、普通大众和专业人士，从宣传教育到行为干预、权益维护和专业培训，艾滋病防治所需要面对的主要人群、需要开展工作的几乎所有领域，都能见到防艾社会组织的身影；第二，每个社会组织主要集中面对相对集中的一类主要人群，且主要集中在相对集中的特定领域中开展工作，即在特定的领域针对特定人群，很少出现艾滋病防治领域内部的跨界行为。这两大特点一方面保证了社会组织不缺位，所有防治过程中所需要履行的功能都有相应的主体来承担；另一方面确保了社会组织的专业性，由于每个社会组织都是针对特定的群体和内容，经过长期深耕细作，这些社会组织都拥有相应的稳定的资源和网络，同时也形成了丰富的经验和工作技巧，从而形成了具备自身特点与优势的核心竞争力。

其次是社会组织人员技能的专业化水平。不同的领域，不同的工作内容往往需要相关的专业技能和背景知识，其中既包括社会组织管理的相关技能，也包括防艾领域所需要的一些特殊的专业知识，如医疗卫生、性与生殖健康、社会工作、心理咨询、护理等。这些知识的获取有些依靠的是专业的学习和训练，有些则靠个人的特质。在调研中我们深深感到，台湾地区的防艾社会组织不仅专业领域分工明确，社会组织人员技能的专业化水平也很高。具体表现在：第一，这些社会组织的负责人很多都是相关领域的专家，专业背景强，工作经验丰富；第二，这些社会组织的员工和志愿者中，也有很多具有从事该项工作所必不可少的专业背景、专业技能、特殊能力及丰富的经验；第三，这些社会组织的员工长期稳定，组织间流动特别是跨界流动的现象很少发生；第四，无论是员工还是志愿者，对所从事的工作都有很高的热情和职业精神；第五，社会组织员工的薪酬水平相对稳定，且总体不低于同龄同等条件的其他就业岗位。

活动领域的专业化分工和人员技能的专业化水平，造就了台湾地区防艾社会组织较高的能力专有性。这一能力在政府购买服务的过程中又不断得到强化，随着时间的推移，这种能力的专有性越来越强，最终形成了防艾社会组织在艾滋病防治领域各个环节的精细化分工。

本文在调研中较为深入地考察了成立于 1995 年、主要在高雄和台湾南部其他地区开展防艾工作的 A 协会和成立于 2003 年、主要在台北地区开展防艾工作的 G 协会。从个案角度验证了上述结论。

台湾地区防艾社会组织较高的能力专有性，促成了防艾领域各主体间的紧密协作关系，这种紧密协作关系表现在两个层面，一是防艾社会组织之间的关系，二是防艾社会组织与行政部门之间的合作关系。前者表现在防艾社会组织之间的合作多于竞争，很少出现不同社会组织间争夺资源的情况；后者主要表现在行政与防艾社会组织之间合作共生型的关系模式，形成长期稳定的行政出钱、社会组织出力的局面。由于防艾社会组织大多只负责特定群体的特定事项，凭借清晰的定位和优秀的专业性人才，久而久之各个防艾社会组织都成为自己所在领域的"专家"。如果防艾整个体系是一个生产流水线的话，那么各个社会组织就是这条流水线上不同的环节，每个社会组织都只在自己的环节做好分内之事，很少会出现一个社会组织跑到另一个环节去抢他人饭碗的情况。这一分工特点所带来的必然结果就是防艾社会组织间的非竞争性：每个社会组织都是防艾体系中不可缺少的重要一环，因而都具有不可替代性。同时，这也就意味着必然能得到相应的政府支持，社会组织间不需要为争夺政府的资源而相互竞争。因此在台湾地区，防艾社会组织往往各干各的事，守护好自己的职责，较少与其他防艾社会组织发生关系。即便有所互动，很多时候也是合作多于竞争，合作的内容也往往是向普通大众教育宣传这种能力专有性较低的工作。

较高的能力专有性除影响防艾社会组织间的关系外，更为重要的是推动了政府与防艾社会组织之间形成了更加紧密的合作关系。对政府来说，之所以要与社会组织合作，归根结底在于其自身力量的有限性，故而会采取购买服务的方式将一些职能交给社会组织；而社会组织在承担政府委托职能开展合作的过程中越是具有专业能力，就越能彰显其不可替代的价值；只有通过不断提高专业能力出色地完成政府委托的职能，这种不可替代的价值才能继续彰显出来，其也才能继续承担更多的政府委托职能。如此形成政府与防艾社会组织之间合作关系的良性循环。在这个过程中，较高的能力专有性如同门槛一样，能够将任何其他的主体——包括政府与其他社会组织——隔离于已经开展并形成密切合作关系的领域之外，如要跨越这一门槛，不仅需要耗费更多的人力物力，而且还要有更加专业的人才和拥有特定群体的社会资本与网络。而这些，尤其是后两者必须要经过长期的积累才能拥有。因此，即使是从成本收益的角度来看，对于已经形成的合作关系和领域，外来者要想介入，其困难程度也可想而知。当然，任何合作都不是一帆风顺的，也不会是天衣无缝的。不过，即便政府对这些防艾社会组织的做法存有不同意见，甚至有时候还会有抱怨和争吵，政府依然会倾向于保持已经形成的稳定且密切的合作关系。

然而另一方面，防艾社会组织也不能以自己较高的能力专有性作为谈判筹码而对政府施压。因为高能力专有性意味着较低的可迁移性，这实际上削弱了防艾社会组织的环境适应能力。台湾地区的防艾社会组织大多在某一活动领域长期耕耘，有着特定的对象、特定的内容，这些固然帮助它们形成了稳定的资源和经验，但这些资源和经验也成为它们转型的包袱：涉足其他领域就意味着要放弃原本取得的成就。再加上其他领域的社会组织也具有较高的能力专有性，形成了竞争优势，因此沿着之前所走的道路就成为最为明智的选择。这在实践中就表现为社会组织对政府也十分依赖，即便有时候对政府的要求感到不满，但之后依然会继续与政府合作。

这种相互依赖的紧密关系让政府与社会组织之间能够保持长期的合作，而原本基于竞争机制而追求效率最大化的政府招标也逐渐在实践中成为一种形式。

之所以会出现这样的情况，就是因为无论政府还是社会组织，双方都很清楚相互之间的合作不仅必然而且不可替代。在这一共识下，招标仅仅是为了满足程序合法性的需求，大部分意见早在之前就已经通过非正式的场合予以确认了。

这一合作共生性的政社关系模式，让政府与社会组织之间形成了既相互依赖又相互制约、既彼此需要又各有所长、唯有合作才能共赢乃至共生的特殊关系。在这样的关系格局下，双方之间的意见和冲突也更容易通过制度化的形式得以表达、传递并相互理解和疏解，而不会采取公开对立或冲突的方式。

因此，当社会组织具有较高的能力专有性的时候，政府与社会组织就更容易形成相互依赖的紧密合作关系。相反，当社会组织能力专有性较低的时候，政府与社会组织就难以形成对等关系，便容易出现任意支配型政府与社会组织的关系模式。

（二）低能力专有性与任意支配型政社关系模式

我国大陆与台湾地区的情形相反，虽然防艾社会组织的发展也很快，与政府的合作也很多，但在调研中我们很遗憾地发现，大陆防艾社会组织的能力专有性较低，因而陷入了一种可称之为任意支配型的与政府合作模式之中。这既体现在大陆以政府为主导的艾滋病防控体系上，更体现在防艾社会组织的领域分布、专业能力及其与政府合作的具体案例中。

我国大陆的艾滋病疫情不容乐观。尽管中央和各级政府采取种种措施，包括各种社会力量积极努力，防艾工作取得了许多重要进展，但艾滋病疫情长期以来有增无减。从 1985 年北京协和医院发现首例患者以来，艾滋病疫情大体经过了传入期（1985～1988 年）、散播期（1989～1994 年）、快速增长期（1995～2004 年）和稳定高位增长期（2005 年以来）四个阶段，年度报告感染者在 2000 年突破 5000 例，2003 年突破 2 万例，2008 年突破 5 万例，2014 年突破 10 万例，截至 2017 年底，我国艾滋病年感染人数达 134512 例（数据出自 UNAID 的 2018 年国别报告）。随着艾滋病疫情日趋严峻，我国逐步建立起三位一体的艾滋病防治体系：一是以政府为主体的防艾工作体系，二是以国际项目的实施为核心形成的防艾国际项目体系，三是以各类社会组织特别是草根组织为组织者和行动者构建的防艾核心工作网络。

所谓防艾工作体系，指的是以政府为主体形成的艾滋病防治的行政工作体系。这一体系的最高领导机构是 2004 年 2 月设立的国务院防治艾滋病工作委员会（简称"国务院艾工委"），其负责研究制定艾滋病防治工作的重大方针、政策和规划；协调解决全国艾滋病防治工作中的重大问题；组织有关部门和单位并动员社会各方面力量积极参与艾滋病防治工作。国务院艾工委办公室（简称"国艾办"）设在国家卫生健康委，内设综合管理、政策协调及计划督导三个工作部门，承担国务院艾工委的日常工作。各级地方政府相应设有艾滋病防治的领导和工作机构。国家卫生健康委下属的中国疾病预防控制中心（CDC，以下简称"疾控中心"）及各级疾控中心是艾滋病防治工作的具体执行部门，具体负责艾滋病防治的政策组织保障、经费投入、宣传教育、信息搜集、监测检测、母婴阻断、综合干预、抗病毒治疗、关怀救助、动员社会力量、国际合作和科研检测等工作。公安、教育等其他政府部门和共青团、妇联等人民团体则配合开展相应工作。

所谓防艾国际项目体系，指的是以国际项目的实施为核心构建的包括资助方、政府和各类社会组织在内的防艾国际项目体系，这一体系是连接上述防艾工作体系和各类防艾社会组织特别是草根组织的桥梁和纽带。为应对迅猛发展的艾滋病疫情，我国大陆接受了来自国际社会的大量资助，实施了包括中盖项目、全球基金项目、中墨项目、中美项目、中澳项目、中英项目在内的多个大型国际项目。这些国际项目不仅为我国大陆的艾滋病防治带来了巨大的资源，而且带来了重要的国际经验和模式，其中之一就是要求我国培育和发展一批能够在项目执行层面切实发挥作用的草根组织。以中盖项目为例，中盖项目是美国比尔及梅琳达·盖茨基金会与国家卫生健康委签订的艾滋病防治合作项目，旨在于中国大陆探索大规模艾滋病综合预防模式，通过减少 HIV 新发感染数量探索控制艾滋病蔓延的可行性。项目覆盖我国大陆的海南省和北京、天津、上海等 14 个省市，目标人群为感染者和高危人群。为开展这一项目，在国家层面成立了"中盖项目国家监督委员会"及其管理办公室，设在疾控中心，负责项目的宏观协调、管理及组织实施，各项目地区设省/市联合项目办，负责当地的项目管理与实施，由疾控中心支持的两家官办社会组织（中华预防医学会和中国性病艾滋病防治协会）作为中盖项目的重要合作伙伴，负责项目的计划、预算、协调、督导和评估等事宜。各省/市学会或协会承担省/市防艾社会组织的项目管理，设防艾社会组织项目联络员，并纳入省/市联合项目办。项目设联席会议制度，在国家和省/市层面定期召开政府和社会组织项目联席会议。

所谓防艾核心工作网络，指的是在上述防艾工作体系和国际项目体系下，直接面向感染者和高危人群开展艾滋病防治工作，以各类社会组织特别是草根组织为组织者和行动者构建的防艾核心工作网络。这一网络包括了四类社会组织：疾控中心支持的官办社会组织、草根社会组织、社工类社会组织和医疗类社会组织。四者共同构成了这一网络，目标人群特别是各类高危人群是该网络面对的主要对象。

为便于比较研究，本文所称防艾社会组织，主要指在上述防艾核心工作网络中工作在一线和基层的草根社会组织。与环保、扶贫、教育等领域一样，艾滋病防治领域是一个容纳大量且多类型社会组织生存和发展的重要领域，更是一个独特的领域。这一领域的独特性在于，其包括艾滋病感染者、各类高危人群在内的相关群体，具有很强的"封闭性"，或者更准确地说具有"圈子性"。艾滋病防治工作的目标人群主要包括艾滋病患者及感染者、各类高危人群以及受上述两个群体影响的人群，本文统称为"防艾社群"。这些防艾社群，在当下主流的社会结构中常处于边缘、弱势和受歧视的状态，因此易于在主流社会之外形成一种封闭的社群关系圈。他们在主流社会中尽量隐蔽真实的自己，而在这些封闭的社群圈中能够真正地交流、沟通和释放自我。因此，要想以防艾社群为目标人群开展艾滋病防治工作，必须融入或者进入社群关系圈。而由于封闭性，普通人进入该圈子的难度很大。而进入社群关系圈的最为简单有效也是最主要的钥匙就是"社群人士"这一内化的身份。因此，进入防艾社群圈的钥匙不在这一社群之外,而恰恰就在这一社群内部。门只能从内部打开。因此在艾滋病防治领域,社群人士自我组织起来开展防艾工作,受益者本身成为施益者,不管在哪个国家和地区,也无论什么时候,都是这一领域所特有的一道风景线。

根据我们的调研和掌握的资料,我国的防艾社会组织主要是 2000 年以来成立和开展活动的。其总的规模无法精确把握,从我们参与国际项目的各种调研所掌握的情况看,其数量多达数百家。本文重点调研了其中的 48 家。

对比台湾地区的防艾组织,从活动领域的专门化分工和人员技能的专业化水平两个方面来看,我国大陆的防艾社会组织在能力专有性方面显得明显要弱。

首先是活动领域的专门化分工不够。我们调研的 48 家防艾社会组织所开展的艾滋病防治活动主要面向三类人群:感染者、高危人群和普通大众。其中主要面向感染者开展活动的机构有 14 家,所开展的活动主要集中在感染者自助、关怀及个案管理、患者临终关怀等;主要面向高危人群开展活动的机构有 32 家,其中以面向男同性恋者(简称"男同")人群居多,达 22 家,其余多为面向性工作者的,所开展的活动主要包括志愿检测、同志咨询、就医辅导、男同社区建设等;面对普通大众开展活动的机构不多,主要开展的活动是教育宣传、生殖健康等。

对比台湾地区的情形可以看出:我国大陆的防艾社会组织尽管数量不少,但领域分布过于集中,所服务的人群也高度集中,且在面向感染者的权益维护和面向专业人士的专业培训方面存在缺失。同时,防艾社会组织的工作领域高度重叠,每个社会组织所从事的工作内容跨度较大。调研显示,许多社会组织都在进行跨界的活动,一些原本致力于为感染者提供个案服务的机构,在实际活动中往往会介入面向高危人群乃至普通大众的宣传教育中。专业领域不够集中,意味着艾滋病防治工作在整体上存在漏洞或空白,易于造成挤出效应,使防艾社会组织不得不进入其他有限的领域,形成彼此竞争资源的尴尬局面。对社会组织来说,跨界一方面意味着策略的灵活,防艾社会组织可以通过更多的渠道获得资源,但另一方面也对社会组织提出了更高的要求,如果从事的跨界活动并没有很强的竞争力,就很容易与其他的参与者卷入竞争,这就意味着组织必须要消耗更多的资源和精力处理跨领域的工作,有时候还会与其他社会组织发生冲突,这在很大程度上会影响组织能力专有性的培育。调研显示,有 38.2% 的防艾社会组织表示曾与其他防艾社会组织发生过矛盾或冲突,其中

76.74%的矛盾在于目标人群和经费等资源的竞争，23.81%是源于宗旨的冲突，还有14.29%是由于个人恩怨发生矛盾。

从人员技能的专业化水平来看，与台湾地区的防艾社会组织相比，我国大陆的防艾社会组织的人员技能专业化水平也偏低。2010年我们曾开展了一项跨地域的防艾社会组织调研，在被访的55家防艾社会组织中，有26家专职人员为1~5人，占47.3%；23家没有专职员工，占41.8%，两者相加竟有近九成的防艾社会组织其专职人员不超过5人。志愿者人数不超过5人的机构有45家，占81.8%。被调查的55家机构平均拥有专职员工1.78人，志愿者3.21人。此外，防艾社会组织的员工稳定性不高，不同组织之间的横向流动较普遍。

本文在调研中较为深入地考察了成立于2003年，主要在重庆开展防艾工作的C组织，成立于2004年，主要在上海开展防艾工作的L组织，和成立于2008年，主要在广州开展防艾工作的D组织，从个案角度验证了上述结论。

较低的能力专有性，造成了我国大陆与台湾地区相比在艾滋病防治领域呈现截然不同的景象。首先，防艾社会组织之间的竞争远大于合作，由于缺乏共识，这种竞争常演化为没有底线的恶性竞争，导致整个防艾公益生态的恶劣化；其次，政府在与防艾社会组织合作中处于绝对强势，缺乏优势的草根组织无法与之形成紧密而稳定的关系，常常出现功能替代或项目缩水，在资金及项目上打折扣并挤压防艾社会组织，但因后者缺乏核心竞争力只能被动接受，许多组织不得不投入大量资源和精力在一些与使命无关的事情上，进而为了获得经费支持不断变换活动领域，开展跨界活动。在这一过程中，政府对防艾社会组织的态度就从初期的期待和支持，变为怀疑与观望，甚至在一些重要的项目上甩开草根社会组织，不惜付出更大的代价自己成立相应的组织取而代之，本文将这一现象称为"项目驱逐组织"。面向感染者提供相关服务的领域是这一现象的高发区。在这类现象的消极影响下，防艾社会组织的作用逐渐"被淡化"，退出趋势较为明显。

"项目驱逐组织"虽然在一定程度上体现了政府权力的任意性，但更为根本的原因在于防艾社会组织自身能力专有性的缺失，无法形成竞争优势，使得本来作为合作者的政府选择逐步退出合作，转而扶持自己的队伍。在防艾领域，作为目标人群的防艾社群往往是重要资源，也是防艾社会组织形成自身竞争力的依据，但如果不能及时将这一资源转化为能力专有性，那么谁掌握了这一资源，谁就能够争取到项目并逐渐驱逐已有的组织。

遗憾的是，在我国大陆，从艾滋病疫情发生以来，特别是国际项目大规模进入以来，防艾社会组织仿佛陷入了上述的恶性生态之中，尽管资源投入巨大，政府及国际项目也不断加大与防艾社会组织的合作，也涌现出了为数不少的各类防艾社会组织，但它们似乎总也无法成长起来，大多数组织没能形成自己的能力专有性，在总体上一直没能形成作为防艾社会组织的核心竞争力，因而一直没能成为政府防治艾滋病所依靠的重要力量。随着国际项目的退出，特别是政府防艾工作重心的转移，我国大陆防艾社会组织的衰落似已成定局。

由上可见，防艾社会组织能力专有性的高低，直接影响了它们与政府合作过程中的关系，能力专有性越强，社会组织的竞争优势就越明显，同时其从事其他工作的能力就越弱，因此越有可能与政府产生相互需要的关系，最终形成相互依赖的紧密合作关系。相反，防艾社会组织能力专有性越低，就意味着竞争力越弱，因此可替代性也会越强，很容易形成对政府资源的单一依赖，在合作中地位也会较低。通过两岸防艾社会组织的比较可见：大陆与台湾地区之所以会形成不同的政社关系模式，归根结底是两地社会组织能力专有性的差异。总体来看，专业化分工基础上的深耕细作、专业化的员工及志愿者队伍以及长期的经验及社会资本的累积，使台湾地区的防艾社会组织在自身擅长的领域内形成了很强的能力专有性，这一方面突出了防艾社会组织的竞争优势，但另一方面也限制了其向其他领域转型的可能性；而我国大陆防艾社会组织的专业化分工不明确，缺乏在固有领域的深耕细作，全职员工欠缺特别是员工和志愿者团队的专业性差、流动性高，种种因素使大陆防艾社会组织的能力专有性欠缺，常面临被替代的风险。随着艾滋病疫情的逐步缓解和政策的变化，缺乏能力专有性的社会组织在合作中丧失优势，而沦为权力及资源任意支配的对象。

四　能力专有性差异的原因探析

那么，到底是什么原因导致社会组织在能力专有性上出现如两岸防艾领域这样显著的差异？我们继续从历史制度主义的角度探析台湾地区与大陆防艾社会组织能力专有性的培育历程。研究发现，两岸之间在政府对艾滋病问题的认识、教育人才培养体系及项目的绩效考核方式等若干重要因素上存在较大差异，这些因素的综合及相互作用，在很大程度上影响了社会组织能力专有性的形成。

（一）较高的能力专有性的养成

台湾防艾社会组织之所以能够形成较高的能力专有性，很大程度上与其互补性的制度支持有关。最初行政部门将艾滋病视为不可回避的现实问题，明确了问题需求并鼓励民间参与，使得专业性社会组织的出现成为可能；完善的教育与人才培养机制从人才供给及专业能力提升的角度支持防艾社会组织朝着专业化方向发展；非竞争性的考核体系又让防艾社会组织能够聚焦于长远利益逐步积累和发展专业化的优势。这些制度的共同作用推动了台湾地区防艾社会组织能力专有性的养成，造就了合作共生型的政社关系模式。

1. 明确的问题需求与专业性防艾社会组织的产生

台湾地区防艾社会组织之所以能够形成较高的能力专有性，很大程度上取决于当地较早就形成了对专业社会组织的需求。当首例艾滋病出现在台湾地区的时候，行政部门和民间的认知和努力几乎同步，双方也形成了良好的互动。许多专家参与并积极推动了早期政府的资讯决策过程，让决策当局能迅速掌握艾滋病疫情的特征及国外防艾的经验，民间人士的介入使当局很快认识到防艾的必要性，将其上升为公共政策。作为防艾的重要力量，防艾社会组织也自然被纳入其中。在这一过程中，专业性的防艾社会组织不仅被认为是必要的，能得到政府的支持和认可，且给出很大的自由度，鼓励其朝着专业化的方向发展。

2. 教育和人才培育体系的支持

教育和人才培育体系是帮助台湾地区社会组织形成能力专有性的另一个十分重要的互补性制度安排。所谓教育和人才培育体系，主要表现在两个方面：一是教育系统内部相关专业的发展较为成熟；二是社会系统内部相关人才培养和流动机制较为完善。

台湾地区与艾滋病防治有关的专业发展都较为成熟，除了医科从医疗卫生的角度较早关注艾滋病的防治以外，心理专业与社工专业在台湾地区起步都较早，发展成熟，尤其是社工专业，不仅起步早，专业体系完备，行政部门还出台了一系列政策予以支持。台湾地区的医务社工也发展成熟，其人才培养采用"专才教育"的模式，依托医学院校整合各种教学资源，培养专门面向健康领域的专业人才。在社工特别是医务社工的人才培养方面，行政部门发挥着管理、教育、支持的作用。具有权威性和广泛影响力的行业协会主导着社工的发展，行业自律特征明显。教育体系的完善为台湾防艾社会组织的出现和发展提供了大量的储备性人才，为其能力专有性的养成提供了坚实的基础。与此同时，社会上较为完善的社会组织人才培养和流动机制也有助于防艾社会组织的成长和专业能力的提升。台湾地区的社会组织主要是在20世纪80年代以后发展起来的，彼时经济的起飞、政治的转型、社会运动的兴起，促成了台湾地区社会组织的迅猛发展。而民间力量的壮大又反过来促成了政治和行政系统的变革，社会组织不仅成为弥补"政府失灵"的重要机制，也成为推进社会和政治民主的关键力量。随着台湾社会组织的发展，其领域分布、行业规范、内部管理和社会服务，也都逐步走向了专业化和精细化。社会组织的活动遍布社会生活的方方面面，许多社会组织也走上了专业化发展的道路。从20世纪90年代以来，面向社会组织管理者、员工和志愿者的各种培训营、读书会、研讨会、训练营等不断推出，形成了较为健全的社会人才培养和流动体系。社会组织内部，也逐渐形成了较为规范化和制度化的志愿者管理体系和人才培养体系。这些要素的存在，让社会子系统自身可以通过一整套流程机制培养出防艾社会组织所需要的专业化的管理者、员工和志愿者。

3. 非竞争性的考核体系

除上述两个因素外，另一个重要的因素是：台湾地区的防艾社会组织面临的是一个非竞争性的考核体系。

新公共管理运动的核心，是在公共服务领域中引入竞争机制，通过社会主体之间的相互竞争来实现公共服务效率的最优。基于这一思想，从理论上讲，政府购买服务应对社会组织使用竞争性的考核指标，通过社会组织之间的竞争实现效率优化。但实际上，并非所有政府购买服务的领域都适合采用竞争性的考核体系。在艾滋病防治领域，尤其在社会组织成长初期，竞争性的考核体系并不有助于社会组织专业能力的提升，相反会加大社会组织的不确定性，使之为竞争过于追求短期效果和利益，并增大彼此间的不信任和紧张关系。台湾地区艾滋病防治领域行政部门与社会组织合作的主要机制是购买服务，如何在购买服务中开展绩效评估，台湾地区有关人士如是说：

在购买服务方面，通常大于10万就要公开招标（外包），但有长期合作的或者中意的 NGO，我们会把标的降下来，采取委托的方式。关于绩效考评的标准，其实最重要的是已有的合作经验，绩效评估的机制其实并没有很明确地要求 NGO 提交期中的报告。因为也是每年度让他们申请经费。但是，并没有建立考核机制啊。合作对象其实很固定。所以就没有，其实也没有奖惩。为什么呢？因为他们人员的专业度比较高，配合度高，执行力也很高，沟通上面也比较方便。[①]

在我们访谈的多家防艾社会组织那里，这种相对宽松的、非竞争性的评估体系也得到了确认。应当说，这在很大程度上帮助社会组织特别是在其成长初期赢得了时间，克服了外部环境的不确定性，使它们能集中有限的资源在一个相对稳定的领域里深耕细作，将专业的防艾工作做专做精，随着时间的积累，不仅逐步培育出一支专业化的队伍，也形成了机构整体的专有性能力。当这种现象普遍发生的时候，随着多数社会组织都能在所在的领域、面向特定的人群提供专业化的服务，不仅社会组织的能力专有性得以养成，政府与社会组织之间相互依赖的紧密合作关系也就易于达成了。

（二）较低的能力专有性的形成

与台湾地区相比，我国大陆防艾社会组织能力专有性较低的原因，主要在于相关制度的不匹配。在艾滋病疫情发生早期，政府采取回避态度，不仅不承认问题所在而且不许社会力量介入，使得社会组织难以生长，无法形成相关能力，它们不得不走向维权和抗争之路以求生存；当时的教育和人才培养体系也不给力，不能为防艾社会组织提供所需的专业人才；加上国际项目的竞争性考核体系，防艾社会组织不得不为短期利益而奔走相争。这三方面因素都不利于防艾社会组织能力专有性的生成，错失了重要的发展机会，致使防艾社会组织最终陷入受政府任意支配的被动关系。

1. 消逝的问题需求与社会组织的抗争

如果说台湾地区防艾体系的建设是行政部门与民间两种力量在同步互动中积极推进的结果的话，那么在我国大陆，则出现了完全相反的情形。

在艾滋病疫情发生后相当长一段时间里，我国大陆在对待艾滋病的传播和

---

① 引自台湾高雄市卫生部门 Y 访谈录（访谈笔录 20110723）。

防治上存在误解。一方面过于强调行政管控的力量，试图通过行政力量来"防控"艾滋病疫情的传播；另一方面又限制、怀疑甚至打压民间力量的参与。而对于同志社群、血液传播、毒品传播、性行为传播等艾滋病传播中复杂的社会过程则视而不见，且迟迟做不出必要的反应。当时尽管出现了草根社会组织，却难以发挥应有的作用。一些社会组织为求生存，不得不走上维权和抗争之路，失去了培育自身专业化能力的重要机遇。

上述情形直到 2004 年左右才得以改观。防艾法规的颁布和一系列新政策的出台，表明政府对社会组织的态度发生了明显转变。随着国际项目的大规模开展，防艾社会组织开始如雨后春笋般成立和活跃起来，逐渐形成了政府与社会共同防治艾滋病的局面。然而，相较台湾地区，我国大陆防艾社会组织还是错失了在疫情发展早期走向专业性发展的大好时机。

2. 教育和人才培育体系不匹配

我国大陆的教育和人才培育体系不相匹配，也在很大程度上制约了防艾社会组织能力专有性的养成。

如前所指出，艾滋病防治是一个高度复杂的系统工程，涉及很多专业领域且专业性强。同时，非营利组织的管理和运作本身也是一门学问，需要相应的学科和人才培养体系的支持。但在当时，我国大陆的教育和人才培育体系正处在改革转型中，不仅既有的许多专业如医疗、护理、生殖健康等难以为艾滋病防治提供专门人才，一些重要的专业也正处在起步阶段或尚待建设，比如社会工作、心理咨询和非营利组织管理等专业。另一方面，社会上也尚未形成对防艾社会组织专业人才培养提供有效支持的社会化的人才培训体系。因此比及台湾地区，专业人才的培养和供给严重不足。

3. 竞争性的考核体系

除上述两个因素外，对防艾社会组织形成能力专业性具有不利影响乃至破坏性的因素，是竞争性的考核体系。

如前所指出，我国大陆防艾社会组织的资源、刺激与推动力在很大程度上来自国际项目，这一方面带动了防艾社会组织的发展，使之在短期内获得资源并发挥作用；另一方面也推动了防艾社会组织走向以国际项目所设定的指标为考核体系的规范性发展的方向。与台湾地区的考核体系不同，国际项目因其明确的目标和周期限制，更加强调竞争性的考核和要求，即使一个刚成立的草根组织，也通过各种竞争性指标的设定和考核使之注重短期绩效而谋求组织扩张，并陷于与其他组织横向攀比和争夺资源的恶性生态中，使它们往往在发展的最关键时期失去了培育能力专有性的机会，成为参与国际项目资源的竞争者，而难以成为不断积累专业能力并致力于服务特定人群的防艾社会组织。

因此，台湾地区与大陆的防艾社会组织之所以会形成不同的能力专有性，很大程度上是由三种配套性制度的匹配程度决定的。这三种配套性制度包括：问题需求、教育与人才培育体系和考核机制。台湾地区的防艾社会组织之所以能够形成较高的能力专有性，主要是因为其另外三种配套性制度的完善，行政部门对艾滋病问题的重视使得对艾滋病治理的需求产生，催生了专业性社会组织。另外，台湾地区的人才培养体系保障了教育体系能够源源不断地为社会组织提供医疗卫生、社会工作、心理等方面的专业性人才。最后，非竞争性的考核机制帮助社会组织着眼于长期利益，不会因为追求短期的绩效而过快过早进行组织扩张。这些都推动了台湾地区防艾社会组织能力专有性的养成和发展。

相反，在我国大陆，政府早期拒绝承认艾滋病的现实并限制社会组织的发展，使得民间力量无法参与艾滋病防治，有的被迫走上维权和抗争的道路，不利于防艾专业能力的养成。同时，教育和人才培育体系也不利于防艾社会组织人才队伍的建设，人才不足始终困扰着这些奋战在防艾一线的社会组织，加之国际项目所强调的竞争性考核体系，许多防艾社会组织陷于彼此争夺资源的恶性生态中，这些因素的累加导致了防艾社会组织能力专有性的低下，最终影响了防艾领域政社关系的健康发展。

因此，能力专有性的培育需要配套性的制度保障，需要消耗大量的时间和精力，周期长，成本高，只有当配套性的制度能提供足够的支持时，社会组织才有可能致力于能力专有性的培育和养成，才能逐渐积累并形成较强的专有性能力，从而在与政府合作过程中形成相互依赖的紧密关系。

五　小结

本文通过对两岸防艾领域社会组织的案例研究得出如下三个一般性结论。

第一，社会组织能力专有性是影响政社关系的重要因素。能力专有性越强，社会组织与政府的合作形态更容易呈现相互依赖的紧密关系，相反，能力专有性越弱，政府在政社合作中就更容易占据优势，形成任意支配型的模式。这一结论首先承认了政社间的合作形态本质上是双方相对实力的反映，弥补了传统制度论视角和理念论视角的缺陷；其次指出了在能力论的视角下，社会组织所拥有的能力专有性的高低是影响政社合作形态最重要的因素，提出了本文新的解释变量。

第二，社会组织的能力专有性，具体表现为专业化分工基础上的深耕细作、专业化的员工及志愿者队伍，以及长期的经验及社会资本的累积。能力专有性越高，一方面表示其专业性程度越高，与其他社会组织相比具有很强的竞争优势，另一方面则意味着该能力的可迁移性弱，难以在其他合作领域发挥作用。因此，能力专有性或可成为与政府讨价还价的筹码，但同时也意味着其他能力的欠缺，尤其是获取资金能力的不足，因而决定了其无法在与政府的博弈中占据优势。结果形成政府与社会组织之间既相互限制又相互依赖的稳定合作关系。当能力专有性较低时，社会组织的竞争力和比较优势弱，所发挥的作用就不具不可替代性，政府可寻求其他合作伙伴甚至自建组织取而代之，因此社会组织在与政府的博弈中就不具有讨价还价的筹码，使得继续既有合作关系的社会组织因资源依赖而陷于被支配的地位。另外，较低的能力专有性意味着迁移性较强，这类社会组织出现经常性的跨界活动。这一结论在机制上阐明了能力专有性如何对政社合作关系发生影响。能力专有性本身是一把双刃剑，是专业性与可迁移性之间的一种平衡。因此其很好地解释了为什么即便能力专有性很强，社会组织也很难在与政府合作中占据优势。

第三，能力专有性的培育和互补性制度的匹配紧密相关，只有当互补性制度能帮助社会组织消除培育能力专有性障碍的时候，才更有可能形成较高的专有性能力。具体对社会组织而言，这种互补性制度主要包括三个方面：问题需求、教育及人才培育体系与考核体系。问题需求是催生社会组织能力专有性的前提，而教育及人才培育体系则是推动社会组织能力专有性的核心，考核体系则是从外部制度环境给予社会组织培育能力专有性的保障。当这些要素都不具备的时候，社会组织就难以培育出较高的能力专有性。

本文的研究表明，社会组织所拥有的能力专有性，才是影响政府与社会组织合作形态的最重要因素。因此，为真正发挥社会组织的作用，推动国家治理体系与治理能力的现代化，必须从培育和发展社会组织的能力专有性入手，把培育和发展社会组织的能力专有性，作为推进社会组织深化改革的重要政策目标，加大力度。同时要对现行的政府购买服务、社会组织评估等政策机制进行必要的改革调整，建立和完善基于能力专有性的绩效考评和评估指标体系，鼓励社会组织朝着专业化方向发展，鼓励社会组织建立专业化的团队，不断提高社会组织的专有性能力，并从能力专有性视角出发，努力改善社会组织的整体生态。

参考文献

贝克尔，G. 、陈耿宣（2016）：《人力资本》，北京：机械工业出版社。

曹宏、安秀伟（2012）：《中国环境 NGO 的发展及其环保实践能力分析》，《山东社会科学》，（9），第 182 ~ 185 页。

陈天祥等（2016）：《双重委托代理下的政社关系：政府购买社会服务的新解释框架》，《公共管理学报》，（3），第 36 ~ 48 页。

陈天祥等（2017）：《形塑社会：改革开放以来国家与社会关系的变迁逻辑——基于广东经验的考察》，《学术研究》，（9），第 68 ~ 77 页。

陈振明（2016）：《简政放权与职能转变——我国政府改革与治理的新趋势》，《福建行政学院学报》，（1），第 1 ~ 11 页。

邓国胜（2010）：《中国环保 NGO 发展指数研究》，《中国非营利评论》，（2），第 200 ~ 212 页。

邓宁华（2011）：《"寄居蟹的艺术"：体制内社会组织的环境适应策略——对天津市两个省级组织的个案研究》，《公共管理学报》，（3），第 91 ~ 101 页。

丁学良（2011）：《辩论"中国模式"》，北京：社会科学文献出版社。

高丙中（2000）：《社会团体的合法性问题》，《中国社会科学》，（2），第 100 ~ 109 页、第 207 页。

葛忠明（2015）：《信任研究中的文化与制度分析范式——兼谈公共非营利合作关系中的信任问题》，《江苏社会科学》，（3），第 97 ~ 105 页。

黄晓春（2015）：《当代中国社会组织的制度环境与发展》，《中国社会科学》，（9），第 146 ~ 164 页。

霍尔，P. 等（2018）：《资本主义的多样性　比较优势的制度基础》，北京：中国人民大学出版社。

纪莺莺（2013）：《当代中国的社会组织：理论视角与经验研究》，《社会学研究》，（5），第 219 ~ 241 页。

江华等（2011）：《利益契合：转型期中国国家与社会关系的一个分析框架——以行

业组织政策参与为案例》,《社会学研究》,(3),第 136~152 页。

康晓光、韩恒 (2005):《分类控制:当前中国大陆国家与社会关系研究》,《社会学研究》,(6),第 73~89 页。

康晓光等 (2007):《NGO 与政府合作策略框架研究》,《公共管理与政策评论》,(1)。

李朔严 (2018):《政党统合的力量:党、政治资本与草根 NGO 的发展——基于 Z 省 H 市的多案例比较研究》,《社会》,38 (1),第 160~185 页。

李学楠 (2015):《资源依赖与社会组织的发展:促进还是阻碍?——基于上海市行业协会的实证分析》,《复旦公共行政评论》,(2),第 160~180 页。

李永忠 (2012):《论我国政府与社会组织之间的互信合作关系及其构建》,《湖南社会科学》,(1),第 109~112 页。

厉秉铎 (2012):《社会组织的外部资源动员分析——以 X 组织为个案》,北京:北京师范大学,第 36~68 页。

栾晓峰 (2017):《"社会内生型"社会组织孵化器及其建构》,《中国行政管理》,(3),第 39~40 页。

欧黎明、朱秦 (2009):《社会协同治理:信任关系与平台建设》,《中国行政管理》,(5),第 118~121 页。

帕特南,罗伯特·D. (2015):《使民主运转起来》,北京:中国人民大学出版社。

孙发锋 (2012):《选择性扶持和选择性控制:我国社会组织管理体制改革的新动向》,《上海行政学院学报》,13 (5),第 95~103 页。

涂尔干 (1893):《社会分工论》,北京:生活·读书·新知三联书店。

汪锦军 (2008):《浙江政府与民间组织的互动机制:资源依赖理论的分析》,《浙江社会科学》,(9)。

—— (2012):《走向合作治理》,杭州:浙江大学出版社,第 61 页。

王名等 (2011):《社会组织管理体制:内在逻辑与发展趋势》,《中国行政管理》。

王世强 (2012):《非营利组织孵化器:一种重要的支持型组织》,《成都行政学院学报》,(5),第 83~88 页。

王信贤 (2006):《争辩中的中国社会组织研究:"国家与社会"关系的视角》,台北:韦伯文化国际出版有限公司。

王颖 (1993):《社会中间层:改革与中国的社团组织》,《中国发展出版社》,第 233~237 页。

王玉生、杨宇 (2012):《道德资源动员与政治机会结构利用:网络草根组织"麦田计划"的合法化实践》,《中国非营利评论》,(2),第 170~188 页。

威廉姆森 (2002):《资本主义经济制度:论企业签约与市场签约》,北京:商务印书馆。

韦诸霞 (2016):《嵌入型治理:全面深化改革时期行业协会的制度供给探析》,《中国行政管理》,(6),第 52~57 页。

吴涛、陈正芹 (2008):《资源整合与功能超越——论社会组织在公共管理改革中的重要作用》，《中国行政管理》，（6），第 88～92 页。

许源源、王通（2016）：《信任视角下社会组织认同的反思与建构》，《中国行政管理》，（11），第 58～62 页。

赵罗英、夏建中（2014）：《社会资本与社区社会组织培育——以北京市 D 区为例》，《学习与实践》，（3），第 101～107 页。

周俊（2014）：《政府与社会组织关系多元化的制度成因分析》，《政治学研究》，（5），第 83～94 页。

周庆智（2014）：《从地方政府创新看国家与社会关系的变化》，《政治学研究》，（2），第 80～89 页。

朱健刚、陈安娜（2013）：《嵌入中的专业社会工作与街区权力关系——对一个政府购买服务项目的个案分析》，《社会学研究》，（1），第 46～64 页。

Alexander J. , & Nank, R. (2009), "Public—Nonprofit Partnership Realizing the New Public Service", *Administration & Society*, 41（41），pp. 364 – 386.

Brinkerhoff, J. M. （2002）, "Government-nonprofit Partnership：A Defining Framework", *Public Administration & Development*, 22（1）, pp. 19 – 30.

Brinkerhoff, D. W. （1999）, "Exploring State-civil Society Collaboration：Policy Partnerships in Developing Countries", *Nonprofit & Voluntary Sector Quarterly*, 28（4）, pp. 59 – 86.

Cho, S. （2006）, "A Conceptual Model Exploring the Dynamics of Government-Nonprofit Service Delivery", *Nonprofit & Voluntary Sector Quarterly*, 35（3）, pp. 493 – 509.

Dennis, R. Y. （2000）, "Alternative Models of Government-Nonprofit Sector Relations：Theoretical and International Perspective", *Nonprofit Policy Forum*, 29（1）, pp. 149 – 72.

Herrington, J. Bryce（2009）, "Trust in Government：A By-Product of NGO Intervention in Public Policy", *International Journal of Public Administration*, 32（11）, pp. 951 – 969.

Lecy, J. D. , & Slyke, D. M. V. （2013）, "Nonprofit Sector Growth and Density：Testing Theories of Government Support", *Journal of Public Administration Research & Theory*, 23（1）, pp. 189 – 214.

Lu, S. , et al. （2018）, "External Environmental Change and Transparency in Grassroots Organizations in China", *Nonprofit Management & Leadership*, （6）.

Najam, A. （2000）, "The Four C's of Government Third Sector-Government Relations", *Nonprofit Management & Leadership*, 10（4）, pp. 375 – 396.

Pfeffer, J. & Salancik, G. R. （2003）, "The External Control of Organizations：A Resource Dependence Perspective", *Social Science Electronic Publishing*, 23（2）, pp. 123 – 133.

Saidel, J. R. （1991）, "Resource Interdependence：The Relationship between State Agencies and Nonprofit Organizations", *Public Administration Review*, 51（6）, pp. 543 – 553.

Salamon, L. M. （1987）, "Partners in Public Service：Government and the Nonprofit Sector in the American Welfare State", *Government*, 35.

—— （2016）, "Of Market Failure, Voluntary Failure, and Third-Party Government：Toward a Theory of Government-Nonprofit Relations in the Modern Welfare State", *Nonprofit &*

Voluntary Sector Quarterly, 16 (1 – 2), pp. 29 – 49.

Slyke, D. M. V. (2007), "Agents or Stewards: Using Theory to Understand the Government-nonprofit Social Service Contracting Relationship", *Journal of Public Administration Research and Theory: J-PART*, 17 (2), pp. 157 – 187.

Wang, M. & Liu, Q. S. (2009), "Analyzing China's NGO Development System", *The China Nonprofit Review*, vol. 1, pp. 5 – 35.

Xu, Y. (2013), "Moral Resources, Political Capital and the Development of Social Work in China: A Case Study of City J in Shandong Province", *British Journal of Social Work*, 43 (8), pp. 1589 – 1610.

Zhou, Y. (2013), "State-society Interdependence Model in Market Transition: A Case Study of the 'Farmers' City' in Wenzhou during the Early Reform Era", *Journal of Contemporary China*, 22 (81), pp. 476 – 498.

Collaboration Between Government and Society From the Perspective of "Competence Specificity": A Case Study on HIV/AIDS Prevention Social Organizations Across the Straits

Wang Ming   Caizhihong

[**Abstract**] The explanations of the existing theories on the relationship between government and society (hereinafter referred to as "political-social relations") focus more on the two perspectives of institutional angle and ideological angle, especially on the different modes of political-social relations caused by the insufficiency of institutional supply. On the basis of reviewing these viewpoints, this paper explores a new interpretation framework from the perspective of power angle, and then puts forward the new concept of competence specificity. Based on the study of division of labor in economics, this paper argues that the degree of interdependence between political and social organizations is due to the difference in the competence specificity of social organizations. The stronger the competence specificity of social organizations is, the easier the government and the society form interdependent relationship, and vice versa, the relationship of arbitrary domination is easy to form. This paper takes HIV/AIDS prevention and control as the main field and takes social organizations in Taiwan and mainland China as examples to make a comparative analysis on this issue. The study finds that: the intensive cultivation, specialized staff and volunteers, long-term experience and accumulation of social capital on the basis of division of labor, make the social organizations of HIV/AIDS prevention in Taiwan form a strong competence specificity in their own areas of expertise, which highlights the competitive advantages of social organizations on the one hand, but on the other hand, it also limits the possibility of their cross-regional mobility, and eventually forms the close interdependence between government and social organizations; however, the professional division of social organizations for AIDS prevention in mainland China is not clear, lack of intensive work in the inherent fields, lack of full-time staff, especially the poor professionalism and high mobility of staff and volunteer teams, all kinds of factors make them lack the competence specificity, and they are in an arbitrarily dominated position in collaboration with the government. From the perspective of institution, this paper further explains the reasons for the formation of different competence specificity of social organizations.

[**Keywords**] Relationship between Government and Society; Collaboration between Government and Society; Social Organizations for HIV/AIDS Prevention; Competence Specificity

（责任编辑：马剑银）

嵌入与功能整合：社会组织党建的
"政治性-社会性"二维分析[*]

程坤鹏　俞祖成^{**}

【摘要】在现代社会组织体制建构过程中，党建对社会组织是否以及如何产生影响？文章以城乡社区社会组织为例，采取滚雪球抽样法，研究社会组织党建的运行和作用机制。通过案例比较和归纳，文章认为，当前党社关系呈现"收敛式"的总体特征，社会组织党建是组织间嵌入和功能整合的动态过程，党社互动达成了社会组织政治性社会化的转化和社会性政治化的消弭：第一阶段，党建以组织、宣传、队伍、活动嵌入，引导并强化社会组织的社会功能；第二阶段，以党建赋予社会组织所需资源，逐步形成资源依赖和内外控制，进而弱化其潜在政治功能。文章提出"政治性-社会性"功能整合框架，解释社会组织党建的内在逻辑，有助于完善和推进该领域的解释性研究。

【关键词】社会组织党建　社区治理　嵌入　功能整合　"政治性-社会性"

---

* 本文为上海市哲学社会科学规划一般课题"日本非营利组织参与社会治理的制度安排及其借鉴研究"（2017BZZ004）的阶段性成果以及国家社会科学基金一般项目"我国慈善组织认定制度的实施困境及其对策研究"（18BZZ090）的阶段性成果。

** 程坤鹏，上海交通大学国际与公共事务学院博士研究生，宾夕法尼亚大学访问学者；俞祖成，政策科学博士（日本同志社大学），上海外国语大学国际关系与公共事务学院副教授、博士生导师、公共管理系执行主任。

一 问题的提出

改革开放 40 年，社会组织发展迅猛。截至 2018 年第 1 季度，我国社会组织共计约 76.7 万个，其中社会团体 35.6 万个，社会服务机构 40.5 万个，基金会 0.64 万个；自治组织（如村委会和居委会）66 万个。在组织特性层面，社会组织具有明显的"两重性"特征：社会组织的非政府、非营利所蕴含的"自发性"、"组织性"和"扩散性"等容易产生潜在的权威挑战；社会组织是社会治理体系的重要参与主体，在应对众多社会问题方面可发挥独特优势（程坤鹏、徐家良，2018a：37～42）。在组织功能层面，社会组织具有政策倡导和社会服务两种基本功能。一方面，社会组织既不追求政治话语权，也不追逐商业利益，但是其具备一定的集体行动能力，在一些学潮运动和群体性事件中发挥重要作用。另一方面，随着政府购买公共服务的推进，社会组织获得较大的制度空间，其社会服务功能得到不断强化；但由于组织身份、社区信任、资源依赖惯性等因素，社会组织在传递公共服务的过程中，无法汲取足够资源，始终存在进场或落地等问题。

社会组织党建是政党与社会组织关系的具体体现，也是政府和社会组织关系的进一步延伸。2017 年，全国性社会组织已建立党组织的比率为 76.79%，党的组织覆盖率迅速提升（徐家良，2017：19）。国家出台了一系列社会组织党建政策和规定，目的在于强化党建对社会组织的引领作用，如民政部在全国社会组织等级评估中增加和优化党组织建设指标，设立了"党组织建立"和"党组织活动情况"。然而，社会组织党建依然面临很多问题。党组织建立和活动的开展并非社会组织的内生需求，因而党组织很难实现广泛有效嵌入且易引发"内部排斥"（陈家喜，2012：36～40）。社会组织党组织实际作用甚微，党建、业绩两张皮问题普遍存在，如 2016 年参加社会组织评估的基金会在党组织指标方面的平均得分为 17.38，平均得分比为 57.92%，未超过 60%，为所有内部治理二级指标中最低得分（徐家良，2017：99）。本文主要研究城乡社区社会组织，聚焦社会组织在参与社区治理的过程中党建的运行和作用机制等问题，以描述和解释党建对社会组织产生的影响。

二 文献计量分析与综述

（一）文献计量分析

本文以主题词 = "社会组织党建"，来源期刊为 CSSCI，发表时间不限，进行搜索，剔除明显不符合文献，共获得 58 篇文献。本文在主题词筛选过程中比较了多个关键词的差异，如社会组织党建、两新组织党建、新社会组织党建、党建引领社会组织等，以"社会组织党建"为主题词进行搜索获得的文献数量最多。该领域研究的主要分布和变化趋势如图 1，时间跨度为 2001 年到 2018 年，搜索文献、参考文献及引证文献均有一定程度的增长和波动。

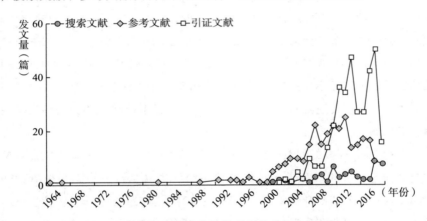

图 1 社会组织党建文献的时间分布和变化趋势

通过关键词共现聚类分析（见图 2）和内容分析，当前社会组织党建研究主要聚焦在执政基础、执政能力、党建模式、困境及路径、社区党建、服务型政党、结构－功能、体制机制、党组织嵌入、基层党建、运行机制、属地化管理、资源依赖、社会嵌入、国家－社会关系、政党统合、政治资本、群团组织、枢纽型党建、制度环境、引领与自主等方面。

（二）文献综述

当前，我国政社互动关系的一个显著特点是政府侧重扶持服务类社会组织，并通过政府购买公共服务等方式培育、支持其参与公共服务供给；而控制政策倡导类、政治动员类社会组织，引导其进入常规政治表达体制（程坤鹏、徐家良，2018a：37～42）。通过对文献的内容分析，当前社会组织党建研究路径主

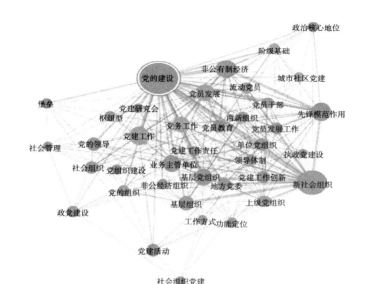

政治核心地位
阶级基础
党的建设
非公有制经济
城市社区党建
流动党员
党员发展
候垒
党建研究会
党员干部
先锋模范作用
枢纽型
两新组织
社会管理
党的领导
党建工作
党务工作
党员教育
党员发展工作
党建工作责任
单位党组织
社会组织
党组织建设
业务主管单位
领导体制
执政党建设
非公经济组织
基层党组织
党建工作创新
新社会组织
党的组织
基层组织
地方党委
政党建设
上级党组织
工作方式功能定位
党建活动
社会组织党建

图 2　社会组织党建文献关键词共现的聚类图谱

要可以归纳为以下几个方面。

一是党组织和社会组织互动关系。这方面的研究主要聚焦在嵌入模式、政党统合等方面。嵌入式党建主要体现在理念、组织、活动与人才四个领域，它强化了执政党对社会组织的渗透力和影响力；嵌入式党建路径在"引领"与"自主"这两个不同范畴内仍存在困境，嵌入式党建应主要集中提升嵌入过程中的政党引领力量和保障社会组织的自治边界，实现"引领型嵌入"与"嵌入式自主"的双赢目标（孔卫拿，2018：36～41）。党在拓宽资源渠道、增强政治合法性方面对 NGO 的影响与政府相比并不存在显著优势，而唯独党可以通过统合手段，从制度层面给予 NGO 领导人以政治身份，从而增强其政治资本、扩展其社会网络，为 NGO 的发展提供更加宽松的制度环境（李朔严，2018：160～185）。

二是党建动力机制。当前党建的一个重要问题就是社会组织缺乏党建的动力。社会组织党建的动力应当是合法性机制和效率机制的耦合，合法性机制在面上提供了可供言说的动机，使其更符合外部社会期待，效率机制在幕后为合法性机制提供了支撑，使其更符合组织内部的期待（葛亮，2018：104～112）。有学者提出党拥有的资源对部分社会组织具有重要性、互补性和不可替代性，是吸引其积极参与党建的直接动因；社会组织在认知、业务和人员方面的政治嵌入对社会组织成功获取和转化党的资源具有明显的影响；社会组织党建提升了社会组织在内部管理、战略制定、资源动员和政策倡导等方面的能力水平（李健、郭薇，2017：121～127）。

三是党建策略及运行机制。既有研究主要集中在强化协商政策（严宏，2018：172～177）、改善外部结构和激发内部能动性（郑琦，2017：15～27）、完善领导体制（严宏，2010：57～60）等方面。也有学者提出应突出党组织作为支持系统的资源整合，居间关系链接的路径引导，精英吸纳与相互嵌入相结合的聚合方式，以及行动和服务中的价值渗透与传递作用（王杨，2017：119～126）。党建在价值取向上应遵循政党政治逻辑与组织内在逻辑的统一，在活动形态上应体现"政治化"与"生活化"的相融，在动力机制上应实现社会党建与单位党建的联动（赵刚印，2014：47～51）。还有学者提出党的建设应当考虑民间组织的社会自组织性质、结构特征以及运作规律（马西恒，2003：23～27）。

四是党建困境、路径及创新。当前社会组织党建还存在诸多问题，如认识问题、活动问题、执行问题、规律问题、体制机制问题、保障问题等（王锦程、彭贵刚，2011：31～36；赵长芬，2018：138～143）。有学者提出党建路径及创新应着力于思想政治工作、组织吸纳、枢纽型组织、领导体制、平台、经费、队伍建设等方面（黄一玲、焦连志，2015：21～25）。有学者提出实现社会组织依法自治和党的政治引领的相互兼容，需要塑造符合现代社会组织体制和强化基层党建需要的"结构理性"；社会组织党建体制结构性关系的重塑可从强化党建管理主体的有效赋权，建立跨部门党建联动机制，激活枢纽型党建传递机制，完善第三方评估监督机制，健全多层次的党建支持网络等方面入手（程坤鹏、徐家良，2018a：37～42）。党可以通过党的政策、统一战线、工青妇、思想政治工作、组织吸纳、党员示范作用等多种方式进行领导（贾桂华，2017：124）。

当前社会组织党建的研究取得了一定的成果，但关于党建如何影响社会组织的解释性研究比较匮乏。在实践中，我们很难评价和测量党组织的实际作用和党建如何有效引领社会组织参与社会服务或参与社会治理（中共上海市委党的建设工作领导小组办公室，2014：3～20）。通过分析，当前研究的主要局限可以归纳为三个方面：一是忽视了社会组织政治动员和集体行动的能力，过于强调其社会服务功能，质疑或削弱党组织对社会组织的影响；二是忽略了社会组织社会性需求与党建动力不足的内在矛盾，过于强化政治嵌入与社会组织获取政治资源之间的关系；三是片面解释党建嵌入及资源交换强化了社会组织社会服务功能，却缺乏对其社会性政治化功能弱化的讨论。因此，深入理解社会组织党建过程中的组织互动关系，建立一个全面且准确的解释性框架是必要和可能的。

三 研究设计

（一）研究方法

当前有关党建引领社会组织参与社区治理的文献尚不充分，社会组织党建尚未有成熟的模式，相关解释性研究匮乏，这些似乎决定了本文属于一种探索性研究。在对社会党建研究路径进行梳理和分析的基础上，本文确立了分析的两个基点：社会组织的政治性和社会性。但以往的研究因往往侧重于分析其一，而失去了建立社会组织党建机制的整体解释逻辑的基础。相反，本文以此两个基点进行分类分析，刻画出社会组织党建的总体性特征，为可能的解释性研究提供良好的理论基石。

（二）案例选择

本文采用滚雪球抽样法，其亦被称为裙带抽样或推荐抽样，该方法适合总体稀缺的社会调查研究。本文的研究对象是社会组织党建，研究问题是党建对社会组织的影响，但实际上，建立党组织并正常运转的社会组织相对较少。基于此，本文选择滚雪球抽样法，随机选取一家党建较为成功的社会组织进行访谈，在考虑样本完整性的基础上（包括应建未建党组织的社会组织），请其推荐另外一些契合本文研究主题的社会组织。为尽可能减小误差，课题组咨询了S市X区党校从事社会组织党建的研究人员，选择了另外四家社会组织进行了调研（见表1）。调研结束后，课题组对案例进行了全面评估，最终选取了五家社会组织作为案例分析的样本。

表 1 社会组织党建调研基本信息

调查目录/名称	机构 A	机构 B	机构 C	机构 D	机构 E
成立时间	2006/6/1	2011/6/24	2010/12/1	2008/9/1	2012/11/9
组织类型	未注册社区群众性志愿组织	社会服务机构	社会服务机构	社会服务机构	未注册公益组织

调查目录/名称	机构 A	机构 B	机构 C	机构 D	机构 E
业务领域	法律援助 社区娱乐 社区安全 心理辅导	医患调解	社区文化	社区文化	医疗救助
访问时间	2016/6/29	2016/7/8	2016/7/13	2016/8/3	2016/8/5
访问地点	F 居委会	机构 B	机构 C	机构 D	机构 E
受访人	Z 书记、Y 主任、机 构负责人 X	O 主任、P 书记	Q 书记	R 总	机构负责人 S
组织规模	20 人	9 人	13 人	30 人	9 人
访谈资料编码	20160629CZJ	20160708XHT	20160713NKL	无（去除）	20160805HYG

（三）资料收集

访谈、地点和受访人等基础信息如表 1 所示，获得资料如下。（1）访谈资料。从 2016 年 6 月 29 日至 8 月 5 日分五次对上述五家社会组织进行"党建引领社会组织参与基层治理"为主题的访谈，对录音进行整理后形成一手资料。（2）从访谈机构处获得党建台账、相关文件等。（3）文献资料和其他资料。

四　社会组织党建如何引领：党建嵌入与功能整合

社区是社会管理的基本单元，既可以生产社会资本，也容易积累和引发社会矛盾；在"大政府－小社会"的社会结构中，如果没有权威的党组织和基层组织合作参与治理社区问题，基本的社会规范和社会信任可能处于无序状态。下文采取个案研究和非结构化访谈等方法，基于党社互动关系中的"政治性－社会性"，对社会组织党建运行和作用机制作深入分析。

（一）党组织间的联动：以组织嵌入提供政治信任，传递政治合法性和权威性

社会组织注册或备案时被要求建立正式或非正式党组织，这是政治嵌入的一种刚性设计。社会组织建立党组织，开展组织活动，可以相应获得某种程度的政治背书，有助于其政治信任和社会信任的提升。调研发现，城乡社区社会组织更多属于内生性的团体组织，数量较多，比较活跃；社会组织与居委会、街道党工委等之间更多的是相互合作的关系，通过政府购买等方式协助社区开

展各项活动。调研中，如机构 A 是社区内部群众团队，日常协助居委会管理小区，是居委会党委领导下的群众自愿组织。"在日常的事务中，超过一半以上的事情，居委会先联系我们，进行了解、协商和处理。当发现居委会需要上级领导支持的时候，我们直接向上级领导部门反映情况，争取协调资源帮助居委会开展、推进工作。"① 很多未注册的社会组织，本身没有建立党组织，既无法合法开展活动，也没有借助党组织网络调动社会资源的能力，更没有资质承接政府购买服务等。"我们在南京东路步行街做公益筹资的宣传，雇用了五十辆车做宣传，希望引起社会的更多关注。当时碰到一个特殊时期，临近中国共产党十七大召开，南京东路我们租用的场地，因为超过了五十人，政府是不允许的，很多当地执勤的保安对活动进行了阻止，虽然我们当时的手续都是齐全的。"② 相比较而言，建立社会组织党组织有利于实现对社会组织活动合法性的支持，也便于强化社会组织与政府和党的联系，在社会组织开展活动的时候可以提供更多的便利。

部分社会组织党组织以吸纳群团组织的方式，扩充党建共同体。群团组织是指群众性团体组织，是社会团体的一种，一般包括工会、共青团和妇联等。群团组织在党建引领中的作用主要表现为：一是一些暂不具备成立党组织条件的社会组织，可以通过选派党建工作指导员、联络员或建立工会、共青团组织等方式开展党组织的活动；二是群团组织有成熟的组织网络、组织队伍和活动经验，群团组织的组织覆盖面更为广泛，便于将一定区域内的个人或群体吸收进其组织网络中。因此，在组织联动层面，党建引领更多的是通过制度嵌入和资源吸引相结合，吸纳党建共同体网络拓展党组织。通过党组织和社会组织的内部联动，提高社会组织政治信任度和社会信任度，输出或强化社会组织参与社会治理的"合法性"和"权威性"。

（二）党员带动群众：以宣传嵌入统一思想，以队伍嵌入发起动员

"组织宣传，党员带动，群众参与"一直以来是我国自上而下"运动式治理"的突出特征之一：一方面，党的宣传教育，形成了有利于党组织开展活动的舆论环境，有助于提升体制动员效率；另一方面，大量城乡社区社会组织，其负责人很多是社区内部的"群众领袖"和"积极分子"，大多具有党员身份，党支部书

---

① 访谈资料，20160629CZJ。
② 访谈资料，20160805HYG。

记和党员具有很强的组织性和纪律性，容易形成凝聚力。社区治理中，这些个体既参加街道党工委的组织活动，也在社会组织中承担一定的行政职能，擅长迅速响应和处理社区矛盾。调研中，如机构 A 属于未登记注册的社会组织，团队负责人或联系人有 20 多人，有 15 个固定的团队，这些团队的负责人组成了船长俱乐部。"我们几乎全部是党员，党员是大船，成员是小船。社区管理中，发挥楼组长的带头作用，125 个楼组长中，70% 为党员，党员带动，群众参与。……工作可以退休，党性不可以退休；发挥党员的责任和义务，是完全自愿的行为；发挥老党员长处和特点，使其发挥余热，将行政经验和党务工作经验应用到社区治理中。"① 机构 C 负责人 Q 书记是以前的老书记同时担任文化中心主任。"业务和党务同时参与，是一种专业性和党务性的结合。"②

我国社会组织类型差异很大，在城乡社区类和专业类社会组织中，大多数规模较小，人员流动频繁，部分党员的作用尚未得到重视，有的社会组织甚至有党员但没有建立党组织，党员和党组织无法发挥实际作用的情况较为普遍。

（三）党建带业建：以活动嵌入推进党建业建相互融合

党建嵌入业建是指党建活动结合社会组织的主要社会活动或其主要业务领域，以非营利、志愿性和公益性为基本导向，而不脱离社会组织的实际情况和实际需求。社会组织在处理一些专业化的社会问题中有很大的优势，利用专业知识和经验，其更加熟悉如何处理部分社会矛盾，能更有效参与社区治理。

一是围绕社会组织开展党组织活动。党组织活动与社会组织发展紧密结合，积极探索开展主题活动等，与社会组织日常业务活动、经营管理、组织文化建设等相互促进。调研中，如机构 C 是民非组织，当时成立的原因之一是公众的认可度高。机构 C 倡导要实现组织的社会效益和社会价值，致力于传播海派爵士音乐。机构 C 有党员 3 人——Q 书记、小余和兼职财务，其余是 5 名顾问人员。"我们乐队人员平均 40 岁，歌手在 20~30 岁，日常主要在政府的孵化基地、美罗城、社区活动中心等开展活动。我们专长是社区音乐表演，组织活动常常考虑以这种方式进行。"③

二是贴近社区需求开展党组织活动。社会组织党组织可以了解、关注社区

---

① 访谈资料，20160629CZJ。
② 访谈资料，20160713NKL。
③ 访谈资料，20160713NKL。

居民或职工的思想状况和普遍性需求，创新党的政治教育方式，组织策划和开展更受欢迎的活动，回应居民的迫切服务需要，寓教育于服务之中，增强党组织吸附力。机构 A 由社区居民自治发展而来：小区为老公房的结构，这样的结构造成邻里矛盾频发。虽然政府对社区老公房进行了结构性的改造，将公用空间独立化，但是社区纠纷等问题还是普遍存在，社区调解需求量大。因此，社区内部自愿性的法律援助团队应运而生。日常的社区治理中，自愿团队主动介入，主动寻求解决办法。"在老党员的带领下，我们成立了小区法律援助服务站，在老三自（自我教育、自我管理、自我服务）的基础上，发展出新三自——自力更生、自强不息、自觉奉献，充分发挥船文化的作用。我们的内部结构主要是趣乐学习班、法律援助、自愿巡逻队、文娱团队、小区巡防团、心理辅导等十五个固定的团队。"①

三是结合社会组织特点开展党组织活动。发挥社会组织及其人员专业优势，积极开展专业化公益慈善服务。发挥社会组织人才、信息等资源丰富的优势，主动与社区和其他领域党组织共建，实现信息共享、资源共享、活动共享。发挥社会组织联系广泛的优势，组织党员在从业活动中宣传党的路线方针政策，凝聚社区共识。调研中，机构 B 于 2011 年 6 月 24 日成立，通过政府购买服务的方式成立调解委员会，同时其也是区司法局的内设机构之一。"徐汇区有 300 多个调解委员会，包括专业的（劳调、医患调解）、行业的（医疗器件）和地区性的调解。五年内，我们共接受 2150 件调解申请，调解成功的为 1956 件，成功率为 90% 以上；其余的案件走法律程序，调解委员会内设巡回法庭，在这样的巡回法庭中可以解决简单的法律纠纷。在职或退休的常驻法官，在巡回法庭做前期的审核和资料把关，部分案件调与判同时进行；有些是通过医疗技术鉴定后处理；专业的调解医生将专业知识分享给患者；患者反映的问题得到了及时处理。2016 年上半年已受理 250 件调解申请，一方面缓解了法院的压力，同时也避免了社区矛盾的进一步激化。调解人员的出勤，是根据考核与轮值班的形式，周六日如果有需要随时进入调解，这是党委的领导和党员自觉行动的结果。组织的性质决定了成员的调入与调出的稳定性比较高，所有的人员中只有一位人员通过专业和专家库的形式调入。调解委员会的专业支持平台有微信

---

① 访谈资料，20160629CZJ。

平台、司法局网站、各大医院的院内宣传、患者主动要求，不论是哪种方式，只要接到案件，都会在 72 小时内进行答复。"①

（四）赋予党建资源：以政治资源对接技术官僚，以社会资源推进项目传递

党建资源是指在社会组织党建的过程中，可供调配和使用的政治资源和社会资源的总和。一方面，以政治资源对接技术官僚，如利用党组织政治背书、政治权威，更好获得体制庇护；另一方面，以社会资源推进项目传递，如利用党组织、党员社会网络、党建经费、党组织活动阵地、党务工作队伍建设等开展社区活动或服务项目。其中，党员社会网络可以归纳为两个方面：一是党员的正式组织关系；二是党员的非正式人际关系。社会组织中的党员可以利用自己的社交网络将封闭的小范围交流转变为开放空间的组织间互动。另外，党建经费、党组织活动阵地、党务工作队伍等党建资源也对社会组织的发展发挥了重要的支撑作用。调研中，机构 B 共 9 人，全部是退休的党员，这些人员的党组织关系都在原单位，没有转入调解委员会。"这样的优点：1. 与原单位不脱节。始终保持与原单位的关系，有助于医患调解委员会与原单位及时进行交流，将封闭的关系转为开放式的组织互动关系。2. 调解委员会的成员都是原法院或者医院的退休人员，可以将调解情况及时反映到原单位去。"② 公共文化服务是机构 C 参与最多的项目，主要通过市政府或区政府购买服务的方式开展。"C 由公益性得公益性，公益演出的过程中，在政府购买资金支持外，还有打浦桥活动中心的排练场地支持，也得到两新党委的配合。"③

（五）小结：党建对社会组织功能整合的过程

党建引领社会组织参与社区治理是一个动态的组织互动过程。综合以上分析，可以将这一过程归纳为两个阶段：一是党组织通过组织、宣传、队伍和活动嵌入，实现党建对社会组织的组织功能的控制、引导或强化，这是党建引领社会组织实现政治性社会化转化的第一步；二是党组织通过资源嫁接，使社会组织逐步依赖政治资源和社会资源，形成较强的路径锁定，削弱其潜在的社会动员甚至集体行动（结社）能力，完成社会性政治化的消弭过程。社会组织的政治性或政治化在党建等制度环境的约束下无法得以实现，这也是当前活跃的

---

① 访谈资料，20160708XHT。
② 访谈资料，20160708XHT。
③ 访谈资料，20160713NKL。

大多数社会组织都是社会服务类社会组织的原因之一。党组织在通过嵌入－资源双重策略实现政治性社会化过程的同时，也以路径锁定的机制抵消了社会组织社会性政治化的风险。由此，本文提出"政治性－社会性"功能整合的两阶段分析框架，即党建引领是两个阶段中政治性社会化的转化和社会性政治化的消弭的互动过程，通过政治功能转化和消弭或者社会功能强化，完成党组织对社会组织的功能整合（见图3）。

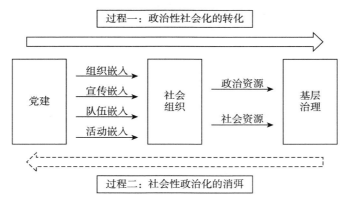

图3 社会组织党建功能整合路径

五 总结与进一步讨论

当前社会组织党建问题十分复杂：党组织覆盖层面，部分社会组织没有成立党组织，也没有党组织活动；党建动力层面，党建并非社会组织内生性需求，社会组织容易产生对党建嵌入的排斥；党建推动层面，基层党建责任主体对社会组织党建认识模糊，对不同类型的社会组织党建缺乏政策扶持，基层党建尚未探索出有效的模式或路径；党建协同层面，行政条块分割尚未打破，不同部门之间信息沟通和资源整合存在很大问题，党建工作缺乏整体和系统设计等。

提升党建引领的有效性，优化党建引领路径，可以从以下几个方面推进。首先，区分组织类型，构建党建引领的多层次平台。探索城乡社区类社会组织与基层街道社区的协同机制。建立社区－社会组织－社工联系机制，共同协商讨论社区发展中存在的各种问题，以资源共享推动社区公共治理，发挥各自优势，鼓励社区参与，实现社区公共利益。如可以通过签订党建业建群建社建合作框架协议，街道社区党组织和社会组织负责人交叉任职，组织骨干、专业人员相互交流锻炼，社区项目共建共享等方式强化组织连接。专业类、行业类社会组织可立足所在领域积极发挥所长，通过枢纽型社会组织党组织，以党建带动社会组织参与行业服务、市场监管，承接政府职能。公益慈善类社会组织党建应着重推进社区慈善事业发展，坚持诚信、公开、透明等原则，不断引导慈善组织提升组织公信力。其次，建立资源共享机制，提升党建引领效能。资源是组织存在和发展的重要基础，社会组织党组织的成立有助于其借助党和群团组织网络获得更多的体制内资源。同时，街道社区也借助社会组织获取更为专业的社区治理工具和技术：一是资源共享机制应考虑以数据共享为基础，充分利用已有的管理信息系统，完善容纳场地、人员、物资、经费、管理、技术等的整体性资源共享链；二是对于日常业务活动、党建教育、文化交流等场所阵地及设施，可互相开放、协调使用；三是畅通社区－社会组织党组织－社会等多元主体参与的工作交流沟通机制，探索创建社区发展和治理需求清单，梳理社区资源储备和调配应急清单，定期邀请高校党建专家、社区党建实务人士、社会组织党建工作者及其他热心社区公益慈善事务的志愿者和社会人士积极参与社区发展和基层自治讨论。最后，健全党建政策支持，夯实对社会组织的引领基础。一是加快制定和完善基层党建工作经费使用管理办法，把各个部门支持基层的政策、投向基层的资金、面向基层的项目加以整合，合理测算和确定党建工作经费的标准，并允许一定的浮动。如允许社会组织可以将党建工作经费纳入管理费用列支，可按照有关规定据实在企业所得税前扣除。支持社会组织党员党费全额下拨，党委组织部门可用留存党费给予支持。二是健全基层党建书记队伍纳入干部队伍和人才队伍建设的总体规划，如增设事业编制、增加党建工作津贴、建立岗位晋升等级序列、开展高水平研修和能力提升计划等。

然而，本文主要研究的问题是解释党建对社会组织的作用机制，而无意于更多阐释现实党建工作的问题及其建构策略。综合以上的分析和阐述，本文得出了两个基本结论。

（一）党社关系的总体性特征

当前，政府与社会组织之间的关系有多重面向的解读，如策略性合作（程坤鹏、徐家良，2018b：76～84）、行政借道社会（黄晓春、周黎安，2017：118～138）、调试性合作（郁建兴、沈永东，2017：34～41）、浮动控制与分层嵌入

（徐盈艳、黎熙元，2008：115～139）等。在未来国家治理体系中，理想型到底是"强国家－强社会"还是"弱国家－强社会"或者其他可能性？一个已经达成的学界共识是倡导强化社会独立性，使其不断发展成为具有一定现代社会意义的结构和功能兼备的共同体组织，即"现代社会体制"。"现代社会体制"的建构不仅要辨析和吸收西方发达国家的经验，韩国、新加坡等的国家－社会体制的模式依然需要加以理解和吸收，以丰富这种新的社会体制的意涵。同时，也应该思考我国传统文化、社会、政治等影响下的情境性因素。社会组织党建是当下政治因素的具体表征，由此可预见的是，政府着力建构的现代社会组织体制是一种有约束和限制的体制：如果将政治性和社会性作为分析社会组织的两种逻辑起点，那么，同时实践这两种特性的社会组织在当下及以后的制度环境中所获得的拓展空间是十分微妙的。

（二）社会组织党建引领的技术轨迹

党社互动的实质是组织间功能整合的过程。基于"政治性－社会性"的二维分析，国家对社会组织社会性的支持、赋权，如对政府购买服务等制度化的安排，旨在吸纳其作为行政分权和行政发包的社会代理，以回应和消化社会原子化带来的社会利益表达诉求和社会冲突，提升威权体制的韧性和效能。此外，强化党建引领，进一步以嵌入－资源多重策略强化其社会服务功能，消弭其政治功能。

如前所述，以社会组织社会服务和政治服务功能为标准进行交叉分析，可以推演出社会组织党建引领的三类基本轨迹：一是引导草根、小微社会组织向社会服务或政治服务功能较强的层级发展；二是引导社会服务类社会组织向主流价值或顶层设计的领域靠拢；三是引导政治服务类社会组织参与更多的社会治理。当然，理论推演基于对社会事实复杂性的简化和抽象，因此，社会组织党建引领是一个动态变化的过程，在此基础上，本文将三类轨迹所内含的趋势概括为"收敛式"的技术治理（见图4）。在"收敛式"技术治理过程中，可以较为清晰地观察到社会组织党建引发的"闭合性结构"：党建对社会组织的功能整合，在嵌入－资源多重策略的影响下，强化社会组织社会服务功能，以路径锁定的机制抵消其社会性政治化的风险。需要指出的是，随着党建的逐步推广和成熟，案例不断丰富起来，可以为中等和大样本的抽样和调查提供较好的基础。下一步的研究可以超脱案例比较的束缚，从以上的若干结论或思路中继续深入。

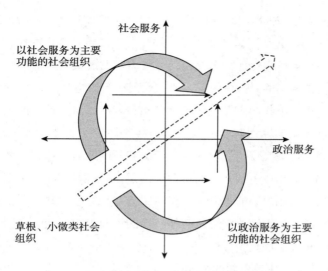

图 4　社会组织党建引领的技术轨迹

参考文献

陈家喜（2012）：《我国新社会组织党建：模式、困境与方向》，《中共中央党校学报》，第 2 期，第 36 ~ 40 页。

程坤鹏、徐家良（2018a）：《新时期社会组织党建引领的结构性分析——以 S 市为例》，《新视野》，第 2 期，第 37 ~ 42 页。

程坤鹏、徐家良（2018b）：《从行政吸纳到策略性合作——新时代政府与社会组织关系的互动逻辑》，《治理研究》，第 6 期，第 76 ~ 84 页。

葛亮（2018）：《制度环境与社会组织党建的动力机制研究——以 Z 市雪菜饼协会为个案》，《社会主义研究》，第 1 期，第 104 ~ 112 页。

黄一玲、焦连志（2015）：《当前"两新"组织的党建新生态与党建路径创新》，《江西师范大学学报》（哲学社会科学版），第 4 期，第 21 ~ 25 页。

黄晓春、周黎安（2017）：《政府治理机制转型与社会组织发展》，《中国社会科学》第 11 期，第 118 ~ 138 页。

贾桂华（2017）：《社会进步视野中的自组织及其党建问题》，《探索》，第 11 期，第 124 ~ 124 页。

孔卫拿（2018）：《引领与自主：对嵌入式社会组织党建的思考》，《安徽师范大学学报》（人文社会科学版），第 3 期，第 36 ~ 41 页。

李健、郭薇（2017）：《资源依赖、政治嵌入与能力建设——理解社会组织党建的微观视角》，《探索》，第 5 期，第 121 ~ 127 页。

李朔严（2018）:《政党统合的力量：党、政治资本与草根 NGO 的发展——基于 Z 省 H 市的多案例比较研究》,《社会》,第 1 期,第 160～185 页。

马西恒（2003）:《民间组织发展与执政党建设——对上海市民间组织党建实践的思考》,《政治学研究》,第 1 期,第 23～37 页。

王锦程、彭贵刚（2011）:《重庆市"两新"组织党建工作寻求新突破的研究报告》,《探索》,第 2 期,第 31～36 页。

王杨（2017）:《结构功能主义视角下党组织嵌入社会组织的功能实现机制——对社会组织党建的个案研究》,《社会主义研究》,第 2 期,第 119～126 页。

徐家良（2017）:《中国社会组织评估发展报告（2017）》,北京：社会科学文献出版社。

徐盈艳、黎熙元（2008）:《浮动控制与分层嵌入服务外包下的政社关系调整机制分析》,《社会学研究》,第 2 期,第 115～139 页。

严宏（2010）:《提高新社会组织党建工作的科学化水平：以领导体制为视角》,《理论与改革》,第 4 期,第 57～60 页。

——（2018）:《中国共产党社会组织党建策略选择：支配、适应、互惠抑或协商》,《马克思主义与现实》,第 1 期,第 172～177 页。

郁建兴、沈永东（2017）:《调适性合作：十八大以来中国政府与社会组织关系的策略性变革》,《政治学研究》,第 3 期,第 34～41 页。

赵刚印（2014）:《"两新"组织党建的战略新思维》,《中共中央党校学报》,第 1 期,第 47～51 页。

赵长芬（2018）:《社会组织党建的政治功能论析》,《探索》,第 1 期,第 138～143 页。

郑琦（2017）:《社会组织党建：目标取向与实践逻辑》,《求实》,第 10 期,第 15～27 页。

中共上海市委党的建设工作领导小组办公室（2014）:《上海基层党建工作实践与探索》,北京：中国民主法制出版社。

Embedding and Functional Integration：
Two-dimensional Analysis Based on
"Political-Sociological" of NGOs'
Party-Construction

Chang Kunpeng　　*Yu Zucheng*

[**Abstract**] In the process of establishing a modern social organization system, does the party's construction affect the NGO and how? The article applies the snowball sampling method to study the operational mechanism of NGOs' party-construction. Through case comparison and induction, the article argues that the current Party-NGO relations present the overall characteristics of "convergence". The NGOs' party-construction is a dynamic process of inter-organizational and functional integration. Party-NGO interaction is a political and social transformation of NGO: In the first stage, NGOs' party-construction is embedded in organizations, propaganda, teams, activities, etc., guiding and strengthening its social functions. In the second stage, the political system adopts resource-dependence and internal-external control strategies to weaken the political threats. The article proposes a "political-social" functional-integration framework, explains the internal logic of NGOs' party-construction, and helps to promote interpretive research in this field.

[**Keywords**] NGOs' Party-construction; Community Governance; Embedding; Functional Integration; Oolitical-sociological Analysis

（责任编辑：郑琦）

慈善募捐规制中的国家与社会：兼论《慈善法》的效度和限度[*]

赖伟军^{**}

【摘要】 我国慈善募捐管理体制长期充满争议，2016 年《慈善法》的颁布实施似乎并未使之得以消解，后慈善立法时代国内慈善募捐规制实践也呈现纠结之态。为了对《慈善法》中有关我国慈善募捐规制政策调整的内在立法思路进行考察，本文以国家与社会互动关系为切入点，从纵向历史维度对改革以来我国慈善募捐规制领域相关法律政策展开梳理，力图揭示国家对民间募款活动一以贯之的管控思路，及近年来国家管控逐渐松动背后的社会动力。文章分析认为，国家管控思维主导下《慈善法》对公募权的有限放开表现出明显的被动性和纠结属性，并由此造成其在募捐规制实践中的效度与限度双重面向。

【关键词】 慈善法　募捐规制　国家与社会

一　引论

改革开放以来，尤其是 2008 年汶川地震以后，我国公益慈善事业发展取得

---

* 本文是国家社会科学基金项目（18BZZ090）的阶段性研究成果。

** 赖伟军，深圳大学管理学院公共管理系助理教授。

了巨大成就。根据中国慈善联合会（2018）发布的《2017 年度中国慈善捐助报告》，国内公益慈善捐赠总额从 2007 年的 309. 25 亿元增加到 2017 年的 1499. 86 亿元。不过，在公益慈善事业取得快速发展的背后，一个长期存在于中国慈善资源动员过程并饱受诟病的结构性问题是大量官办慈善组织对社会公开募捐权利的垄断。普遍认为，政府对不同背景公益慈善机构社会募款行动的区别对待，直接形塑了我国长期以来由官办慈善组织主导的慈善资源分配格局（徐永光，2011）。正是基于有关我国慈善募捐规制体系的这种制度性反思，2016 年《慈善法》的颁布实施及其相应制度调整引发了各界对于其将带来公募权开放的乐观评价。比如，徐家良（2016）① 把《慈善法》的首要制度创新定位在"打破公募权垄断、激活慈善捐赠市场竞争"；金锦萍等也认为《慈善法》将有助于通过公募权的放开实现慈善资源的合理配置。② 如此种种乐观期待也确有其法律依据。《慈善法》第 22 条规定"依法登记满二年的慈善组织，可以向其登记的民政部门申请公开募捐资格"；此外，《慈善法》第 26 条规定"不具有公开募捐资格的组织或者个人基于慈善目的，可以与具有公开募捐资格的慈善组织合作"。由此，仅从以上法律文本来看，我们的确有理由预期国内慈善资源分配的固有格局将在《慈善法》公募权开放效应的促推下逐渐出现松动。

然而，在各界对《慈善法》的公募权开放效应持普遍乐观期待的同时，异常吊诡的是政府人士针对《慈善法》的政策解读却并未特别强调开放公募权议题。例如，民政部官员廖鸿、马昕（2016）在解读《慈善法》的制度创新时完全未涉及慈善募捐问题，民政部民间组织服务中心刘忠祥（2016）有关《慈善法》的解读也未对公募权开放议题给予特别关注。除了官方与民间针对法律文本解读的差异，《慈善法》颁布实施后在具体募捐规制实践中似乎也出现了适用性纠结问题。比如，对于 2016 年末发生的"罗尔事件"，抛开公众有关其在筹款伦理上的指责，更多的专业讨论认为其乃是个人求助行为，不属《慈善法》的规制范围（程芬，2017）。③ 但出人意料的是，全国人大法工委相关负责人针对"罗尔事件"接受

---

① 徐家良（2016）：《慈善法的八大创新》，上海爱德公益研究中心，https://mp. weixin. qq. com/s/Ae3jzE7eVhRrpBLGSDVodw，最后访问日期：2018 年 12 月 1 日。
② 南都公益观察（2016）：《慈善法的 8 大进步与 10 大期待》，基金会中心网，https://mp. weixin. qq. com/s/94iT18CtA_goEvSUZQwXsg，最后访问日期：2018 年 12 月 1 日。
③ 金锦萍（2016）：《罗一笑事件引发的六道思考题》，南方周末，http://www. infzm. com/content/121192/，最后访问日期：2018 年 12 月 1 日。

记者采访时表示：罗尔网络卖文救女属变相募捐，根据《慈善法》关于公开募捐资格与条件的规定，其行为构成违法。[①] 基于这样的立法解读及法律实践观察，针对《慈善法》公募权开放效应的乐观期待似乎就要打上问号。而如果公募权放开并非立法者本意，那么对于研究者而言更加值得探讨的相关问题是：《慈善法》有关我国慈善募捐规制的政策调整到底体现了怎样的国家立法思路，这种立法思路形成的具体路径是怎样的，进而其对《慈善法》实际规制效力的发挥又将产生怎样的潜在影响？

目前学术界有关我国慈善募捐规制的研究多由社会法学者进行，分别从总体规制原则（杨道波，2009；吕鑫，2011，2014a）、具体规制技术（李政辉，2013；周贤日，2013；吕鑫，2014b；李炳安、李慧敏，2015；金锦萍，2017）等角度展开探讨，这些研究均无法对《慈善法》的内在募捐规制思路给出有效考察和评估。本文认为，管控思维在当前我国慈善募捐规制领域仍然占据主导地位，《慈善法》对公募权的有限开放实则是国家面对民间募款行动大量涌现的被迫回应。如果把慈善募捐规制中的这种国家与社会互动面向放到更长的历史脉络中加以考察，上述政策调整的被动性将呈现得更加明显。由此，本文尝试以国家与社会互动关系为切入点，从纵向历史维度对改革以来我国慈善募捐规制领域的相关法律法规及政策文件进行系统梳理，以揭示国家对民间募款活动一以贯之的管控思路，及近年来国家管控逐渐松动的背后社会动力。

国家与社会关系是西方政治社会学的经典分析框架之一，自20世纪90年代介绍进入中国学界以来（张静，1998），被广泛运用于包括中国乡村治理、城市社区研究及社会组织发展等在内的众多议题研究领域（郑卫东，2005；马卫红等，2008；江华等，2011），并迅速成为中国社会研究的主流分析框架之一（唐利平，2005）。尽管后续越来越多的研究开始反思国家与社会关系框架在中国情境下的适用性及其局限性（丁惠平，2015），并有学者尝试提出相关替代方案（肖瑛，2014），但国家与社会关系分析框架以其高度的规范性与抽象性仍保持着对中国大量现实社会问题的分析效用（陈映芳，2015）。事实上，国家与社会关系框架也被频繁用于有关我国慈善组织及慈善事业发展的分析中（王

---

① 参见凤凰网《全国人大法工委回应"罗尔事件"：系违法》，http://news.ifeng.com/a/20170226/ 50733 97 1_0. shtml，最后访问日期：2018年12月1日。

卫平等，2007；马金芳，2013）。本文尝试将该框架引入针对我国慈善募捐规制政策变迁的历史考察中，认为其对我国慈善募捐规制领域国家与社会之间互动关系的分析具有较强适切性，有助于揭示相关法律政策变迁的微观动力机制。

以下笔者将按照时间顺序，对改革以来我国慈善募捐规制相关法律政策的先后制定出台进行详细考察。通过这种历史性梳理，笔者将着力呈现不同历史时期我国慈善募捐规制立法的核心制度特征及其背后的国家与社会关系动力。鉴于本文的主要研究分析对象为所有与慈善募捐规制相关的法律法规及政策文件，本文的核心研究方法为文本分析法。笔者依据相关法律政策制定出台的先后顺序，对该领域所有法律政策文件进行了详细收集和整理，并根据其内在制度属性划分为四个阶段展开内容分析。文章力图论证国家管控思维主导下我国慈善募捐规制相关法律政策出现调整的被动性，并据此对《慈善法》在当前我国慈善募捐规制实践中的效度和限度加以评估考察。①

二 21世纪以前：被忽视的民间募捐权

改革开放后，我国公益慈善事业逐渐从"文革"废墟中恢复重建。1981年，中国儿童少年基金会发起成立，标志着我国现代公益基金会发展开始起步，其后全国各地纷纷开始注册成立各种类型的基金会。1994年，中华慈善总会正式创办，成为第一个以慈善命名的全国性公益慈善机构，此后同样掀起了各地兴办慈善会组织的热潮。伴随着20世纪八九十年代各类公益慈善组织的不断涌现，慈善募捐开始在我国兴起。不过，此时的慈善组织发展呈现一个显著特征，即大部分公益慈善机构均由各级政府部门或有政府背景的相关团体发起创办，相应地，其慈善募捐活动也带有明显的官方色彩。这些官办慈善组织的创立，大都是为了向各界募集慈善资源（尤其是向海外华人华侨及港澳台同胞进行募捐），以弥补政府在社会基本公共福利支出上的不足（Estes，1998）。②

---

① 需要指出的是，虽然《慈善法》将"慈善募捐"界定为包括公开募捐和定向募捐两种形式，由于定向募捐只是面向特定人群开展的小范围募捐活动，其在慈善资源动员环节的社会公共属性相对较弱，也并未构成《慈善法》的核心规制对象，因而本文探讨的慈善募捐主要指面向非特定社会公众进行的公开募捐。

② 杨团（2017）：《中华慈善总会是如何建立起来的》，搜狐新闻网，http://www.sohu.com/ a/ 149035592_465387，最后访问日期：2018年12月1日。

早期官办慈善组织在慈善募款活动中的主导性，直接形塑了 21 世纪以前我国相关政策法规制定的基本框架，表现为官办组织对募捐权利的独享和垄断。国内第一部涉及募捐议题的全国性法律是 1993 年颁布实施的《红十字会法》，其第 22 条规定"红十字会为开展救助工作，可以进行募捐活动"，而 1997 年通过的《中国红十字会募捐和接受捐赠工作条例》更明确区分了发起募捐和接受捐赠两种慈善资源筹集方式。如果说《红十字会法》及其配套条例只是对红十字会系统的募捐行为作出了正式法律授权，那么同时期出台的其他相关政策文件则涉及更多元社会募捐议题。比如，1994 年 11 月民政部发布《社会福利性募捐义演管理暂行办法》，规定只有"国家专门从事社会福利性事业的机关、社会团体及其他有关组织"可以单独举办社会福利性募捐义演，其他机关、团体、企事业单位或个人必须与受捐单位联合举办，同时所有募捐义演活动均需经过民政及文化部门的双重审批。1996 年初，中共中央办公厅、国务院办公厅联合转发民政部及国务院扶贫开发领导小组《关于在大中城市开展经常性捐助活动支援灾区、贫困地区的意见》，提出由民政部牵头在全国大中城市、党政军机关及企事业单位开展针对贫困地区群众，以募捐衣被为主要内容的捐助活动，并要求通过设立方便随时捐助、随时接收的扶贫济困工作网点使此类募捐活动常态化。1998 年，国内发生大规模洪灾，国务院办公厅在 8 月紧急发出《关于加强救灾捐赠管理工作的通知》，规定除中国红十字会以外，未经民政部门同意任何个人、任何单位不得在社会上开展任何形式的救灾募捐活动。

以上提及的相关政策法律除《红十字会法》外其余均只是行政法规或部门规章，在有关慈善募捐开展的有效规制上仍缺乏系统性和权威性。1998 年洪水灾害的暴发成为一个重要转折点，其大大加快了我国慈善募捐与捐赠领域的正式立法进程。1999 年 6 月，全国人大常委会审议通过《中华人民共和国公益事业捐赠法》（简称《公益事业捐赠法》），确立了我国现代公益慈善事业规范发展的第一部专门性法律。值得注意的是，这部法律以"公益事业捐赠法"命名，并且在内容上完全未涉及募捐相关议题。很明显，对募捐议题的忽视是立法者有意为之①，

---

① 首先，从此前制定出台的《中国红十字会募捐和接受捐赠工作条例》等相关行政法规及规章来看，中央立法者已经明确意识到募捐和受赠之间的区别。其次，有资料显示《公益事业捐赠法》在起草过程中曾设有"募捐"章节，只是在最后颁布的法律版本中被删除了（参见《慈善募捐管理的法律和操作问题》，《国际民间组织合作论坛》特刊 2009 年第 82 期）。

通过暂时搁置募捐议题很好地回避了社会募捐权问题。与此同时，即使是在单纯有关受赠行为的法律规制上，国家对民间社会角色的限制在《公益事业捐赠法》中也得到明确体现。该法第10条规定，我国公益慈善捐赠的受赠主体包括公益性社会团体和公益性非营利事业单位（同时规定县级以上人民政府及其部门在发生自然灾害时可以接受捐赠）。基于20世纪90年代我国社会组织领域实行严格的"双重管理"，以上两大受赠主体同样大部分为官方背景组织，其中前者以官办基金会、慈善会为代表，后者则主要指附属于各级政府部门的科教文卫体组织及各类官办福利机构。

从20世纪90年代发布的上述一系列法律法规及相关政策文件可以看出，延续改革前的国家动员体制，我国各种社会募捐行动的发起主体，乃至公益慈善捐赠的受赠主体均被严格限定在与政府密切关联的各类机构团体范围内（尤以红十字会、慈善会及各大官办基金会为主），同时明确赋予以民政部门为代表的相关国家机关一定的募捐权限，而民间自主开展慈善募捐的权力则完全被忽视。由此，21世纪以前我国慈善募捐及捐赠领域已经开始逐渐形成以政府为主导的格局，有关民间募捐权的立法长期处于真空状态。

三 2000～2008年：官民二元募捐体制的建立

随着20世纪90年代我国市场经济改革的深化推进及部分先富人群的出现，国内社会慈善资源的供给逐渐呈现多元化潜力。政府意识到除了单纯鼓励民众向各类官办慈善组织进行捐赠外，也可以通过开放社会空间、允许民间财富人士发起创办公益慈善机构的形式进行更广泛的社会福利资源动员。但与此同时，又要思考如何有效控制民间慈善机构的社会募捐活动。这一开创性制度设计在我国公益基金会管理领域率先取得突破。

1999年，经国务院批准，基金会归由民政部门统一管理。[①] 在此背景下，民政部从2000年开始着手研究制定新的基金会管理制度。经过多年酝酿、反复论证，最终于2004年3月以《基金会管理条例》的形式对外颁布。在该条例中，立法者创造性地提出了"公募基金会"和"非公募基金会"两个分类概

---

① 根据1988年国务院颁布的《基金会管理办法》，在此之前我国基金会实行中国人民银行和民政部门双重管理，其中有关基金会的大量审查审批工作实际由中国人民银行负责。

念。顾名思义，公募基金会指可以面向公众进行募捐的基金会，而非公募基金会指不得面向公众开展募捐的基金会。鉴于官办基金会在 20 世纪 90 年代颁布的一系列政策法律文件中已经获得的公开募捐权限，非公募基金会这一概念类型明显是为民间背景基金会的发展开放空间而创设。对此，时任民政部民间组织管理局局长的李本公针对条例出台接受记者采访时明确提道，"随着经济发展，一些大的企业和个人愿意而且有能力拿钱投入公益事业，但找不到合适的渠道。对此国家应当予以鼓励和引导，并采取相应的对策，帮助他们参与公益事业。因此，在《基金会管理条例》中增设了非公募基金会这个新种类"（李本公，2004）。基于此，以《基金会管理条例》的颁布实施为标志，我国首先在公益基金会领域确立了一种官民二元分割的募捐管理体制，即官办基金会可以公开募捐，而民办基金会不得公开募捐。这种基金会身份与组织公募资格之间的相互对应关系，在上述李本公局长回答记者有关条例内容创新的提问时也得到了明确回应，"新《基金会管理条例》按照基金来源的不同，将基金会分为公募基金会和非公募基金会两类。公募基金会指现在各个部门主管的、行政色彩浓重的基金会，他们可以面向公众筹集基金。非公募基金会是指个人或企业等组织设立的不得面向公众募集基金的基金会……。能否公开募捐是两类基金会的主要区别"（李本公，2004）。

在《基金会管理条例》二元分割规制思路的影响下，此后几年我国出台的相关募捐规范文件基本遵循一方面强化官办慈善机构募捐权限，另一方面严格限制民间公益组织募捐行动的路径。比如，2008 年 4 月民政部第 35 号令颁布《救灾捐赠管理办法》，将发生自然灾害时的救灾募捐主体明确限定为具有救灾宗旨的公募基金会。汶川地震救灾期间，国务院办公厅紧急发布《关于加强汶川地震抗震救灾捐赠款物管理使用的通知》，其中规定各级红十字会、慈善会等具有救灾宗旨的公募基金会可直接以救灾的名义向社会开展募捐，没有救灾宗旨的公募基金会经民政部门批准同意后也可以开展募捐活动，但要求除上述组织以外的其他社会组织将接收的捐赠款物一律移交民政部门或红十字会、慈善会等具有救灾宗旨的公募基金会。基于这些政策文件规定，政府对官办与民间两种背景公益慈善组织募捐活动的二元区别对待可见一斑。

四 2009～2015 年：地方立法中的公募权开放探索

尽管国家试图对民间背景公益慈善机构的社会募捐活动进行严格管控，但这种管控似乎并不总是奏效。面对来自国家的政策限制，民间公益组织开始策略性地进行应对。比如，通过挂靠官办公募基金会的方式开展募捐，逐渐成为一些草根公益机构探索组织自身发展资源多元化的重要策略之一（廖雪飞，2007），甚至一些未独立注册的民间公益项目也纷纷采取在各大官办慈善组织下设立专项基金的形式进行公开募捐（如较早设立的嫣然天使基金和李连杰壹基金计划等）。与此同时，随着 20 世纪末 21 世纪初电子商务在中国的出现和发展，部分草根组织也开始探索通过开设公益网店的形式对机构募款行动进行"市场化"转换（北京瑞森德筹款研究中心，2017），以规避公开募捐可能带来的法律风险。此外，大量义卖、义演形式的民间募款行动也在政府监管视线之外悄然开展。2008 年汶川大地震的发生进一步激发了中国民间社会的公益慈善参与热情，这无疑对既有的慈善募捐监管体制形成强烈冲击。政府也逐渐意识到单纯的限制并不能实现对层出不穷的民间募款活动的有效管控，转而开始思考设计新的慈善募捐规制体系。

汶川地震后，有关募捐管理体制调整的探索首先从地方政府层面启动①，在随后几年时间内全国多个地区先后出台了一系列涉及慈善募捐管理议题的地方性法规或规章。2010 年初，江苏省人大常委会率先通过《江苏省慈善事业促进条例》，其中针对慈善募捐与捐赠问题制定了专章规范条款。同年 11 月，湖南省人大常委会审议通过的《湖南省募捐条例》，成为国内第一部以募捐管理为主体内容的地方性法规。2011 年，宁波和宁夏分别通过了各自慈善事业促进条例，并均对慈善募捐议题作出专章规定。2012 年，《广州市募捐条例》和《上海市募捐条例》先后颁布实施。2014 年，北京市和汕头经济特区也先后实施慈善事业专项规章及慈善募捐管理条例。笔者尝试将上述地方性法规及政府

① 有资料显示，中央层面的慈善募捐规制立法事实上也在同期启动，甚至在 2009 年已经初步形成社会募捐管理条例草案，只是后续未被正式提交审议（参见《慈善募捐管理的法律和操作问题》，《国际民间组织合作论坛》特刊 2009 年第 82 期）。对未产生实际效力的法律草案，本文不做讨论。

规章中有关募捐主体资格及募捐活动开展程序的相关规制条款进行梳理,具体内容见表1。

表1 地方政府层面对公募权开放的探索

地区	正式实施时间	募捐主体资格及募捐活动开展程序规制相关内容
江苏	2010年5月	慈善组织和法律法规规定可以开展慈善募捐活动的组织,在其宗旨、业务范围内开展慈善募捐 其他公益性社团和公益性非营利事业单位经民政部门许可后,也可以在特定时间和地域范围内以规定的方式开展慈善募捐
湖南	2011年5月	红十字会、慈善会、公募基金会按照法律、法规规定可以开展与其宗旨相适应的募捐 其他公益性社团及公益性非营利事业单位,具备一定条件,经民政部门许可后可以在许可范围内开展募捐
宁波	2011年10月	慈善组织可以开展与其宗旨、业务范围一致的募捐活动,慈善组织以外的其他组织可以委托或联合慈善组织开展募捐 慈善组织以外的公益性社团和事业单位经过在民政部门备案后,也可以单独开展募捐
宁夏	2011年11月	除具有公开募捐资质的慈善组织、红十字会、公募基金会等组织外,任何单位和个人不得以慈善名义面向社会开展募捐活动
广州	2012年5月	红十字会、慈善会和公募基金会可在其章程规定的宗旨、业务范围和地域范围内开展募捐 其他为扶老、助残、救孤、济困或赈灾目的的设立的公益性社团、民非和非营利事业单位经民政部门许可后,可在许可范围和期限内开展募捐
上海	2012年9月	可开展募捐的组织包括:红十字会、公募基金会、以发展公益事业为宗旨的社会团体 募捐活动需提前十日在民政部门办理备案
北京	2014年1月	承认不具有公募资格慈善组织与公募基金会联合开展募捐活动的合法性
汕头	2014年8月	可开展募捐的组织包括:红十字会、慈善会、公募基金会、公益性非营利事业单位、以发展公益事业为宗旨并且获得3A以上等级的公益性社团和公益性民非 募捐活动需提前十日在民政部门办理备案

可以看到,面对我国社会募捐领域出现的新现象、新趋势,除宁夏仍坚持对民间背景公益组织的公开募捐活动进行严格限制外,其他地区都以不同的形式探索向社会开放一定的募捐权限。比如,除红十字会、慈善会及公募基金会等三类由国家上位法规定允许公开募捐的官办慈善组织,大部分地方性法规/规

章均不同程度地为其他公益慈善组织社会募款活动的开展打开了空间，尤其是多地明确将民办非企业单位列入可申请募捐资格的主体范围。考虑到几乎同时期我国正在进行的社会组织登记管理体制改革（蓝煜昕，2012），大量民间背景公益机构显然包含在上述可申请公开募捐资格的社会主体范围内。在募捐活动开展的程序规制上，江苏、湖南和广州针对法定公募组织以外的其他公益机构实行行政许可制，而宁波、上海、汕头等地实行事前备案制。基于许可制的行政审批属性，相较而言，备案制地区对民间募款活动的开放力度更大、更彻底。此外，鉴于专项基金、挂靠募捐等民间募款行动的大量涌现，宁波和北京分别通过地方立法和政府规章的形式赋予此类联合募捐活动以正式制度合法性。

除了法律政策上的调整，从 2009 年开始我国多个地方政府同时在社会公募权开放的实践层面展开积极探索。比如，上海联劝公益基金会 2009 年在上海市民政局注册成立，成为国内第一家民间背景公募基金会。经过多年努力，壹基金也最终于 2010 年底在深圳市民政局正式注册为地方性公募基金会。此后，更有包括海南成美慈善基金会、北京新阳光慈善基金会、上海真爱梦想公益基金会等在内的多家民间背景公益机构顺利完成从非公募到公募的身份转换。总体上，在民间大量策略性募款行动的倒逼下，公募权开放在"后汶川地震时代"我国地方政府层面率先取得重要突破。

五 《慈善法》颁布实施后：开放与管控之间

地方政府在立法和实践两方面的积极探索凸显了推动全国性慈善募捐规制立法的紧迫性，而这种募捐单项立法的迫切性同时嵌套在近年来全社会对加快我国整体慈善事业立法的热切期待中。我国慈善立法工作从 2005 年开始启动，其间因为各种原因几经波折反复，2014 年以后在全国人大内务司法委员会的主导推动下得以快速推进，最终在 2016 年 3 月召开的十二届全国人大第四次会议上通过（马剑银，2016）。《慈善法》以单独一章、13 大条款及超过 1200 字的篇幅对慈善募捐作出详细规定，足见募捐规制议题在整体慈善事业法制体系中的重要性。

毫无疑问，《慈善法》同样无法回避由民间募款行动对国家公募权管控带来的挑战，而地方政府的前期探索为《慈善法》有关慈善募捐议题的内容设计提供了重要借鉴和参考。其中，公募权开放作为一种必然趋势在《慈善法》中得到了相应继承和发展。《慈善法》第 22 条规定："依法登记满二年的慈善组织，可以向其登记的民政部门申请公开募捐资格。"这似乎预示着公募权面向所有公益慈善组织放开的潜在可能。也正是这一条款规定，引发了社会各界对于打破官办组织募捐垄断、开放募捐市场竞争的乐观期待。然而，如果仔细考察《慈善法》有关慈善组织公募资格申请获得程序的规定，会发现这种公募权开放背后的政府管控机制仍然非常明显。首先，《慈善法》对慈善组织公开募捐实行严格行政许可，只有经过民政部门审批并获得公募资格证书的组织才可以进行公开募捐。与此前多地探索实行募捐备案制相比，这无疑赋予了各级民政部门极大的自由裁量权（俞祖成，2016），大量民间背景慈善组织能否顺利通过民政部门的资格审批不得而知。其次，相较于前期地方政府层面主要针对不同类型公益组织具体募捐活动的开展进行程序性规范，《慈善法》的行政许可却以慈善组织公募资格的取得为规制对象。把行政许可前置到组织资格审批环节，实际上大大缩小了最终能够开展募捐活动的组织主体范围，形成了对慈善募捐自由市场竞争的隐性限制（贾西津，2017）。

除了上述有关公募主体资格开放与管控的纠结，《慈善法》关于慈善募捐的制度设计遇到的更大挑战来自近年来在我国获得快速发展的网络募捐。早在2008 年汶川地震救灾期间，淘宝网和支付宝公司就曾为相关慈善组织开通网络快速捐赠通道，取得良好捐赠效果（北京瑞森德筹款研究中心，2017）。此后，网络募捐逐渐成为各类公益慈善机构社会募款活动开展的新的重要平台。尤其是随着 2012 年以后移动互联网及移动支付技术先后在我国取得突破性发展，其在大大便利公众捐赠行为的基础上，极大地提升了网络募捐对慈善组织资源动员的战略重要性。相较于传统义演、义卖及设置募捐箱等形式的线下募捐，依托现代移动互联网进行的网络募捐以其信息传播的即时性、广泛性有效突破了传统募捐活动开展的地域限制，同时大大降低了募捐活动开展的组织成本。对于政府管理者而言，网络募捐带来的巨大挑战在于其使得各类网络募款行动变得毫无边界可言，极大地提高了政府监管的难度及成本。一方面，网络募捐对地域的突破使得我国传统分级登记、属地管理的公益慈善组织监管体系基本失效；另一方面，网络募款活动开展的低成本容易催化产生人人募捐、法不责众的社会认知，进而对《慈善法》有关公募资格行政许可的制度设计形成潜在架空效应。

面对网络募捐带来的这些挑战,《慈善法》通过两条路径进行回应。首先,《慈善法》第 23 条规定"慈善组织通过互联网开展公开募捐的,应当在国务院民政部门统一或者指定的慈善信息平台发布募捐信息"。很明显,该条规定主要针对网络募捐属地化管理的无效进行设置。通过指定数量有限的慈善信息发布平台,同时赋予相关信息平台一定的协同监管责任,立法者试图在互联网世界创制出边界相对固定的特定网络空间,以实现对慈善组织网络募款活动的"类属地化管理"。① 除了基于指定信息平台对慈善组织网络募捐的开展进行类属地化管理外,《慈善法》应对移动互联网时代社会募捐活动弥散化挑战的另一个策略是引导非公募资格组织及个人以挂靠或联合公募组织的形式开展募捐,经由数量相对有限的公募组织对大量民间自发、无组织化募款活动实现间接监管。《慈善法》第 26 条规定"不具有公开募捐资格的组织或者个人基于慈善目的,可以与具有公开募捐资格的慈善组织合作",同时随《慈善法》配套实施的《慈善组织公开募捐管理办法》第 17 条规定"募捐活动的全部收支应当纳入该慈善组织的账户,由该慈善组织统一进行财务核算和管理,并承担法律责任"。上述条款规定对大量处于灰色地带的民间募款活动实际形成了双重效应:一方面,在无法对大量民间自发募款行动实现完全限制的情况下给各种挂靠形式的社会募捐活动进行正式法律赋权;另一方面,通过强化各类合作募捐中公募慈善组织的主体责任对纷繁复杂的民间募款行动实现间接监管。

六　总结与讨论:《慈善法》的效度和限度

综合以上有关我国慈善募捐规制法律政策的阶段式考察梳理,国家与社会双向互动构成贯穿其中的一条核心主线。从国家角度,慈善募捐的社会公共属性是其积极介入募捐活动规制的首要动因。国内公益慈善事业发展的特殊历史背景,塑造了我国独特的慈善募捐分类管理体系,其中大量官办慈善组织天然地被赋予募捐权限,而民间公益机构的募捐行动则长期受到严格限制。面对来自国家的管控,民间公益组织通过多种策略性应对形成对国家政策限制的有效

---

① 2016 年 9 月《慈善法》正式实施后,民政部先后分两批遴选指定了 20 家互联网募捐信息发布平台。

突破。在各类民间募款活动的冲击下，近年来我国传统二元分割式慈善募捐规制体系逐渐出现松动，尤其是汶川地震后全国多地率先开始公募权开放的地方立法探索，为国家层面的募捐管理制度调整积累了大量有益经验。不过，近期国家募捐规制体系的重构本质上乃是对各种民间募款活动大量涌现的被迫回应。这种政策调整的被动性使得《慈善法》有关慈善募捐的制度设计呈现明显的"纠结"特征，表现在一方面其向所有公益慈善组织开放公募资格申请，并承认非公募组织挂靠募捐的合法性，但另一方面又对慈善组织公募资格的取得实行严格行政许可，同时大大加强对公开募捐通道的控制。

那么，上述制度设计的纠结属性将对《慈善法》实际规制效力的发挥产生怎样的潜在影响？毫无疑问，《慈善法》的现行政策调整为民间背景公益组织公募权的获得打开了一定的制度空间，更重要的是其对大量原处于灰色地带的民间募款活动形成了有效吸纳，有助于推动我国慈善募捐领域的管理更加规范有序，这是《慈善法》的有效性面向。然而，管控思维影响下《慈善法》的相关制度安排仍然有其内在明显的局限性。

首先，《慈善法》针对公开募捐设置的相关管控机制（包括公募资格许可、募捐通道限制）可能促使部分公益机构转向探索开发其他新的社会募捐形态。比如，伴随互联网劝募的兴起，公益众筹形式的"变向募捐"同时在我国获得快速发展（刘盛等，2016）。与早期相关公益组织通过开设公益网店对机构募款活动进行市场化转换类似，公益众筹将慈善募捐与商业众筹模式相结合，通过允诺捐赠者一定回报（通常是象征性回报）的类商业交换机制实现对公开募捐风险的有效规避。当然，还有大量以公益电商形式存在的民间募款活动，所有这些市场化募捐形态可能构成我国慈善募捐领域新的灰色地带，而《慈善法》对此将毫无规制效力。

其次，《慈善法》试图通过指定数量有限的募捐信息发布平台对慈善组织网络募捐活动实现有效管控的制度设计，有可能带来我国慈善募捐市场新的垄断现象的出现。现有的网络募捐平台运营成本大多是由平台的背后发起机构负责承担，慈善组织在这些平台上发布项目信息、进行公开募捐其实是在使用免费的平台资源。但是，没有人能够保证所有网络募捐平台永远不收费，尤其是随着越来越多公益组织试水互联网募捐，在法律同时要求网络募捐平台承担相应协同监管责任的情况下，平台运营成本必将进一步上升。事实上，已经有相关网络捐赠信息发布平台对其平台上的募捐项目实行一定比例的服务收费制度，而这种平台服务收费制度在可预见的未来可能成为一种普遍趋势。现有网络募捐信息发布平台的有限性（截至 2018 年 6 月经民政部遴选指定的平台只有 20 家），极易导致网络募捐通道垄断的出现。同样，非公募资格组织需通过挂靠公募慈善机构开展募捐的制度安排也可能造成另一种形式的垄断，即公募组织要求相关挂靠公益机构缴纳一定的项目管理费，否则不予合作开展募捐。所有类似的慈善募捐市场垄断现象可能成为《慈善法》制度设计的非预期后果。

最后，更为重要的是，《慈善法》的管控性制度安排，尤其是对互联网募捐信息发布通道的严格管控，将对我国公益慈善事业的发展形成严重抑制效应。以 2017 年末发生的"同一天生日"募款事件为例，在不到两天时间内该活动成功筹集善款近 300 万元，显示出强劲的民间公益组织创新筹款能力。假设活动发起方没有犯对受资助对象信息呈现错误的低级失误，其所能动员的社会慈善资源或许要远远超出 300 万元，那么也就将会有更多的西部地区贫困学生能够获得救助。这种情况下，如果政府管理者仍坚持以本次募款活动未在民政部门指定慈善信息平台发布募捐信息为由将其界定为违规①，势必对类似"同一天生日"这样的民间创新性慈善资源动员行动造成重大打击。事实上，针对"同一天生日"筹款活动未按规定动作开展网络募捐的处罚理由，有分析表明其事实上也并不一定构成违规。② 当然，我们无从揣测民政部门出手处罚"同一天生日"筹款活动的真正原因，如果是迫于公众指责其涉嫌发布虚假募捐信息的舆论压力，那么这种问题完全可以交由社会作出自我判断和自由选择，公益机构弄虚作假必将被公众抛弃并在慈善募捐市场上遭到淘汰。总之，以民政部门对"同一天生日"筹款活动的行政处罚为范本，《慈善法》有关网络募捐信息

---

① 参见《民政部社会组织管理局有关负责人回应"同一天生日"网络募捐事件》，http://www.mca.gov.cn/article/xw/mzyw/201712/20171215007096.shtml，最后访问日期：2018 年12 月 1 日。

② 比如，金锦萍（2018）认为"同一天生日"筹款活动使用的募捐信息发布平台"分贝筹"乃是由活动发起方深圳爱佑未来慈善基金会联合相关机构共同推出的，其募捐行为符合与《慈善法》同期配套实施的《慈善组织公开募捐管理办法》关于慈善组织互联网募捐"可以同时在以本慈善组织名义开通的门户网站、官方微博、官方微信、移动客户端等网络平台发布公开募捐信息"的规定。参见金锦萍（2018）《"同一天生日"筹款事件法律问题分析》，凤凰公益，https://gongyi.ifeng.com/a/20180114/44845275_0.shtml，最后访问日期：2018 年 12 月 1 日。

发布通道的严格限定将成为大量慈善组织探索慈善募捐形式与技术创新的达摩克利斯之剑，而近年来在移动互联网刺激下迸发出来的公众慈善参与热情也将被抑制。

面对《慈善法》有关慈善募捐规制的上述局限性，未来的制度调整应当以更加开放的态度重构我国慈善募捐规制体系。在思考设计新的慈善募捐监督管理制度过程中，需要对募捐作为一种现代公民自由表达权及社会选择权的权利面向给予更多考虑和关注（吕鑫，2014a；褚蓥，2015），以实现募捐权利保护与募捐秩序维护之间的有效平衡为基本思路，努力构建我国新的更加开放的慈善募捐生态，助推中国现代公益慈善事业更快更好地发展。

参考文献

北京瑞森德筹款研究中心（2017）：《中国互联网劝募发展报告》，载朱健刚主编《中国公益慈善发展报告》，北京：社会科学文献出版社，第 43～86 页。

陈映芳（2015）：《今天我们怎样实践学术本土化：以国家——社会关系范式的应用为例》，《探索与争鸣》，（11），第 55～60 页。

程芬（2017）：《"罗尔事件"拷问个人求助灰色地带和公众理性捐赠意识》，载杨团主编《中国慈善发展报告》，北京：社会科学文献出版社，第 229～236 页。

褚蓥（2015）：《美国募捐法律关系中自由权勃兴的双重路径》，《清华大学学报》（哲学社会科学版），（3），第 186～194 页。

丁惠平（2015）：《"国家与社会"分析框架的应用及其限度》，《社会学评论》，（5），第 15～23 页。

贾西津（2017）：《资格还是行为：慈善法的公募规则探讨》，《江淮论坛》，（6），第 95～102 页。

江华等（2011）：《利益契合：转型期中国国家与社会关系的一个分析框架》，《社会学研究》，（3），第 136～152 页。

金锦萍（2017）：《慈善法实施后网络募捐的法律规制》，《复旦学报》（社会科学版），（4），第 162～172 页。

蓝煜昕（2012）：《社会组织管理体制：地方政府的创新实践》，《中国行政管理》，（3），第 48～51 页。

李本公（2004）：《以规范管理促进基金会健康发展：民政部民间组织管理局局长李本公答记者问》，《中国民政》，（4），第 32～33 页。

李炳安、李慧敏（2015）：《公共慈善募捐准入：规制与放任》，《江海学刊》，（3），第 146～152 页。

李政辉（2013）:《论募捐的管制模式与选择》,《法治研究》,（10）,第71～78页。

廖鸿、马昕（2016）:《促进慈善事业发展的基础性综合性法律:〈慈善法〉解读》,《中国社会组织》,（10）,第13～16页。

廖雪飞（2007）:《草根NGO的"公募"之路:以农家女文化发展中心为例》,《中国非营利评论》,（1）,第206～219页。

刘盛等（2016）:《中国公益众筹发展报告》,载朱健刚主编《中国公益慈善发展报告》,北京:社会科学文献出版社,第78～96页。

刘忠祥（2016）:《〈慈善法〉的十大制度创新》,《中国社会组织》,（6）,第19～21页。

吕鑫（2011）:《慈善募捐的自由与限制》,《浙江学刊》,（4）,第144～152页。

吕鑫（2014a）:《论公民募捐的合法性》,《当代法学》,（4）,第20～28页。

吕鑫（2014b）:《我国慈善募捐监督立法的反思与重构》,《浙江社会科学》,（2）,第54～62页。

马剑银（2016）:《中国慈善立法观察》,载杨团主编《中国慈善发展报告》,北京:社会科学文献出版社,第19～37页。

马金芳（2013）:《多元慈善合作及其法律规制》,《江西社会科学》,（9）,第148～153页。

马卫红等（2008）:《城市社区研究中的国家社会视角:局限、经验与发展可能》,《学术研究》,（11）,第62～67页。

唐利平（2005）:《国家与社会:当代中国研究的主流分析框架》,《广西社会科学》,（2）,第170～172页。

王卫平等（2007）:《清代慈善组织中的国家与社会》,《社会学研究》,（4）,第51～74页。

肖瑛（2014）:《从国家与社会到制度与生活:中国社会变迁研究的视角转换》,《中国社会科学》,（9）,第88～104页。

徐永光（2011）:《走出困境回归民间:关于中国慈善体制改革》,《中国党政干部论坛》,（12）,第42～44页。

杨道波（2009）:《公益募捐法律规制论纲》,《法学论坛》,（4）,第80～85页。

俞祖成（2016）:《如何实现慈善法的立法宗旨? 基于日本相关立法的启示》,《浙江工商大学学报》,（3）,第104～108页。

张静（1998）:《国家与社会》,杭州:浙江人民出版社。

郑卫东（2005）:《"国家与社会"框架下的中国乡村研究综述》,《中国农村观察》,（2）,第72～79页。

中国慈善联合会（2018）:《2017年度中国慈善捐助报告》,2018年9月21日于第六届中国公益慈善项目交流展示会发布。

周贤日（2013）:《许可抑或备案:社会募捐管理的路径选择》,《学术研究》,（1）,第49～54页。

Estes, R. J. (1998), "Emerging Chinese Foundations: The Contribution of Private Philanthropy to the New China", *Regional Development Studies*, 1998 (4), pp. 165 – 180.

The State and Society in Public Fundraising Regulation: On Validities and Limitations of the *Charity Law*

Lai Weijun

[**Abstract**] The promulgation of Chinese Charity Law in 2016 was expected to break the long-term monopoly of governmental charities in public fundraising, However, disputable fundraising events still happened from time to time during the Post-Charity Law era, indicating internal institutional contradictions of the Law. In order to examine the logic of Charity Law's institutional adjustments on public fundraising regulation, this paper, employing a framework of State-Society relation, historically examines all related laws and policies of China that deal with the fundraising regulation issue since the reform and opening-up. It is revealed that the controlling mentality of state towards civic public fundraising has been dominating the field all the way, and the recent loosening of state control was compelled by bottom-up social momentum. The paper argues that, under the constant influence of state control mentality, the institutional adjustments of Charity Law on opening space for civic fundraising tend to be quite passive and endogenously contradictory, which would bring about both validities and limitations of the Charity Law in practice.

[**Keywords**] Charity Law; Fundraising Regulation; State and Society

（责任编辑：俞祖成）

慈善募捐规制中的国家与社会：兼论《慈善法》的效度和限度

社区冲突：社区居民参与
公共事务的路径研究[*]

王　猛　刘兴珍[**]

【摘要】社区居民主体性参与的缺失限制了社区多元治理格局的形成，影响了社区社会资本的培育。以社区居委会的去行政化、社会组织卷入、社会资源挹注等为代表的社区治理改革构成了社区多元治理的外在动力，如何激活社区居民的主体性意识和提高其参与社区公共事务的能力则是社区多元治理的内在动力。本文通过青岛市案例研究发现，社区冲突具有激活社区居民内生动力，培养社会资本的功能。社区居民利用社区冲突，实现权力在权力持有者和无权者之间的转移，并通过自我学习机制、组织化机制、网络机制和制度化机制，实现社区总体性权力量的增长。社区冲突实现了权力结构的变迁，推动治理主体的多元化，更为关键的是使得居民认知和习得权力，培养参与意识和能力，提升社区认同感。

【关键词】社区冲突　权力转移　权力生成　居民自治

---

[*]　本文得到"敦和·竹林计划"（2017ZLJH－017）、山东省社会科学规划基金项目（18CSJJ25）资助。

[**]　王猛，青岛大学政治与公共管理学院讲师，硕士生导师；刘兴珍，青岛大学政治与公共管理学院硕士研究生。

社区是国家治理和社会治理的落脚点和基本单元。围绕社区治理，多元主体的参与已经成为共识，但是不同主体在参与的广度和深入方面有所差异，其在社区中的角色可以划分为领导角色、主导角色、参与角色、陌生人角色等等，这种角色的差异很多是由其在社区权力结构中的位置决定的。如何理解社区权力和权力结构，除从宏观和中观层面考察权力的来源和权力的运作模式，如亨特的精英控制模式、达尔的多元权力模式、迪格瑟的权力的第四种面向之外，理解权力，特别是从过程－事件理解权力，可以为我们揭示权力在具体情境中的运作和权力结构形成，为我们研究社区提供一种近距离观察的方法论手段，正如莱顿所指出的，理解权力是理解社会的一个很好视角，"生活远远不止是一场博弈或一种模糊的信息的交换。它还卷入了权力。在权力的差异积累到超过一定的时间，他们就可以改变社会关系的结构"（莱顿，2005：113）。因此，权力结构调整被看作实现社区多元化治理，提升社区居民社区参与的重要维度。例如，一些学者认为社区居委会的去行政化，可以实现居委会自治功能的回归，培养居民的共同体精神（孙柏瑛，2016；张雪霖、王德福，2016），但是正如何艳玲、蔡禾（2005）所指出的，居委会存在"内卷化"问题，在解决居委会对政府资源依赖、居委会组织成员谋求个人利益最大化倾向以及外界权力约束等问题之前，居委会在培育居民参与意识和能力方面的作用依然有限。还有学者从社区社会组织参与社会治理角度分析认为，社会组织具有改变政府单向度治理，提升社区民主，培育公共精神的重要功能（康晓强，2012；李雪萍、曹朝龙，2013），但是社区社会组织依然面临资源禀赋差异（徐林等，2015）、自身能力建设（李德，2015）等发展瓶颈问题。此外，还有学者从社会资源配置社区化视角分析，认为社会资源的揾注可以实现社区权力结构的变迁，实现社区多元治理（杨敏，2010；黄家亮、郑杭生，2012），但是，社会资源揾注与社区权力结构调整以及社会资本培育、居民参与之间的因果链条关系并不明显。因为，社区权力结构具有内在的稳定性，在宏观的外部治理环境变化之前，无论是对社区居民的简单赋权增能，还是对社区社会组织的外引内培，都难以对社区权力结构带来根本性的变化。特别是在居民社区参与成本较高的情况下，社区居民的主动参与较为困难。因此，是否存在其他的方式可以在微观层面推动社区权力结构的调整，促进社区居民参与，进而提升社区社会资本，实现社区的多元治理？本文基于对青岛市的案例分析，试图从社区冲突以及由社区冲突引发的社区权力结构变化的视角分析居民参与社区公共事务的路径，探讨通过社区冲突，社区居民从无权者转变为权力持有者，甚至在不影响社区权力整体结构稳定性的前提下，实现社区权力的总体性增长的可能性。

一　文献回顾

（一）权力具有关系性和生成性属性

权力的关系性强调权力是一种相关关系，这种关系存在群体中，群体性构成了权力的一种属性，正如阿伦特（2009：157）所强调的"权力是从一块行动的人们中间生发出的力量，他们一分散开，权力就消失了"。在群体中，不同的个体由于自身的禀赋不同和所处位置的不同，个人在参与群体的集体行动中扮演着不同的角色，这种角色的差异主要体现在个体参与决策深度的差异，深度参与的个体与浅层参与的个体之间形成了一种势能，这种势能最后构成了权力，拉斯韦尔、卡普兰（2012：83）指出群体中个体参与决策的差异形成了权力，"权力指参与决策过程：G 如果参与到影响 H 在价值 K 相关政策中的决策过程中时，G 就对 H 拥有关于价值 K 的权力"。这种群体中个体之间的相关关系体现的就是权力的关系性，对此，Etzioni（1972：18）对权力的关系性给出了经典的解释："权力具有相关性和相对性，行动者自身并非有权或无权，只有当行动者卷入到某些事件时才会产生权力。权力持有者只有在某些事件中与其他行动者之间产生关系时才是有权的。"这种权力的相关性体现了权力是群体中围绕某个议题或利益进行博弈的一种结果，这种结果构成了权力的第三种面向，即权力持有者通过相应的权力运作，将自身的目标价值内化于权力客体或无权者的目标价值中，从而协调了彼此的关系。Lukes（2005：28）针对权力的第一种面向——谁在运作权力，权力的第二种面向——什么问题被以及被谁排除出决策议程，提出了权力的第三种面向，即谁的客观利益正在被伤害，"通过塑造人们感觉、认知与偏好使他们接受在现存秩序状态中的角色，或者是因为他们可能会认为或相信没有任何其他可供选择的方案，或者是因为他们将其看作是自然的与不可变更的，或者是因为他们将其评价为是天定的或者有益的，从而防止人们形成愤恨——无论是在何种程度上防止人们形成愤恨，这难道不是最重要的和最隐蔽的权力运用吗"？权力的关系性决定了权力持有者的权力是相对于无权者的无权状态，但是这种不对称性的权力结构并非稳定不变的，由于个体具有思想性和能动性，其自身对于权力认知和偏好的变化可能带来权力结构的变化，从而形成一种新的权力结构。因此，权力的关系性使得权力在权力主体和权力客体之间的转移成为可能，特别是随着权力客体基于某些突发事件被迫或主动卷入权力游戏中时，权力主体和权力客体之间的关系会产生微妙的变化，这种关系的变化也会冲击现有的关系结构，Fisher & Kling（1993：160）通过观察发现居民的参与打破了现有的权力结构，带来了权力在不同个体之间的流动，"除咨询之外，居民参与必然涉及权力的转移问题，即权力从具有问题处理能力的专业人员和官僚中转移出来"。

权力的生成性需要从社会过程的视角进行考察，"我们把权力作为一个过程来研究，这个过程是由实验性的、地方化的、看得见的行为所构成"（拉斯韦尔、卡普兰，2012：5）。社会过程强调将社会视作一种动态的过程，从社会变化的过程中对各种社会现象和社会结构进行考察，特纳（2006：206）提出了"过程论"，认为"与其说社会是一种事物，不如说社会是一种过程——一种辩证过程，其中包含着结构和交融先后集成的各个阶段"。作为动态过程的权力强调了权力的动态性，这种动态性暗示权力具有可变性，卢曼（2005：29）指出了权力的动态性，认为权力是可以丧失的，"使用权力的决策，在现实权力行为过程的层面上，可能包含权力的丧失，就是说，它可能意味着牺牲不确定性、开放型、可能之事的'灵活性'"。另外，权力的动态性也体现为权力在数量关系上的变化性，奥尔森认为权力是可以用数量进行度量的，"一般来说，一个行动者实施于某一特殊关系中的权力的数量，是他所持有资源的程度和充分性，加上他将资源转化为压力的技巧，减去他所遭遇到抵抗程度之后的结构"（转引自夏循祥，2017：14）。权力既然是可以数量化的，那么权力并非天然存在的，而是生成出来的，巴特（2005：2）在考察斯瓦特巴坦人的政治生活后，提出了"生成性"（Generative）概念，"生成性分析不把政治组织的制度和形式看作是理所当然的事，而是努力去发现它们是怎样产生和不断更新的"。因此，权力的生成性可以理解为：权力客体基于某种事件，在于权力主体在互动过程中，认识到权力对于维护自身权利的重要性，主动或被动寻求获得权力，实现自身由权力客体向权力主体的身份转变，进而改变现有的权力结构，实现总体性权力的量的扩张。

权力的关系性和生成性为我们理解权力的本质和权力的运作提供了一个很好的框架，权力的关系性强调了权力主体和权力客体在权力结构中的位置并非固定的，权力具有相对性，两者的角色是可以相互转化的，权力可以从权力主体转移到权力客体手中。权力的生成性强调了权力的动态过程，权力在数量上是可以增减的，特别是权力客体通过认知和习得权力，可以实现整体性权力的增长。在社区权力方面，社区权力同样具有关系性和生成性。社区权力的关系性体现在作为主要的社区权力主体的基层政府、居委会、物业公司等，在社区居民对社区公共事务漠不关心的时候，前者垄断了社区权力，但是这种权力是相对的，是相对于社区居民对自身权力的暂时性遗忘，但是随着社区居民为维护自身的正当权利，需要借用权力手段的时候，原有的权力结构会产生变化，部分社区权力会从权力主体转移到权力客体，此时，权力客体也将成为权力游戏的玩家。社区权力的生成性体现在随着原有社区权力结构的变化，新入局的玩家可以通过对权力的认知和理解，扩大自身的权力，但是这种扩大的权力并不是以其他主要权力主体权力的丧失为代价，而是将权力的蛋糕做大，从而使自身获得相对更多的权力。

（二）社会冲突：权力的非零和博弈

由于资源的稀缺性，占有更多资源的欲望导致了社会冲突，而冲突则进一步破坏了社会秩序，正如帕森斯（2012：105）所言，"存在着许多种相对于对它们的需求而言过于稀缺的事物，而这些事物如霍布斯所说，是'两个人（或两人以上）都期望的'，但又是'根本不可能为他们共享的'"。西美尔（2002：179）通过对斗争和冲突的社会学解读，同样强调了社会冲突的必然性，认为冲突与和谐一样重要，是推动社会发展的重要动力，"正如宇宙需要'爱与恨'。需要有吸引和排斥的力量，才会有一种形式一样，社会也需要和谐和不和谐、联合和竞争、崇信和猜忌的某种量的比例，才能达到某种形态"。而导致冲突产生的则是权力，"这种冲突的危险之所以存在，就在于权力所起的作用。每个人都寻求实现自己的欲望，他们就必须设法掌握实现欲望的手段"（帕森斯：2012：101）。但是，围绕权力的社会冲突是不是零和博弈，即社会冲突带来的一个人的权力获得是否以另外一个人权力的牺牲为代价，不同的学者给出了不同的答案。

其中，Parsons & Duga（1963：233）认为权力是给定的，权力的主体和客体为争夺在数量上有限的权力，必然会引起冲突，"在任何相关系统中，权力是有数量限制的，因此，A 方面获得权力，必然是通过减少 B、C、D 等其他单位的权力"。中国的学者也从社区冲突的层面分析了冲突可能带来的负面影响，认为构建和谐社区需要消解社区冲突，如李正东（2012）认为社区冲突导致了社区自治性事物和行政性事物的特点都不强；原珂（2015）认为破解社区冲突是为消解矛盾、化解冲突创造更为有效的合理路径；朱喜群（2016）认为围绕权力博弈的冲突导致社区权力秩序呈现不确定的状态。

但是，也有学者认为冲突具有更新性，可以更新社会规则，生成新的权力等。科塞（1989：114）指出，"冲突扮演了一个激发器的角色，它激发了新规范、规则和制度的建立"。当冲突发生在权力层面，权力的冲突可以实现权力量的生产，"权力可以被分割而不受削弱，而且权力之间的相互制衡甚至倾向于产生更多的权力，只要这个相互作用的模式有活力而不陷于僵死状态的话"（阿伦特，2009：158）。因此，本文认为围绕权力的冲突并非零和博弈，冲突可以带来更为均衡的权力结构。在社区冲突层面，既有的权力主体可以采取不同的策略，如无视、妥协、分享等，但为维持和伸张自身在社区权力结构中的合法性，获得更多的支持，权力主体需要通过转移、分享甚至协助权力客体创设权力的方式，与权力客体分享权力。

二　案例分析：公共事件冲突下的权力结构变化

在案例研究中，本文选取了青岛市 Z 小区，Z 小区是青岛市第一个成立民间性居民自治组织的小区，在 Z 小区，随着物业的撤退，围绕物业费收取、小区改造等产生了一系列的冲突，而这些冲突也成为居民由不参与小区公共事务向被动式参与，最后到主动式参与转变的一种触发因素，Z 小区的老旧楼院治理方式也成为后来青岛市其他老旧小区治理的模板。由于"对立冲突是一种社会过程，其产生一般可以归因于偶然事件或突发事件"（Kreps & Wenger，2010：160），因此，本文在对青岛市 Z 小区的个案研究中，通过对小区协管会成员、党支部成员、小区居民、Z 小区所属 NXL 社区居委会的访谈，主要关注了该小区内从成立之日起到现在所发生的主要冲突事件，并从其中选取了三个具有代表性的事件作为本文的主要分析对象：物业卷款逃跑导致的停水事件、封闭小区改造事件、单元顶楼消防通道拆除私搭乱建事件。运用过程 - 事件这一分析方法，关注冲突事件中利益相关者微观层面的互动，发现冲突事件一方面改变了原有的小区权力结构，带来了权力的转移，另一方面冲突事件生产了权力，整体上增加了小区权力的数量，最终，社区权力结构的变化是社区居民参与意愿和参与能力提升的结果，同时也进一步培育了社区社会资本，将更多的社区居民卷入社区公共事务，训练了社区居民公共事务参与的能力，整体上促进了社区治理朝着多元治理的方向发展。

（一）冲突事件背景和小区居民社区公共事务的卷入触发因素

青岛市 Z 小区位于市北区，1998 年小区居民入住，小区共有 3 栋楼 158 户 484 人。1998～2003 年，小区物业由地产开发商自带物业管理，但是 2003 年底，物业公司在未与居民协商情况下带着居民的水费撤离小区，导致自来水公司对小区停水。为此，小区居民被迫卷入小区公共事务治理过程中，以退休教师 F 为代表的几名社区退休人员自发开始协调小区供水、物业事务。此后，围绕小区封闭、旧楼院改造等冲突事件，更多的小区居民被卷入小区自治这场"社会戏剧"中，逐渐形成了从权利主张到权力获取的社区权力结构变迁，并在此过程中培养了社区公共事务参与意识，提高了社区参与的能力。

（二）社区权力在权力主体和权力客体间的转移

中国的城市社区由于缺少基于血缘以及信任、规范和网络的社会资本（帕特南，2001），城市社区居民对社区公共事务参与意愿低下和对社区共同体的认同感缺位，因此其对社区的认知停留在正当权力维护层面，甚少涉及权力主张。但是，当社区冲突侵害居民正当权利时，由于缺少其他权力主体伸张正义或权利维护成本过高，为维护自身正当权利，权力主张成为一条被迫选择的道路。随着居民对权力的习得及权力获得后所产生的扩散效应，权力意识内化于居民意识中，权力成为居民积极追求的一种资源，由此，社区的部分权力在权力主体和权力客体间实现了转移。

1. 从权利主张到小区公共事务的被动式参与

随着居民与物业公司之间冲突的产生，以 FYY 等为代表的 7 名居民代表为维护自身的合法权利，通过 FYY 先行垫付 3000 元自来水费用的方式，解决了小区居民用水的危机，但是面对物业撤离后的小区物业管理问题和今后小区物业费征收、使用问题，是继续外聘专业物业公司管理，还是由居民自我管理小区？由于冲突事件导致居民对物业不信任，自我管理成为理想的选择。为此，Z小区成立了"楼院自主协商管理委员会"（以下简称"协管会"），负责小区居民物业费的征收和使用问题，物业费也由物业管理时期的每平方米0.11元变为每月每户4元，小区内公共卫生的清理由协管会聘请3名保洁人员负责。同年，在街道的指导下，Z小区成立了"楼院党支部委员会"。

在解决小区与物业公司冲突的过程中，Z小区居民属于被动式卷入社区公共事务，其出发点是维护自身的正当权利。此时，居民的权力意识尚未觉醒，居民也无意获得更多的小区管理权力，利益成为这一时期凝聚居民的主要动力，"影响个人与邻里空间关系紧密程度的另一个重要因素是个人与邻里空间的利益关联问题"（桂勇，2008：81）。不同于血缘共同体和精神共同体，以利益为纽带的集体行动缺少长效的行动机制，成员在参与社区冲突的集体行动过程中，会对自身参与得失进行考量，进而对是否参与、参与的时间和参与的深度采取权变之策，因此，搭便车成为社区冲突集体行动的突出表现。为此，社区精英成为凝聚小区居民的重要存在，"一切群体动物都有着服从于头领的本能需要，只有他们能让群体产生信仰并把他们组织起来"（勒庞，2016：80）。在Z小区与物业的冲突事件过程中，以FYY等为代表的7名居民发挥了精英的作用，通过访谈发现，7名社区精英能够绕开搭便车的陷阱，参与冲突事件，其自身的职业状况和老党员身上所具有的对党员先锋模范作用的认同发挥了重要作用，"在中国城市邻里中，问题的关键不仅仅在于积极分子本身的社会心理需求，还同时在于他们是在所处的具体社会结构中作出积极参与邻里事务的行动决策中"（桂勇，2008：241），7名小区成员都属于老党员，在退休之前都属于政府部门干部或国有企业职工，这种集体生活的经历使他们将集体、奉献、为人民服务等公共精神内化于各自的人生观中。精英群体的表率作用，在后续的小区封闭改造和楼内消防通道改造过程中依然发挥重要作用。

2. 自我学习机制和组织化机制：实现社区权力转移

通过分析小区居民与物业公司的冲突事件，可以发现，社区冲突的初始阶段社区居民被迫卷入冲突事件中，社区居民为维护自身的权利而采取了集体行动，此时权力意识尚未完全觉醒。虽然，社区冲突将物业排除到了社区权力结构之外，但是，权力在数量上并未出现变化。权力客体由于缺少先在的权力习得经历和权力运用经验，因此，当被迫卷入社区权力重新配置的游戏中时，对权力的理解以及对权力使用能力的欠缺限制了权力客体在权力游戏中的主体性作用。为此，Z 小区协管会的成员构建了学习机制、组织化机制，实现了权力的顺利转移。

对于权力运行的规则、权力获得的合法性，Z 小区协管会通过学习相关的法律规章制度，认识到权力的运行需要合法性的保证。高丙中在分析社会团体的合法性问题时，将社会团体的合法性分为社会合法性、行政合法性、政治合法性和法律合法性（高丙中：2000），由于协管会本身代表着 Z 小区居民的利益，因此其社会合法性具有天然性；在政治合法性和法律合法性方面，无论是《城市居民委员会组织法》还是《物业管理条例》都明确了社区的自我管理、自我服务和自我监督的职责与功能，因此，协管会也获得了政治合法性和法律合法性的支持。但是，由于政府在社区的强大影响力，能否获得行政合法性，即获得政府的认同和支持是居民自治能否持续的关键，为此，协管会通过学习相关的法律法规，认识到协管会要取代物业公司获得征收物业费和管理小区的权力，需要获得基层政府及其在社区的代理人社区居委会的认同，因此，通过积极向街道办事处和居委会表达物业撤离后对小区居民生活带来的严重影响，他们获得了街道办事处和居委会的同情，并在街道办事处和居委会的协助下，分别于 2003 年和 2005 成立了青岛市首家在 S 区民政局备案的社区社会组织和首家小区党支部。法国组织社会学代表人费埃德伯格也认识到组织建设在集体行动中的重要作用，"任何集体行动，无论其行程多么短暂，至少都会产生出一些最低程度的组织。任何集体行动，迟早都会产生正式化组织的中心点位，围绕这一中心点位，某种利益可以将他们动员起来，并且把它们组织起来"（费埃德伯格，2017：4）。

通过分析可以看出，协管会通过自我学习机制，习得了权力运行的规则，认识到组织化对居民自治合法性的重要意义。为获得行政合法性，协管会在初期的居民自治阶段通过扮演社区治理中弱者的角色，获得街道办事处和居委会的同情，在后者的支持下建立起正式的居民自治组织和党支部组织，消解了街道办事处和居委会对协管会分享自身权力的担忧，获得了行政合法性。

由于 Z 小区自治委员会的非营利性和自愿性，组织凝聚力是组织可持续必须关注的话题，通过访谈 Z 小区自治委员会的成员，成员对小区公共事务的积极参与和对组织的忠诚更多的建构在对组织负责人 F 个人魅力的感召和在冲突事件解决过程中建立起来的紧密的小团体内部情感网络之上，"个人的忠诚、情感的纽带，而且事实上，献身的精神，都具有同样的价值，并始终对组织正常功能的发挥具有积极作用"（费埃德伯格，2017：5）。

（三）社区权力的生成

在 Z 小区居民和小区物业的冲突过程中，物业公司的权力转移到了小区居民手中，但是，转移后的权力在横向权力范围扩展和纵向权力能力提升方面依然面临不确定。由于街道办事处和社区居委会的功能和地位是由一系列的法律所规定，特别是在社区行政化严重的现在，协管会要想从前者中分享更多的权力依然面临不少的困境。但是，正如权力是可以量化的，权力具有生成性，这种权力的属性决定了围绕权力配置，不同权力主体之间并非零和博弈，权力可以通过生成的方式，实现权力在数量上的增长，对此，Haugaard（2002：67）认为"如果权力可以被生产或创造，那么权力并不必然是零和的。一个人获得权力并不一定以其他人失去权力为代价"。面对行政化的社区居委会，居民自治可以通过权力的生成，获得更多的社区治理权力，从而实现与街道办事处和社区居委会的良好互动，从而在社区权力结构中获得新的均衡。

1. 从权力意识的觉醒到社区公共事务的主动介入

随着组织化建制和合法性的获得，习得权力后的居民认识到权力不仅可以解决自身与物业公司的冲突，并在其他社区冲突中，通过权力的规训和使用，可以增强社区的凝聚力，正如福柯对权力规训功能的解释，权力的规训具有生产性，"它要通过'训练'把大量混杂、无用、盲目流动的肉体和力量变成多样性的个别因素——小的独立细胞、有机的自治体、原生的连续统一体、结合性片段"（福柯，2012：193）。在 Z 小区案例中，应急通道使用冲突和旧楼院顶楼消防通道使用冲突事件很好地诠释了居民在获得权力后通过权力的运用实现社区治理的主动参与。

首先，应急通道冲突事件。Z 小区原本属于开放式小区，社会车辆可以停在小区内，但是车辆的乱停放问题挤压了小区公共空间，并带来了安全问题，为此，小区用两年多的时间对小区进行了封闭化改造，将原来的应急车道进行了封闭，所有的社会车辆不准再进入小区。但是并不是所有的居民都理解，158户居民中，除去两户不在小区居住外，另有两户居民不赞成，其中的一户 X 因为封闭化改造后，自己的车辆不能再停到小区，所以反对。另外一户 Y 是一个年长的大爷，因为封闭后自己需要绕路出小区，所以也反对。对此，协管会在解决因应急通道封闭引起的冲突事件中主要采用了网络机制，即对于持反对意见的居民 X，协管会了解到该居民是工商局的公职人员，其使用的车辆是工商局的公务用车，属于公车私用。面对居民的反对，协管会认识到链接小区外部资源的重要性，以小区党支部的名义找到该居民工作的工商局党委，陈述了小区封闭改造的重要性，最后该居民所在工商局党委对居民自治的行为高度认同，对 X 提出了三点要求：热爱自己的小区、不能公车私用、协助协管会处理小区公共事务。由此，通过网络机制，协管会将居民单位卷入小区公共事务治理中，妥善解决了小区冲突。

其次，顶楼消防通道清理冲突事件。Z 小区 12 个单元的顶楼有通往楼顶的消防通道，但是因为历史遗留的原因，其中的 9 个消防通道被顶层居民私自改造成阁楼，成为私产。2016 年，随着旧楼院改造，拆除居民私搭乱建的消防通道提上了议程。对此，协管会和党支部通过前期告知的方式，周知了 9 户居民，但是有 3 户居民拒绝拆除违建。在此过程中，协管会通过分类治理的方式，对其中一户采用网格化方式，由单元长进行沟通成功拆除，另外一户采用去居民单位反映问题的方式迫使居民妥协，最后一户则通过城管强制拆除。

冲突是群体生活中不可避免的现象，为构建社区冲突解决的长效机制，Z 小区从 2016 年开始，制定了一系列小区规章制度，如和谐小区协管会的工作制度、和谐小区协管会工作会议制度、小区党组织与小区协管会联席会议制度、小区协管会工作报告制度、小区绿化管理制度、小区居民房屋装修规定等等，通过对原有居民小区的宣传教育和对新业主和租户进行入住签约的方式，明确了小区居民和小区之间的权利义务关系，形成了对小区居民的制度性约束。

2. 网络机制和制度化机制：社区权力的生成

在两个冲突事件的解决过程中，协管会都采用了网络机制，一个是小区内部的网格化治理机制，一个是弱连带的社会网络机制，在资源有效的情况下，网络机制可以有效调动更多的资源，将资源嵌入社区网络中。Brown 从微观层面分析了社会资本，探讨了社会中的个体如何通过社会网络调动资源。网格化治理主要通过网格及早发现问题，并通过小区内部沟通和交涉的方式解决问题。在社会网络机制方面，Z 小区成功将小区外资源卷入小区公共事务治理中，将原本属于"无连带"的小区居民的单位资源发展成"弱连带"，这种弱连带在小区—小区居民—居民单位之间发挥着"桥"的作用，Granovetter（1973：1376）分析了"桥"在弱连带中的功能，认为"社区中的本地化桥越多，桥覆盖的范围越大，则社区的凝聚力越强，而行动一致的能力也越高"。小区中居民具有多重属性，其既是小区网络中的成员，同时也属于工作职场网络中的一员，这种多重属性能够将个人的多重网络连接起来，"当个人进入网络时他不仅仅是这个网络中的一个点，而且将其他网络关系带入现在的网络"（周雪光，2003：114）。由于小区自身资源的有限性，小区自治管理委员会面对小区居民在小区公共事务治理中的不配合甚至抵抗，Z小区巧妙地运用了网络机制，积极连接外部社会网络资源，将小区居民的单位网络卷入小区公共事务治理中。相对于小区居民在声誉、利益等方面对小区的低度依赖关系，其对工作职场的依赖更为明显，为维护自身在工作关系网络中的声誉和消弭因对小区公共事务参与的对抗带来的潜在风险，通过权衡利益关系，小区居民在一定程度上不得不做出一定的妥协。

为实现居民自治的长效性和可持续性，制度建设一方面巩固了组织化机制的效果；另一方面，通过契约式的制度建设，一定程度上解决了我国传统基层社会治理中的人情和面子机制所带来的不确定，将契约精神内化于小区居民中，培养了居民的公共精神。

通过以上分析可以看出，在一系列社区冲突事件爆发之前，Z小区的社区居民更多的是通过委托居委会、物业公司等对小区进行管理，缺少参与的意愿和能力。但是随着物业公司的退出，Z小区的居民被迫参与社区公共事务，但是，社区公共事务的参与需要居民具有参与的能力，这种能力主要通过居民的"自我学习"机制和"组织化"机制获得。其中，"自我学习"机制主要体现在居民对自身权利和权力的认知，"组织化"机制主要体现在通过组织建设协调居民的集体行动，从而在面对政府以及其他治理主体时能够获得影响力。但是，此时Z小区居民的参与仅仅是一种被动式参与，其获得的权力是从物业公司转移出来的，依然对社区治理缺少主动性。但是，随着后面"应急通道冲突事件"和"顶楼消防通道清理冲突事件"的发生，居民在前一阶段通过自我学习和建立组织，获得了一定的社区治理经验和能力，此时Z小区居民的权力意识开始真正觉醒，他们也认识到要想真正实现自身的权利，必须获得权力。为此，Z小区居民通过网络机制和制度化机制扩大了小区的网络资源，并试图构建具有相对稳定性的治理制度体系，通过一系列行动，Z 小区居民在不影响社区权力结构整体稳定性的前提下，实现了社区权力的整体性增长，这种增长的权力主要体现在社区居民懂得如何获得权力以及如何运用权力维护自身的权利。这就是Z 小区通过一系列社区冲突事件实现社区权力转移和生产，并进一步提升社区社会资本，促进居民公共事务参与意愿和能力的逻辑（具体见图1）。

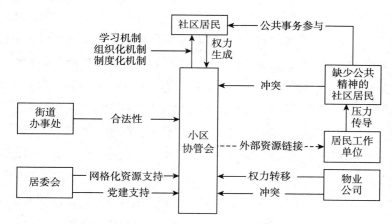

图 1　Z 小区权力转移及权力生产逻辑关系

三　结论与讨论

如同阎云翔（2016）通过对农村社区变迁的研究发现，集体化的终结及国家从社会生活多个方面的撤退，造成了农村社区信仰的危机，这为以重视个人权利，忽视个人对他人权利和社会公共事务义务为特征的极端自我中心主义的兴起留下了空间，在城市社区，由于传统的共同体理念的普及和渗透弱化，忽视社区公共事务参与的倾向在城市社区中更为明显。随着社区建设概念的提出，社区再次进入国家政权建设的视野。但是现有的制度设计是一种自上而下的治理模式，这种治理模式带来了一系列的治理困境，主要体现在：自上而下的制度设计，限制了社区居民参与的自主性，也造成了社区居民在社区公共事务治理方面对政府及其社区代理人的依附性关系，限制了社区社会资本的生成和提高；另一方面，政府认识到社区居民参与对培养社会资本，减少政府被过多卷入社区公共事务有所助益，但是社区居民缺少参与公共事务的路径，也缺少参与公共事务治理的能力。本文通过对一个小区治理案例的长期跟踪发现，除了以政府主导的社区居民委员会去行政化改革、专业社会组织的公共服务供给以及其他外部资源的引进等可以部分替代政府离场后的社区治理权力主体缺失的问题，居民的参与意识和参与程度依然不高。因此，如何构建自下而上的社区治理路径，是当下社区治理必须要回应的现实性问题。在此过程中，社区场域中发生的一系列冲突事件为居民的集体参与和集体意识的培养提供了机会。社区居民首先从维护自身利益的目的出发，认识到获得社区治理权力的重要性；在此基础上，开始逐渐扩大自身在社区中的话语权，并运用习得的权力解决社区中出现的各种问题。

　　但是，社区居民权力的获得不具有天然性，需要通过相应的机制设计，让社区居民认知权力、习得权力和运用权力。在权力转移层面，社区居民通过自我学习机制，认识了自身在权力场域中的定位，通过组织化机制，居民获得了权力的合法性。在权力生成层面，在公权力依然强大的前提下，避免居民自治与街道办事处和居委会的正面冲突，减少后者对自身社区权力减少的忧虑，社区居民可以网络机制增强社区内部的凝聚力，通过在社区居民和社区外部之间构建"桥"的方式，实现社区与外部的"弱连带"，从而将外部资源卷入社区公共事务的治理中；在制度化机制方面，在认知权力和习得权力后，权力的可持续是制度化建设的主要目标，通过构建一系列社区的规章制度，训练社区居民的契约精神和公共精神。在此过程中，社区居民的主体性意识开始觉醒，治理能力得到提升，社会资本开始积累，从而最终形成了社区居民积极参与社区公共事务的格局。因此，可以从社区冲突引发社区权力结构变化，进而提升居民社区公共事务的参与意愿和能力的角度探索社区治理的新路径。

　　首先，社区冲突并非一种零和博弈，通过社区冲突可以更新社会规则，生成新的权力，促进社区居民对自身权益的关注，进而提升居民社区公共事务参与的意愿和能力。随着居民权利意识的觉醒以及居民诉求的多元化，围绕物业管理、环境治理、居委会选举、邻里关系等产生的冲突将不断增加，但是面对社区冲突，可以从积极的一面看待社区冲突可能带来的社区居民公共事务参与意愿的提升，进而为构建社区多元化治理提供群众基础。

　　其次，社区权力结构中不同权力主体的结构位置具有相对性和流动性，随着社区治理需求的变化，不同主体的结构位置可能会发生变化。社区冲突的一个重要功能体现在促进权力在不同治理主体之间的转移，并能提升总体性社区权力。因此，在社区治理过程中，应当构建开放性的治理系统，允许治理主体的加入和退出，实现治理资源的高效配置。当居民主体意识开始觉醒，并获得相应的治理能力之后，可以将更多的政府资源和市场资源向居民自组织倾斜，支持居民的自我管理和自我服务。

最后，社区居民治理权力的提升并不必然依靠与其他治理主体的竞争而获得，可以通过组织化和网络化方式，挖掘自身的资源和调动社区外部资源提升自身在权力结构中的地位。社区居民为解决社区冲突，一方面可以依靠基层政府和居委会等传统资源所有者；另一方面可以通过自组织方式，协调居民集体行动，并挖掘每个居民的个体网络资源，将外部资源嵌入社区治理网络中，从而提升社区总体权力的数量。

参考文献

〔法〕埃哈尔·费埃德伯格（2017）：《权力与规则：组织行动的动力》，张月等译，上海：格致出版社。

〔美〕弗雷德里克·巴特（2005）：《斯瓦特巴坦人的政治过程——一个社会人类学研究的范例》，黄建生译，上海：上海人民出版社。

高丙中（2000）：《社会团体的合法性问题》，《中国社会科学》，（2）。

〔德〕盖奥尔格·西美尔（2002）：《社会学：关于社会化形式的研究》，林荣远译，北京：华夏出版社。

〔法〕古斯塔夫·勒庞（2016）：《乌合之众：大众心理研究》，陈剑译，南京：译林出版社。

桂勇（2008）：《邻里空间：城市基层的行动、组织与互动》，上海：上海书店出版社。

〔英〕哈罗德·D.拉斯韦尔、亚伯拉罕·卡普兰（2012）：《权力与社会：一项政治研究的框架》，王菲易译，上海：上海人民出版社。

〔美〕汉娜·阿伦特（2009）：《人的境况》，王寅丽译，上海：世纪出版集团。

何艳玲、蔡禾（2005）：《中国城市基层自治组织的"内卷化"及其成因》，《中山大学学报》，（5）。

黄家亮、郑杭生（2012）：《社会资源配置模式变迁与社区服务发展新趋势》，《社会主义研究》，（3）。

康晓强（2012）：《社区社会组织与社区治理结构转型》，《北京工业大学学报》，

（3）。

〔美〕L. 科塞（1989）：《社会冲突的功能》，孙立平等译，北京：华夏出版社。

李德（2015）：《当前我国社区社会组织发展面临的主要困境及对策研究》，《毛泽东邓小平理论研究》，（6）。

李雪萍、曹朝龙（2013）：《社区社会组织与社区公共空间的生产》，《城市问题》，（6）。

李正东（2012）：《城市社区冲突：强弱支配与行动困境——以上海 P 区 M 风波事件为例》，《社会主义研究》，（6）。

〔英〕罗伯特·莱顿（2005）：《他者的眼光：人类学理论入门》，蒙养山人译，北京：华夏出版社。

〔美〕罗伯特·D. 帕特南（2001）：《使民主运转起来》，王烈等译，南昌：江西人民出版社。

〔法〕米歇尔·福柯（2012）：《规训与惩罚》，刘北成、杨远婴译，北京：生活·读书·新知三联书店。

〔德〕尼克拉斯·卢曼（2005）：《权力》，瞿铁鹏译，上海：上海人民出版社。

〔美〕帕森斯·T.（2012）：《社会行动的结构》，张明德等译，南京：译林出版社。

孙柏瑛（2016）：《城市社区居委会"去行政化"何以可能?》，《南京社会科学》，（7）。

〔美〕维克多·特纳（2006）：《仪式过程：结构与反结构》，黄剑波、柳博赟译，北京：中国人民大学出版社。

夏循祥（2017）：《权力的生成：香港市区重建的民族志》，北京：社会科学文献出版社。

徐林、许鹿、薛圣凡（2015）：《殊途同归：异质资源禀赋下的社区社会组织发展路径》，《公共管理学报》，（4）。

阎云翔（2016）：《私人生活的变革——一个中国村庄里的爱情、家庭与亲密关系》，龚小夏译，上海：上海人民出版社。

杨敏（2010）：《我国城市发展与社区建设的新态势》，《科学社会主义》，（4）。

原珂（2015）：《中国城市社区冲突及化解路径探析》，《中国行政管理》，（11）。

张雪霖、王德福（2016）：《社区居委会去行政化改革的悖论及其原因探析》，《北京行政学院学报》，（1）。

周雪光（2003）：《组织社会学十讲》，北京：社会科学文献出版社。

朱喜群（2016）：《社区冲突视阈下城市社区多元治理中的权力博弈》，《公共管理学报》，（3）。

Etzioni, A. (1972), "Power as A Societal Force", Marvin E. Olsen edited, *Power in Society*, The Macmillan Company.

Fisher, R. & Kling, J. M. (1993), *Mobilizing the Community: Local Politics in the Era of the Global City*, SAGE Publications.

Granovetter, M. S. (1973), "The Strength of Weak Ties", *The American Journal of So-*

ciology, (6), pp. 1360 – 1380.

Haugaard, M. (2002), *Power: A Reader*, Manchester and New York: Manchester University Press.

Kreps, G. A. &Wenger, D. E. (2010), "Toward a Theory of Community Conflict: Factors Influencing the Initiation and Scope of Conflict", *Sociological Quarterly*, (2), pp. 168 – 174.

Parsons, T. & Duga, R. A. (1963), "On the Concept of Political Power", *Proceedings of the American Philosophical Society*, (3), pp. 232 – 262.

Steven Lukes (2005), *Power: A Radical View*, Houndmills: Palgrave Macmillan.

Community Conflicts: Research on the Path for Community Residents' Participation in Public Affairs

Wang Meng   Liu Xingzhen

[**Abstract**] A lack of subjective participation of community residents leads to a limited community multiple governance structure, which influences the cultivation of community's social capital. Community reforms such as de-administration of community's residents committee, involvement of social communities and pumping of social resources are the outer motivation of community multiple governance. How to activate the subjective consciousness of community residents and improve their abilities of participating in public affairs become a inner motivation. The case study of a community in Qing Dao demonstrates that community conflicts contribute to the activation of inner motivation for community residents and the cultivation of community capital. Through community's conflicts, power is transferred between power owners and the powerless and the total power of the community is increased by self-learning mechanism, structural mechanism, network mechanism and institutional mechanism. Community conflicts not only lead to transfer of power structure, diversity of governance body, but also cause residents to recognize and obtain power, cultivate participation consciousness and ability thereby improving their sense of identification for the community.

［**Keywords**］ Community Conflict; Transfer of Power; Generation of Power; Residential Autonomy

（责任编辑：蓝煜昕）

构建社会企业身份：中国大陆、香港和台湾地区社企认证实践比较分析[*]

罗文恩　黄　英[**]

【摘要】 社会企业认证是对社会企业贴标签并把它们与其他组织形态加以区别的一个过程。本文以中国大陆、香港特别行政区和台湾地区的社会企业认证实践为研究对象，分析其发展状况并比较各地异同。研究发现大陆及香港、台湾的社企认证在认证主体、核心标准、参评资质、政府角色、认证结果与运用等方面皆有相似之处，但也存在明显差异，其背后的逻辑可从各地社会企业生长的制度情境和非营利组织成熟程度中得到解释。通过对大陆及香港、台湾社企认证实践的梳理，本文指出社企认证具有情境适用性，但总体而言有助于社企构建一个独特的、鲜明的身份符号，从而更好地获得来自市场、政府和其他机构的支持。同时，社企认证应警惕"围栏效应"，避免设置过于精细的指标而对社会企业的多样化生态造成破坏。

【关键词】 社会企业　认证制度　身份识别

---

[*] 本文受到国家自然科学基金青年项目"慈善品牌信任生成机制及对捐赠意向的影响研究"（71302110）资助。感谢匿名评审人的宝贵意见，文责自负。

[**] 罗文恩，深圳大学管理学院讲师；黄英，厦门大学公共政策研究院博士研究生，本文的通讯作者。

一 引言

过去 20 年，社会企业（Social Enterprise，简称"社企"）已经成为国外学者关注的一个热点议题（Battilana & Lee，2014；Defourny，2001；Dees，1998；Young，2006；Teasdale，2011），最近几年来这一概念在国内公益圈和学术界亦引发热潮。然而，究竟什么是社会企业，能否构建一套清晰、标准的指标体系对此进行界定和衡量，学术界对此进行了旷日持久的讨论（Dart，2004）。社会企业具有商业性和公益性混合特质（Hybrid Nature），使得其本身合法性的建立存在困难，大家对其的认知莫衷一是，即使是同一个国家或地区对社会企业也存在多种解释。那么，有没有什么方法可以让实践者和公众对社会企业的概念内涵有比较一致的认识，从而助力其蓬勃发展？社会企业认证应运而生。

社会企业认证是对社会企业这一概念的操作化，设计一些可衡量的指标识别社会企业。通过给符合社会企业标准的组织"贴标签"，把它们与纯商业组织、公益慈善组织区别开来，构成一类独特的组织形态。当今不少国家和地区已经开展社会企业认证。例如英国的社会企业标志（Social Enterprise Mark，SEM）和社会企业徽章（Social Enterprise Badge，SEB）；美国民间机构 B Lab 发起的共益组织（Benefit Corporation）认证；韩国劳动部负责的官方社会企业认证；香港特别行政区的 SEE Mark（Social Enterprise Endorsement Mark）；中国大陆的中国公益慈善项目交流展示会（China Charity Fair，CCF，简称"中国慈展会"）社会企业认证；台湾地区的社会企业登录平台或自律平台；等等。与英美国家相比，中国香港和台湾地区无论在社会文化还是地缘和语言方面与内地（大陆地区）都更为接近，相互比较与借鉴的意义更大，因此本文以大陆及港台社会企业认证制度为研究对象，分析其发展脉络、运作机制的异同以及面临的挑战，从而加深对这一议题的认识，为国内学界进一步推进社会企业研究和发展抛砖引玉。

二 相关文献梳理

（一）社会企业的界定

社会企业被广泛地定义为一种用市场手段和商业思维解决社会问题的组织

形态，其肩负双重使命——社会目标的实现和财务可持续。其中达成社会使命更为重要，赚取的利润主要用于社会目的再投资而不是股东分配（Chell，2007；Ho & Chan，2010；Young，2006）。从组织视角来解析社会企业，它是一种混合型组织，或被称为"正在兴起的第四部门"（Emerging Fourth Sector）（Kelley，2009），混合性（Hybridity）是其核心特征（Grassl，2012），兼具了商业组织和非营利组织的特点，因而在社会企业内部存在两种相悖的制度逻辑——商业逻辑和社会逻辑，同时从事两种活动——商业活动与社会活动（Battilana & Dorado，2010；Battilana & Lee，2014；Pache，2013；Young & Kim，2015）。社会企业既要与商业组织争夺市场，又要与非营利组织竞争资源（Doherty et al.，2014）。由此可见，社会企业的组织边界容易模糊，公众对其难以形成清晰的认知，它的形态过于灵活以至于其合法性的建立有更多阻碍。

厘清社会企业概念有助于了解该国家或地区的社会发展情况和阶段（官有垣等，2014）。从地域视角来看社会企业，每个国家或地区的解释各有特点。美国对社会企业的定义非常宽泛，学术界认为社会企业是一种从事市场导向经济活动来为社会目标服务的组织（Kerlin，2006a；Nyssens，2006）；美国政府所认为的社会企业通常包含非营利组织、公营组织和其他基于社会目的而运作的机构（李衍儒、江明修，2011）。欧洲"社会创新学派"的定义强调用社会创新的方式从事有社会影响力的商业活动以解决社会问题；欧洲研究社群网络（EMES Network）则从 4 个经济与创新维度以及 5 个社会维度定义社会企业，突出生产活动、市场风险、独立性、员工薪酬规定等经济性属性和创设初衷、社区效益、民主治理、有限利润分配等社会性特点（Defourny，2001；Nyssens，2006）。美国对社会企业的理解更具有商业导向，欧洲更侧重社会创新和社会活动产生的效益（Kerlin，2006a；Kerlin，2006b）。香港特区政府认为社会企业是一盘采用商业策略运营并需自负盈亏的生意，以此实现特定的社会目的。[①] 中国公益慈善项目交流展示会社会企业认证办法除了描述社会企业的双重属性外，还突出其"以社会创新、爱心资本高效参与及可持续性为特点"。[②] 我国台湾地区"行政院"推出的《社会企业行动方案》给出的社会企业的操作性定义主要

---

① 香港社会企业官网，http://www.social-enterprises.gov.hk/tc/introduction/whatis.html。
② 《中国慈展会社会企业认证办法（试行）（修订稿）》，2016。

强调组织的社会目的、年度财务审核与公益报告书及利润分配三个方面。① 简而言之，社会企业在许多国家或地区已经开始生根发芽甚至茁壮成长，但是由于各国各地区社会文化制度的差异，加之非营利部门和社会企业发展成熟度不尽相同，对何谓社会企业、如何推动社企发展等重要议题的理解仍然存在明显差别。

故此，建立一种社企概念界定或身份识别机制甚为必要，而社企认证就是其中一条路径，以解决社企身份模糊不清、组织合法性的问题。各个国家和地区试图通过认证这一机制识别本土的社会企业，在这一过程中会发现，衡量社会企业的核心尺度可能会有趋同现象，即社企认证制度成了理解不同国家和地区社企内涵的重要方式，基于这样的逻辑，社企认证无形中为各地方的社企对话搭建了交流平台。

（二）赞同社企认证的观点

有学者认为，社会企业认证是促进社会企业发展的必要环节，同时也是一种国际趋势（王世强，2015）。一方面，认证让社会清楚"我是谁"。当社企概念并不被大众所熟知时，对其的不理解会导致误解，造成身份合法性危机（王勇，2017）。社企认证是获取合法性的一种方式，帮助社企澄清自己的身份，以期"名正言顺"（罗文恩、黄英，2018）。这一身份识别机制延伸的效果会引导公众和投资者的行为，通过具体的行动支持社企（Bidet & Eum，2011；Battilana & Lee，2014；Jenner，2016）。消费者对有认证标志的社会企业产品有更为积极的购买意愿，认证标志（Logo）是增强社会企业竞争力的重要战略工具，便于社企被公众和潜在投资者认识，赢得社会认同和支持（香港社企认证手册，2016）。因此社会企业应积极将认证标志使用于产品包装、商业活动等方面（Choi & Kim，2016）。其次，在日渐兴起的"耐心资本"投资和"投资向善"时代，投资者面临的一个重要问题是如何选择投资标的，而社企认证机制就是其中一种解决方案，同时它也缓解了社企融资难的问题（韩文琰，2018），或者说这一机制具有降低交易成本的作用，把资金的供需方巧妙地结合在了一起（白梦，2018）。有限制利润分红规定的认证制度有利于引导民间资本流向社会更需要的地方，社会问题被解决、社会需求被满足的可能性增加，进而推动经济和社会的协调发展（韩君，2013）。此外，通过认证对社会企业作出资产锁定

---

① 台湾"行政院"：《社会企业行动方案》，2014。

及其他规定，可以防止将公共资产转移到私人手中（Teasdale，2011）。

另一方面，认证让行业内人士明白"我们是谁"。认证使具有混合特质的社会企业的模糊组织形象有一个相对清晰的组织边界，把社会企业与传统的非营利组织与商业组织区别开来，把"我们"从"挂羊头卖狗肉"的伪社企中区隔出来，树立清晰的行业形象，践行行业的责任和使命，以建立起社企交流和发展社群、引领行业发展（刘小霞、徐永祥，2013；王勇，2017）。另外，社企认证机制也是一种监督机制，获得认证资质的社企要自我监督以不偏离认证标准，同时其也在接受社会的监督，把自身的所作所为拿给社会检验（沙勇，2013）。

概括而言，社会企业认证对社企自身来说，可以构建独特的品牌价值和提高建设能力。从行业角度解析，社会企业认证是建立行业标杆、提高行业规范的重要方式，能够提升公众对这一新型组织形态的认知和支持度。从消费者角度来看，消费者可以享受到更高质量、更丰富的产品与服务。对整个社会而言，社会企业认证能够在社会使命完成方面，引导社会资本朝社会性方向流动，激励民间力量积极解决社会问题。

（三）质疑社企认证的观点

虽然建立社会企业认证制度能够带来多层次的受益，但学术界也存在质疑社会企业认证的声音。一些学者认为，社会企业认证能对社会企业的认识形成共识，但是即使缺乏一个对社会企业的共同理解，也并没有成为社会企业发展的障碍（Galera & Borzaga，2009）；相反，对社会企业概念做详细的限定，可能会降低社会企业多元形态的可能性。在某些地区，政府通常将社会企业的概念定义得非常宽泛，包含各种组织形态，以有利于解决更多的社会问题（Teasdale，2011）。国内学者周红云等人也有相似的担忧，他们认为不恰当的社企认证可能会导致一种僵化的定性论机制，特别是那种只顾着为社企贴"标签"，而不关注其过程和结果的认证机制不但不能明辨社企身份，还可能导致其"身份扭曲"，阻碍社企的发展和创新（周红云、宋学增，2016）。英国和韩国是两个将社会企业作为解决社会问题工具的典型国家，也是实行社会企业认证的两个典范，可是过于"工具导向"（Instrument-oriented）的社会企业政策会限制社会企业回应社会问题的能力（Park & Wilding，2013）。社会企业认证会掩盖那些在认证制度之外的社会企业。此外，社企认证本身的价值也存疑。例如在韩国，获得社会企业认证的机构再次参与认证的比率不到 3%，还有部分被认证的社会企业①因中途经营管理不善而被撤销资格（Lee，2015）。因此，与建立社会企业认证制度相比，建构适合社会企业发展的市场生态系统（Market Eco-system）更有利于社会企业的可持续发展（Lee，2015）。

可见，理论预测和实践反映都提醒着我们，社企认证并不会像赞同者们所倡导的那样受欢迎。认证是一种严格的概念界定形式，社企身份在得到澄清的同时也被置上"围栏"，于有限范围内行动，其多样性、创新性、发展性受到限制。

从梳理支持和质疑社企认证的文献可知，社企认证行动并未完全形成共识。那社企认证该何去何从？笔者认为，不应该在没有行动之前完全否弃从社企认证中可能获得的收益；另外，认证的"围栏效应"不可以被忽视。和其他类型组织的发展历程相比，社会企业实践和研究略显稚嫩，现阶段，学界和业界不能止于自满、担忧和争论之中，社会企业发展还要继续向前推进，在追求更好的目标的过程中不可能没有代价，期望通过社企认证助推社企发展的尝试要谨记勿入认证围栏的陷阱。

三　大陆及港台社企认证发展状况

学术界对社会企业认证的价值仍然存在争议，但从实践层面来看，给社会企业贴上一个标签以推动其规范有序发展，似乎在各国都成为一种流行的趋势。最近几年，社企认证在中国也逐步风靡起来，俨然成为公益慈善领域的一个热潮。本部分将重点分析大陆及港台社会企业认证制度的发展状况。

（一）中国大陆

目前，在中国大陆地区已经有多套社会企业认证体系，如2014年广东顺德社创中心启动的《顺德社会企业培育孵化支援计划》、中国慈展会发布的《中国慈展会社会企业认证办法（试行）》；2018年北京社会企业发展促进会出台的《北京市社会企业认证办法（试行）》、成都市工商行政管理局印发的《成都市社会企业评审认定管理工作试行办法》。本文在大陆地区选取的分析对象是由中

---

① 此处"被认证的社会企业"是指获得韩国劳动部官方授予认证资质的社会企业。韩国的地方政府为了更好地推动社企发展，在2009年之后陆续设置了地方性的认证机制，把那些未能完全符合劳动部认证标准的社会企业（Candidate Social Enterprises），但是在地方条例中又属于社会企业的机构称"地区型社会企业"（Local-type Social Enterprise）。这类准社企能够获得地方政府的财政支持，它们的最终目标是要成为劳动部认可的社会企业。

国慈展会所开发的社企认证体系，即 CCF 社企认证体系。选择这一套社企认证体系的原因有三。一是这一认证体系更能代表大陆的"身份"，因为它的目标认证对象涵盖整个中国大陆的企业和社会组织，而其他三套社企认证体系则均是地方性的，仅限于当地的准社企组织参评。二是其推行时间为各体系中最早的，从 2015 年至今已经举行了四届社企认证，积累了较为丰富的实践经验，而成都、北京等地的认证工作才刚刚起步。三是坚持比较的主体属性一致原则，大陆的 CCF 社企认证、香港的 SEE 社企认证和台湾地区的社企登录/自律机制，皆由民间机构主导，政府部门没有参与或者干预认证过程。故此，本文选择中国慈展会社企认证体系作为大陆地区的代表。

1. CCF 社企认证

中国慈展会社会企业认证（CCF Social Enterprise Certification，简称"CCF 社企认证"），是中国大陆首个全国性的民间社会企业认证机制，于 2014 年 9 月启动，最初由深圳市中国慈展会发展中心、北京大学公民社会研究中心、北京师范大学中国公益研究院、南都公益基金会和社会企业研究中心五家单位联合发起。经过四届发展，这五家单位中的前三家机构一直参与其中，深圳国际公益学院在第二届加入，在此之后形成较为稳定的以这四家机构为主的认证团队。深圳市社创星社会企业发展促进中心是 CCF 社企认证的执行机构，在第三届时，深圳国际公益学院公益金融与社会创新中心加入执行工作。CCF 社企认证每年集中受理和认证一批社企，2015 年有 7 家社企获首批认证，随后的 3 年分别认证了 16 家、106 家和 110 家。到目前为止的四届 CCF 社企认证，一共有239 家机构被"授牌"。

2. 认证标准及变迁

CCF 社企认证的认证标准在过去四年经历了从 1.0 到 4.0 的变化。

CCF 社企认证 1.0 从五个方面来判定某机构是否属于社会企业：一是组织目标，有明确的组织目标和解决社会问题的议题；二是收入来源，组织的收入占比中有不少于 50% 的比例来自组织提供的产品或服务的销售（包含政府采购部分）；三是利润分配，年度利润中用于分配的比例不超过 35%，大部分利润应为组织目的和宗旨服务，其中社会组织的利润不得用于分配，应全数投入组织建设；四是人员结构，配有专职运营组织的受薪人员，合格纳税记录至少有两年；五是注册信息，合法注册两年以上。符合以上标准的各类企业、民办非企业单位、社会团体和其他社会组织都可以参与认证评核。

CCF 社企认证 2.0。在借鉴英国社会企业认证的实践经验以及考虑大陆社会企业的发展阶段后，主办方对认证标准 1.0 进行了重大调整。注册信息方面，注册年限由两年改为一年；将"人员结构"维度改为"治理结构"，扩大并明确评核范围，要求独立运作、治理结构明确，配备至少 3 名全职受薪人员。其次，2016 年 CCF 认证在第一届的基础上扩增为两个级等："中国好社企"（First-class CCSE①）和"金牌社企"（Golden CCSE）。"中国好社企"的评核标准主要考虑组织目标、注册信息、治理结构和收入来源四个面向，利润分配没有限制，认证有效期为两年；"金牌社企"则着重考察利润分配②、社会影响力和资产锁定报告③，认证有效期为三年。

CCF 社企认证 3.0。为了鼓励更多的机构尤其是鼓励企业参与社企认证，2017 年 CCF 进一步放宽认证标准，根据机构资质、社会目标优先、创新解决方法和解决问题效能四个基本标准（包括 13 个评审细则）评价某组织是否符合社会企业的界定。社会企业的认证等级也在 2016 年的基础上进一步扩增为四个等级：金牌社企、好社企、社企及观察机构。四个标准采取百分制进行量化，评分达到 80 分及以上的认证为中国金牌社企，60 分及以上的为好社企。满足社会目标优先和机构资质 2 项判定性标准的申报机构可纳入认证观察机构。在前三个等级中，好社企和社企的有效期为两年，金牌社企的有效期下调为一年。

CCF 社企认证 4.0。认证标准在 3.0 版本基础上进一步调整，把"创新解决方法"明示化为"通过市场化运作创新解决社会问题"，突出社会企业的商业属性，其他三个标准几乎不变。认证等级调整为三级，把观察机构这一级去除，且将金牌社企的有效期调回三年。

经过四届的制度变迁，CCF 社企认证标准朝更为弹性化的方向发展。在后续的三届认证中，诸如收入分配和利润分配比例限制不再作为明示的评核标准，而是将其视作加分项目。机构资质这一标准被放宽并稳定为注册不少于一年且雇佣不少于 3 人的全职受薪员工。社会目标是唯一没有变动的评判标准，即使

---

① CCSE 为 Certified China Social Enterprise 的缩写。

② 企业章程规定申报企业在任一年的利润有不少于 50% 用于公益慈善事业。

③ 章程规定或者企业书面承诺在企业解散时将全部剩余财产捐赠给社会企业、慈善基金或者其他公益慈善事业。

有变动也是对其内容的详述。认证分级经过一至四级的发展，趋于稳定，为社企、好社企和金牌社企三个等级，前两个等级的有效期均为两年，金牌社企的有效期虽然有过变动，但是三年应该是一个较为有共识的期限。这些认证标准不管如何变迁，其主要功能是将社会企业的社会属性和商业属性都显化。

3. 认证过程及结果运用

每一届 CCF 社企认证过程皆包含初审、中审和终审 3 个阶段，具体涵盖认证申请、初评、反馈、实地或远程调查、评审、公示 6 个基本环节，自第三届起增加专家复议程序，在第四届中加入"辅导"环节于认证反馈之后。获得认证的社会企业，在有效期内需要每年复检，通过复检后可申请升级。认证评审工作由嵌套式的专家评审小组完成。该专家评审小组是由认证发起单位代表从专家委员会中随机抽取的 3~4 名评审专家所组建的 9 人评审小组。专家委员会由认证发起机构及特邀行业的多位人士（20 人或 50 人）构成，委员会成员任期自第二届起为两年，任期届满，再经由认证发起单位构成的认证理事会投票，获得超三分之二的票数可连任。

CCF 社企认证目前不收取任何费用，并且获得认证的社会企业可以得到相应支持和福利。（1）资金支持：优先获得中国慈展会"社创合伙人计划"和社会价值投资人的资金资助。（2）智力支持：优先参与社会企业国际考察活动，获得由第三方专业机构免费提供的法律、营销、注册、审计、设计等方面的服务。（3）社群支持：获得认证即成为中国慈展会会员，可优先加入"社创圈"①。（4）场地与 Logo 支持：优先进驻中国慈展会社创基地，可将 CCF 社企认证 Logo 用于宣传、产品包装等。（5）宣传支持：帮助社企提高媒体曝光率、公众认知度和社会影响力。②

（二）香港地区

1. SEE Mark 社企认证

香港社会企业认证简称 SEE Mark（Social Enterprise Endorsement Mark），由香港社会企业总会有限公司③（简称"社企总会"，HKGSE）主办，得到渣打银行香港 150 周年慈善基金赞助和香港城市大学"火焰计划"研究支持，该认

---

① "社创圈"即中国社会企业家社群。
② 资料来源于《2017 年度中国慈展会社会企业认证手册》。
③ 香港社会企业总会有限公司于 2009 年成立，是一家竭力推动香港社企发展的民间组织。

证计划于 2013 年启动，2014 年 11 月落成并有 38 家机构获得首批认证，香港财政司司长曾俊华为其颁发了认证资质。2015 年认证了 13 家机构，获得香港劳工及福利局局长张建宗颁发的社企认证。截至 2018 年 11 月累计获得香港 SEE Mark（社企认证）的机构已达 139 家，约占香港社企总数的五分之一。[①]

2. 认证等级和标准

与内地不同，SEE Mark 社企认证的标准非常稳定，自诞生以后没有发生重大变更。社会企业认证分为 4 个等级，分别是：创启级（Incubating Member）、创建级（Start-up）、创进级（Intermediate）和创越级（Advanced）。从创启级到创越级，级别越来越高，符合规定的宽度和深度也同时递增。评核标准主要有 8 大范畴：（1）社会使命、创新与价值；（2）商业策略及执行；（3）人力资源；（4）财务管理；（5）良心消费及社会价值传授；（6）企业管治与领导；（7）顾客满意度；（8）社区参与。创启级考核的要求比较低，主要评核其社会目的和商业计划书的可行性；创建级的考核除了评核创启级应该有的内容，还着重审核资金来源、利润分配政策及做法，以及考虑评核市场潜力、公司架构、财务健全性、人力资源管理、可持续的竞争优势、顾客满意度、良心消费等内容；创越级需要严格评核以上每一项内容，创进级也需要评核这些内容，只是评核的严谨性不如创越级高。[②] 这 4 个等级的营运年限、全职员工（或全职员工等值[③]）以及财务要求有着明确的差别性规定（详见表 1）。对创进级和创越级的社会企业要求至少有 50% 的收入是由业务产生的，不少于 65% 的利润重新投资于社会目的。

表 1　香港社企认证不同等级的营运年限、员工人数和财务要求

	营运年限/全职员工或全职员工等值	财务要求
创启级	计划于 12 个月内开始营运或营运不超过 2 年	—
创建级	营运不超过 3 年或全职员工或全职员工等值少于 5 人	—

① 获认证社企名单可在香港社企总会官网查阅，详见 http://www.seemark.hk/。据《社企指南（2018）》，2018 年香港社企数量已更新为 654 家，所以得出认证比率约五分之一。

② 香港社会企业总会：《香港社企认证手册》（第 2 版）。

③ 全职员工等值是指全职员工数目和兼职员工时数转换成全职时数的员工数目。一全职员工等于一全职员工等值。兼职员工的全职员工等值计法是全部兼职员工一星期工作的总时数除以一位全职员工一星期工作的总时数。兼职员工的全职员工等值加上全职员工数目，便得出机构员工的全职员工等值的总数。

续表

	营运年限/全职员工或全职员工等值	财务要求
创进级	营运超过 3 年或全职员工或全职员工等值多余 10 人	业务收入≥50%；≥65% 的利润再投资于社会目的
创越级	营运 5 年或以上	

资料来源：《香港社企认证手册》（第 2 版）。

3. 认证过程及结果运用

香港社企认证包括如下几个环节。首先，想要认证的机构提出申请，由社企总会收取申请表格及发放评核文件。其次，由评核员对机构提交的申请文件进行评核，并提出修改意见，到机构实地考察、拜访，然后做出最终评核。最后，由社企认证独立委员会根据评核员报告审批认证。通过认证的社企需要每年进行复检。社企认证独立委员会是附属于社企总会的一个独立组织，为确保认证的中立及公正，其由多名跨界专家构成，负责社企认证评审的整体质素保证，并处理有关社企认证评审过程中的投诉。在香港，社企认证和复检皆需要收取一定费用，最低费用是 5000 元。费用标准视认证级别和分店数量而定，认证机构的分店数越多、认证的级别越高，认证费用越高，最高达到 40000 元。① 认证的有效期，除了创启级是两年以外，其他三个级别都是三年。

获得 SEE Mark 社企认证的社企可以将社企认证标志（带着红色眼镜的企鹅）用于店铺内指引，产品包装、广告、网页、社交网站等宣传，另外可获得其他伴随福利：（1）增加曝光率和宣传机会，例如免费刊登社企资料于 SEE Mark 网页、安排媒体采访、参与有资助的参观活动、获取免费推广机会等；（2）免费咨询服务；（3）参加社企认证伙伴联系分享会，获得与商界交流与合作的机会。此外，对于那些没有通过认证的社企，社企总会将提供有针对性的支援，提出改善建议，以有利于下一次认证的通过。

（三）台湾地区

台湾地区对社会企业的认可模式比较特别，由于政党更替和主要推动人物的影响力变动，经历了两个发展阶段，第一阶段的名称叫"社会企业登录平台"（2015～2017 年），第二阶段被称为"社会企业自律平台"（2017 年底至今）。故此，严格来说台湾地区尚未形成诸如大陆、香港地区那样系统化、标准

---

① 香港社会企业总会：《香港社企认证手册》（第 2 版）。

化的社企认证体系，更像是一个认证制度的"初级版本"，通过设定一个相对弹性的、包容性的指引（而非严格的标准）来加强社企的身份识别和规范社企的行为。

1. 阶段一：社会企业登录平台①

（1）设立缘由与运营单位

我国台湾地区在 2014 年推出了《社会企业行动方案》，并把这一年定位为"社会企业元年"，为了了解台湾当前社会企业的发展状况、推动社会企业发展，"行政院"下面的"经济部中小企业处"委托台湾公益团体自律联盟（以下简称"自律联盟"）建构了登录平台，供社会企业在该平台上放置重要信息，实现信息透明、资讯公开，完善社会企业生态圈。自律联盟是台湾地区的一个非政府组织，成立于 2005 年，提倡自律、透明，到目前为止有 200 多个盟友，对社会议题的掌握度比较高，在社会上有着良好的声誉。② 社会企业登录平台于 2015 年正式上线，登录窗口置于自律联盟官方网站首页，2015～2017 年，平台上一共登录了 140③ 多家社会企业。

（2）登录标准与等级

自律联盟评判社会企业的标准主要有三方面。一是社会企业创立的初衷，机构的创设者是想用社会企业方式来解决社会问题呢，还是仅把社会企业作为营销的手段？二是社会企业的运营模式是可操作的、可持续的。三是社会影响力，考察社会企业对社区、社群和环境的影响，影响力的彰显具有阶段性，如果现阶段不能看出其效果，至少是可以预期的，自律联盟非常看重此标准。在考量的过程中，这三个标准只是一个基本参考，还要根据每一家社企的行业情

---

① 该阶段的资料主要是笔者于 2016 年秋在台湾交换学习收集而得，其中笔者在 2016 年 1 月 16 日下午访谈了台湾地区社企登录平台的负责人孙组长。

② 该平台的建立不得不提台湾地区前任"行政院政务委员"冯燕，她本是高校的研究者，积极关注台湾地区的社会企业发展多年，在任期间为台湾地区社会企业的推动做了许多努力，并具有相当大的影响力，可以说，行动方案和社企登录平台的问世都与之密切相关。她的另外一个身份是自律联盟的理事长，社企登录工作交由自律联盟来运营，除了自律联盟自身的社会影响力，也许这也是其中一个原因。

③ 该数据获取日期截止到 2017 年 1 月 21 日，它并不代表台湾地区社会企业的总体数量，只是衡量社会企业的其中一种考量。

况做调整。登录成功的社企期限为一年，到期后自律联盟需要对其再评核。[①]

自律联盟将登录于平台上的社企分为两个等级，评判标准为是否向自律联盟提交公益报告书，没有提交公益报告书的被称为"初阶社企"，提交了的被称为"进阶社企"，2015 年有 20 家进阶社企，2016 年增加为 31 家。[②]

（3）登录方式及结果运用

社企登录的方式一共有三种：一是由"经济部"推荐的公司型社会企业；二是由"劳动部"、"农委会"、"内政部"、"教育部"及"卫福部"等各自进行认定的 NPO 或合作社型社会企业；三是由成立达一年以上的公司型社企自行申请登录。其中公司型社企是最主要的登录方式，约占三分之二。

每一种登录方式的流程不一样。其中方式二是由各主体独立完成审核，然后邀约至登录平台登录；方式一和方式三的流程类似，先由"经济部"推荐或自行申请，然后由自律联盟实地拜访考察，通过自律联盟评核的社企再交由社会企业咨询委员会讨论，作出最后评定，咨询委员会审核通过的社企将被邀请至登录平台登录。社会企业咨询委员会是由自律联盟组建的一个评审团队，邀请了对社会企业议题有深入了解的学者、产业界专家、较早投身于社企的社会企业家等；咨询委员会成员大部分每年更新。

社企登录是免费的，于平台上登录的社企可以获得一些福利：（1）赢得社会认同，自律联盟在台湾地区是比较有责信力的组织，登录后的社会企业，公信力较强；（2）增加曝光率，社企登录平台是公众认识社会企业的重要渠道，通过浏览该平台，可以让公众了解社企的分布、类型、数量等；（3）提高与其他机构合作的机会，企业想要践行社会责任或寻找可合作的社会企业，为了节省信息收集成本，会直接到登录平台挑选合作伙伴。

2. 阶段二：社会企业自律平台[③]

（1）设立缘由与认证动态

台湾地区社会企业自律平台的诞生主要有两方面的原因。一是政党更替，

[①] 此处的资料来源于 2017 年 1 月 16 日笔者对台湾公益团体自律联盟社会企业代理组长孙天牧的访谈。

[②] 该资料来源于 2017 年 1 月 16 日笔者对台湾公益团体自律联盟社会企业代理组长孙天牧的访谈。

[③] 本部分资料主要来源于自律联盟官方网站和台湾逢甲大学公共事务与社会创新研究所所长侯胜宗、台湾辅仁大学博士研究生罗伟提供的讯息，在此感谢两位社会企业研究爱好者。

旧的重要推动人物任期届满，新的关键推动人物作为有所不同。民进党上台后，虽然没有停止扶持台湾地区社会企业的发展，但是具体的扶持方式和内容有所变化。① 冯燕②退出政坛以后，影响力下降，她曾经支持的社企登录平台不被新的主推人物认同，政府停止了对社企登录平台的资助，导致自律联盟无平台运营经费支持。基于上述因素，社企登录平台逐渐淡出人们的视野，为社企自律平台的诞生腾出机会。

二是民间组织的推动。社企登录平台不被支持以后，自律联盟并没有停止对台湾地区社企身份识别工作的努力，而是集结民间力量、发挥自身在台湾地区葫芦岛公益界的影响力，以及凭借多年来负责社企登录平台运营的经验，在2017 年底推出"社会企业自律平台"，这是一个纯民间组织自发推动的平台，主张社会企业自我揭露、透明运作。

首届获得社会企业自律平台资质认可的社会企业有 25 家。③ 部分名单如幸福果实股份有限公司、慕渴股份有限公司、种子社会企业有限公司、生态绿股份有限公司、多扶事业股份有限公司、慢飞儿社会企业等，后面三家社会企业曾经也在第一阶段的社企登录平台登录过，可见由自律联盟发起成立的社企自律平台，仍然受到原来获社企登录资质的社企的认可。这其中也不乏许多未曾在登录平台上见过的社企。截至 2018 年 12 月，自律平台上一共有 31 家社会企业。④

（2）评判标准

相比之前同是由自律联盟运营的社企登录平台，现在的社企自律平台评判标准更加明确和规范，一共 4 项。标准一：组织形态，包括公司型、NPO 型社企和合作社，性质和登录平台要求没有区别。标准二：社会影响力，沿用和整合了之前的指标，只是内容界定得更加详细，围绕社会企业的社会目的阐述，

---

① 现在主推台湾地区社企认证的重要人物是余宛如，她既是台湾"立法委员会委员"，也是台湾社会企业生态绿的董事长，主张通过对社会企业立法的方式推进社会企业认证，立法是一个漫长的过程，目前还在推进中。而新任"政务委员"唐凤则把工作重心放在社会创新之上，而非社会企业。

② 冯燕，我国台湾地区上一届"政务委员"，是台湾地区社会企业主要的政界推动者之一。

③ 台湾公益团体自律联盟，民间发起社企自律平台正式登场，https：//socialenterprise-selfregulation. weebly. com/26368260322804024687。

④ 自律联盟官方网站，http：//www. twnpos. org. tw/team/team. php？ cID＝0&Class＝0&City＝0&Keyword＝&page＝3。

有社会目的，且能都证明其具有可行性，同时要求提供至少一项未来的社会影响力目标，关注其可持续影响力。标准三：收入来源，第一阶段不曾有的指标，要求社会企业的收入至少50%通过商业运作获取，并能在参与市场竞争中自给自足。这一标准的纳入，使台湾地区社会企业的形态更加明朗化。标准四：盈余分配，目前是虚设的一个标准，未来可能有实际的指标公示。①

这些标准伴随"揭露机制"，这一部分是社企自律平台倡导人着重强调的内容，将自律联盟一直以来主张的非营利组织自律精神贯彻到社会企业中，在平台上公示的社企需要定期、及时在网络上公开或更新作为社企自律平台成员要求揭露的必要内容和辅助内容。必要内容包含：①单位基本资料；②社会目的；③主要营业项目或产品；④社会影响力目标；⑤社会影响力实践说明；⑥利益相关人说明。辅助内容：①公益报告书；②社会投资报酬率报告；③ B Corp 效益影响评估报告；④利益关系人反馈；⑤财务签证以及其他。辅助揭露内容可自由选择，但是被选择的项目至少每两年更新一次。

（3）审核流程与结果运用

社企自律平台审核流程整合了上述各社企认证流程的步骤，并加入了自己的特色。步骤一：先选择合适的目标评核对象，邀约曾在社企登录平台登录过的社企，或想要申请的社企自荐。步骤二：书面审核。步骤三：实地走访或电话访问，核查步骤二中的书面资料。步骤四：召开审查会议，由自律联盟自主组建的审查委员会执行。CCF 社企认证、SEE Mark 和之前的登录平台进行到这个步骤时，基本确定了通过认证的名单，然后予以公示。但是，自律平台审核流程还多了两个步骤，即步骤五：通过会议审核的社企需先在网上揭露必要内容和辅助资料，以及步骤六：缴纳申请费用，最后才在网上公示获认证名单，公示时间为一年。

之前的社企登录申请，申请者无须缴纳费用。社企自律申请则有两项费用需要缴纳，一是自律联盟实地考察费用 1000 台币每次，在审核流程步骤三缴清；二是申请年费每年 3000 台币，在步骤六缴清。第二阶段的评审机制采用收费方式，是在没有政府资助之下的一种策略，也是为了保证该认证机制能够持续运行。

获得上述三大认证机制资质后的社企关注的重点是"我能从这个平台上获

---

① 自律联盟官方网站，https://socialenterprise-selfregulation. weebly. com/。

得什么",而自律平台上的社企聚焦点为"我能为社企行业贡献什么",是社企自律精神的提倡,还是树立行业内的社企标杆,或许两者都是。当然,社企登录曾享有的隐形福利,社企自律平台也享有。

四　大陆及港台认证制度的比较分析

(一)　大陆及港台社企认证的异与同

社企认证制度在大陆及港台都得到了一定实践,社企认证成为推动社企发展的一项重要举措。虽然都是社企身份识别机制,每个地区对社企的认知和定位并不一致,认证制度存在许多差异,详细比较如表 2 所示。

表 2　大陆及港台社会企业认证制度比较

比较内容	大陆	香港	台湾	
			社企登录平台	社企自律平台
认证主体	北京大学公民社会研究中心等六家机构联合主办,深圳社创星社会企业发展促进中心等负责评审组织工作	香港社会企业总会有限公司	我国台湾地区"经济部"委托,自律联盟执行	自律联盟
认证始于	2015 年	2014 年	2015～2017 年	2017 年底
核心标准	·业务收入比重≥50% ·利润分配比重≤35% (两项均为加分项目,特别是金牌社企)	·业务收入比重≥50% ·再投资比重≥65% (两项标准对创启级和创建级社企没有要求)	·社会影响力 ·社会目的	·社会影响力(含社会目的) ·业务收入比重≥50%
参评资质	·社会目的 ·注册不少于 1 年 ·雇佣不少于 3 人的全职受薪员工	·生产活动以产生社会和/或环境效益为主 ·指定的运营年限和全职员工等值 ·切实可行、持续的商业模式运作	·创设初衷是解决社会问题 ·运营模式具有可行性和可持续性 ·自行申请者运营年限不少于一年	·三类组织:公司、NPO、合作社 ·曾登录过登录平台
政府角色	低度支持者	强力支持者	由旁观者变为支持者	无涉
申请方式	自行申请(免费)	自行申请(收费)	·"经济部"或各部会推荐(免费) ·自行申请(免费)	邀约或自行申请(收费)

续表

比较内容	大陆	香港	台湾	
			社企登录平台	社企自律平台
认证结果	·三个等级：社企、中国好社企（有效期2年）、中国金牌社企（有效期3年） ·每年复检	·四个等级：创启级、创建级、创进级、创越级（有效期：创启级2年，其他都是3年） ·每年复检	·两个等级：初阶级、进阶级（有效期均为1年） ·每年复检	·不分等级 ·有效期1年
结果运用	·资金 ·智力及社群支持 ·标章使用与场地支持 ·宣传支持	·标章使用 ·增加曝光率 ·免费咨询 ·获得合作机会	·增加曝光率 ·获得合作机会	·倡导社企自律 ·树立社企标杆 ·增加曝光率和合作机会

注：该表根据四届《中国慈展会社企认证手册》、《香港社企认证手册》（第2版）、2017年1月16日笔者对台湾公益团体自律联盟社会企业代理组长孙天牧的访谈和自律联盟官方网站上公布的数据绘制。

从表2可以看出，大陆及港澳的认证制度存在许多相似的地方：（1）认证主体都是独立的第三部门，社会企业拿到的均为"民间牌照"；（2）组织存在的目的是解决社会问题，此为申请认证的基本要求；（3）政府对民间社企认证制度并不反对；（4）社企认证采用自愿原则，各机构均可自行申请；（5）认证结果兼有分级（社企自律平台除外），至少分两个等级，并规定了认证有效期限，此外，通过认证的社企每年需要进行复检，而不是一次认证，永久有效；（6）获得认证后均可享有相应福利，特别是增加宣传、曝光的机会和渠道；（7）把业务收入比重作为评判社企或高阶社企的核心标准是一种趋势，即使台湾地区第一阶段的社企登录制度没有将其纳入，第二阶段也"强势入驻"。

另外，大陆及港澳认证制度的差异也很明显。（1）在认证的核心标准上，大陆和香港的做法一样，业务收入占总收入的比重和利润分配比重对认证高等级的社企非常关键，然而台湾地区的社企登录制度对这两项均没有要求，即使最近的自律平台也仍然没有利润分配标准限制，却把社会影响力作为核心评判标准，伴之以其他辅助材料为支撑。（2）大陆及港台行政部门角色存在明显差异，香港特区政府一直积极推动本土社企发展，除了推出多项扶持基金直接资助社企创立和成长外[1]，政

---

[1] 例如2001年"社会福利署"实施的"创业展才能"计划，2006年"民政事务总署"推出的"伙伴倡自强"计划，2007年发展局开展的"活化历史建筑伙伴"计划，2011年民政事务局与"社会企业咨询委员"会推出的"社企挚友嘉许"计划等，这一系列计划行动极大地促进了香港社企的发展。

府高官也乐意为社企宣传"站台"，出席社企认证颁发典礼，从而为认证机构的公信力背书；我国台湾地区社企在早期阶段基本由民间力量发起和推动，有关部门扮演"无为而治"的角色，但2014年之后有关当局开始主动推进社企发展，在社企身份识别上扮演了更为积极的角色，主动提出建立社企身份识别机制；大陆社企仍处于萌芽阶段，认证制度主要由民间组织倡导和推动，政府介入与支持力度暂时较小。（3）在申请方式上，台湾地区更为多元，有推荐、邀约、自主申请三种，大陆与香港则只有自行申请的方式。（4）申请费用方面，大陆与台湾地区第一阶段免费，香港和台湾地区第二阶段则需要一笔不低的费用，其中香港的费用会根据申请等级和数量调整收费额度，台湾地区采取两阶段收费制。（5）在结果运用上，大陆与香港均有可见的认证标章和使用标章的权力，而台湾地区没有可识别的标志。（6）台湾地区的社企身份识别标准向透明度更高的趋势发展，到第二阶段，获得社企"标签"所提供的材料不仅给主办机构看，更让主办方之外的关注者都能对其检验，而这一条件或约束机制，在本文提到的其他社企认证机制中并无体现。

总体来看，香港地区的认证制度最为完善和稳定，等级划分详细、标准规定明确，大陆和台湾地区的社企识别机制在发展过程中均有较大的变迁。同时，香港认证机构对社企的扶持力度最大，经常举办认证社企交流会和认证培训课来引导社企不断改进经营，朝着认证标准努力。台湾地区对社会企业的识别很有弹性，对利润分配比例没有严格限制，且重视社企的社会影响力。大陆的认证制度与香港地区的认证制度比较类似，但无论是认证标准的科学性和精细度，还是对参评社企的引导扶持力度，都和香港存在明显差距，而且变动最为频繁，总体变迁趋势在于增加认证体系的弹性。

（二）大陆及港台社企认证的机遇与挑战

能在大陆及港台建立社企认证制度得益于一些机遇。一是政府并不反对建立社企认证系统，甚至支持建立。例如香港特区政府的重要官员出席 SEE Mark 授予现场，为社会企业认证做宣传；我国台湾地区有关当局曾经更是亲自积极参与制定社企认证方案；大陆地区的某些地方政府也开始关注这一领域。二是社会企业认证在其他国家已有先例，大陆及港台可以借鉴如英国、美国等国家的认证经验，或建立合作交流机制，不用完全"摸着石头过河"。三是社会企业有一定知名度，且大部分公众支持对社会企业进行认证。在香港约80%的公众听说过社会企业①；CCF社企认证在 2016 年做了一份调查，85% 左右的受调查者支持社会企业认证②；在台湾地区，大部分（66.3%）的受访者认为应该对社会企业进行认证（黄丽璇、黄亦莉，2015）。

虽然有许多人支持社企认证，推动大陆及港台的社企认证并不是件容易的事，各种挑战需要迎接。例如如何调动符合认证条件的社企参与认证的积极性。虽然香港的社企认证制度完善，但是到目前为止认证率也只有 20% 左右。大陆也有类似的情况，第一届参与申请的机构仅 39 家，第二届虽然建立了包含 300 家的社企数据库，但是主动申请的也只有 154 家③。由此可见，社企的参评率并不高。另一个挑战是，社企认证的标准是否需要再讨论。核心认证标准中的业务收入比重、利润分配限制的规定可能需要再商榷，这些百分比限定对社企来说是非常严格的，"每一个社会企业的成长阶段是不同的，如果你一旦定了，完蛋了，谁要做社会企业？我也不要讲说我是社会企业，我就是企业，我就是NGO"④。这一挑战在大陆社企认证制度中已经有体现，认证标准从 1.0 到 4.0 不断放宽。还有一个挑战就是如何让社企认证和社企多样性共存。社企认证难免会用一些数字化或具体化的条件来定位社企，这样做的风险在于将那些本属于社企的机构排除在认证机制之外，或者是社会企业家会有按照认证框架来创设社企的倾向，那么社企的多元化样态就存在危险。此外，如何保证获认证的社企再次或多次参评？从韩国的认证经验可知，这一比率是很低的。大陆及港台的认证制度较为年幼，还没有相关统计。再参评意愿在很大程度上取决于认证制度作为一种身份标识的手段，能否给获认证社企带来真正的价值，所享有的认证福利能否得到落实，例如消费者认可度的提升、产品服务销量的增加、更容易寻获合作伙伴、认证机构高质量的培训机会以及在获得政府扶持方面具有优先权等等。

五 简要结论与展望

大陆及港台的社会企业认证正在如火如荼进行，其中香港认证制度走在大

---

① 数据来源：《透视香港社企实况研究报告》。
② 袁瑞军：《中国社会企业作为一个行业正在形成》，http://www.cncf.org.cn/index.php/In-dex-info-id-1013.html，2016 年 11 月 10 日。
③ 数据来源：笔者从对深圳社创星社会企业发展促进中心工作人员访谈中获得。
④ 该资料来源于 2017 年 1 月 6 日笔者对美丽台湾关怀协会创办人赖懿容的访谈。

陆及台湾地区的前列。本文通过比较分析梳理了三种认证制度的异同，在认证主体、认证申请的基本要求、政府对待认证制度的态度与担任的角色、申请方式、认证结果以及获得认证后享有的福利方面皆有相似之处，但同时也存在明显的差异。造成这种差异的很大原因是各地社会企业的制度情境（Institution Context）和非营利部门成熟度不同。香港特别行政区自 2001 年开始大力推广社会企业这一新型的组织形态，加上非营利部门发达和公众慈善氛围浓厚，这为社企的成长创造了肥沃的土壤，在社企认证制度创立之前已经有较为厚实的行业与组织基础，因而认证制度一经推出就获得广泛的支持和认可。台湾地区非营利组织几乎是通过"自下而上"的方式成长起来，民间力量在推动社企发展过程中一直扮演主导角色，对有关当局干预非营利部门持谨慎态度，对社会企业生长持更加包容和多元的观点，因此其登录制度和自律制度的衡量标准较为有弹性，尽可能避免设置精细指标而对社企的多样化生态造成破坏。从大陆 CCF 认证制度构建理念来看，其更偏向于借鉴香港的 SEE Mark 认证模式，但由于非营利部门和公益慈善事业仍然处于起步阶段，期待通过认证制度来推进社企发展更加任重道远。

对社会企业进行认证一直以来都存在争议，大陆及港台的认证制度建构道路也将崎岖不平。通过比较分析发现，社企认证制度具有情境适用性。认证制度因地区而存异，同时同一地区的认证制度还会因发展阶段而有别。不可否认，社企认证对社企自身能力建设与知名度、对消费者购买的产品和服务质量、对行业的规范发展、对社会问题的回应和解决都有不可忽视的积极影响。与此同时，社企认证的数字化限定可能存在降低社企发展多样性的风险，特别是当认证的标准设置不当时，会让那些想做社企的社会创业家"敬而远之"。

本文研究给大陆社企认证发展带来这样一些启示。首先，大陆的社企认证制度要体现出本土特色，其他国家和地区的认证制度可做参考但不能照搬。其次，认证制度是可以有多套的，大陆地理范围宽广，地域差异大，用一套认证制度难以较好衡量出大陆社企的多样性，如此，社会企业家可以去选择适合自己的那一套认证标准。最后，社企认证制度在保证相对稳定性前提下要随着社企的实际发展而变迁。需要指出的是，有一条原则必须牢记，认证是为推动社企发展而存在的，故而"结果运用"非常重要，不要为了认证而认证。没有实质推动价值的"形式认证"，设置了条条框框约束社会企业的多样性，不但不能为社企发展做贡献，还可能扼杀其生命力，这一"围栏效应"值得警惕。

社企认证制度是个值得持续讨论的话题，如何建构更加弹性的认证制度，如何检讨社企认证制度的价值，以及不同性质的认证机构，如政府单位与民间组织，带来的认证效果是否会不一样？笔者认为这是学术界后续研究的重要议题。

参考文献

白梦（2018）：《我国慈展会社会企业认证中政府角色缺位问题研究》，山东大学。

官有垣等（2014）：《台湾社会企业之组织特质与经营管理挑战：2010 年的调查数据分析》，《中国第三部门研究》，第 2 期，第 90～115 页。

韩君（2013）：《英国社会企业的发展现状与认证标准》，《中国第三部门研究》，第 2 期，第 106～114 页。

韩文琰（2018）：《立法认证：解决我国社会企业融资难的重要途径——现实审视与国际比较》，《甘肃政法学院学报》，第 2 期，第 73～82 页。

黄丽璇、黄亦莉（2015）：《2015 年台湾社会企业调查报告》。

李衍儒、江明修（2011）：《社会企业之发展经验与政策建议：以美国、英国、中国香港与中国台湾为例》，《中国非营利评论》，第 1 期，第 94～113 页。

刘小霞、徐永祥（2013）：《社会企业的若干问题探讨》，《华东理工大学学报》（社会科学版），第 5 期，第 15～22 页，第 68 页。

罗文恩、黄英（2018）：《官民商协作与社会企业可持续发展——来自中国香港的经验及启示》，《公共行政评论》，第 4 期，第 97～118 页。

沙勇（2013）：《我国社会企业评价指标体系研究》，《江苏社会科学》，第 2 期，第 113～117 页。

王世强（2015）：《建立符合中国国情与现实的社会企业认证标准》，北京大学、北京市教育委员会、韩国高等教育财团，《北京论坛（2015）文明的和谐与共同繁荣——不同的道路和共同的责任：大变局挑战中的社会创新专场论文及摘要集》。

王勇（2017）：《社会企业认证：为了拉山头就没有什么意义》，《公益时报》，6 月 20 日，（6）。

周云红、宋学增（2016）：《透视社会创新与社会企业：探索中国社会发展路径》，北京：中国社会出版社。

Battilana, J. & Dorado, S. （2010），"Building Sustainable Hybrid Organizations: The Case of Commercial Microfinance Organizations"，*Academy of Management Journal*，53（6），pp. 1419 – 1440.

Battilana, J. & Lee, M. (2014), "Advancing Research on Hybrid Organizing - Insights from the Study of Social Enterprises", *The Academy of Management Annals*, 8 (1), pp. 397 – 441.

Bidet, E. & Eum, H. (2011), "Social Enterprise in South Korea: History and Diversity", *Social Enterprise Journal*, 7 (1), pp. 69 – 85.

Chell, E. (2007), "Social Enterprise and Entrepreneurship: Towards A Convergent Theory of the Entrepreneurial Process", *International Small Business Journal*, 25 (5), pp. 5 – 26.

Choi, G. & Kim, J. (2016), "Effects of Displaying Social Enterprise Certification Information on Consumers' Product Evaluations and Purchase Intentions", *Journal of Global Scholars of Marketing Science*, 26 (2), pp. 185 – 197.

Dart, R. (2004), "The Legitimacy of Social Enterprise", *Nonprofit Management & Leadership*, 14 (4), pp. 411 – 424.

Dees, J. G. (1998), "Enterprising Nonprofits", *Harvard Business Review*, 76 (1), pp. 55 – 67.

Defourny, J. (2001), "Introduction: From Third Sector to Social Enterprise", in Borzaga, C. & Defourny, J. (eds.), *The Emergence of Social Enterprise*, London and New York: Routledge, pp. 1 – 28.

Doherty, B., et al. (2014), "Social Enterprises as Hybrid Organizations: A Review and Research Agenda", *International Journal of Management Reviews*, 16 (4), pp. 417 – 436.

Galera, G. & Borzaga, C. (2009), "Social Enterprise An International Overview of Its Conceptual Evolution and Legal Implementation", *Social Enterprise Journal*, 5 (3), pp. 210 – 228.

Grassl, W. (2012), "Business Models of Social Enterprise: A Design Approach to Hybridity", *ACRN Journal of Entrepreneurship Perspectives*, 1 (1), pp. 37 – 60.

Ho, A. P & Chan, K. (2010), "The Social Impact of Work-integration Social Enterprise in Hong Kong", *International Social Work*, 53 (1), pp. 33 – 45.

Jenner, P. (2016), "Social Enterprise Sustainability Revisited: An International Perspective", *Social Enterprise Journal*, 12 (1), pp. 42 – 60.

Kerlin, J. A. (2006a), "Social Enterprise in the United States and Europe: Understanding and Learning from the Differences", *Voluntas*, 17 (3), pp. 247 – 263.

Kerlin, J. A. (2006b), "A Comparative Analysis of the Global Emergence of Social Enterprise", *Nonprofit Studies Program*, 6 (6), pp. 1 – 21.

Kelley, T. (2009), "Law and Choice of Entity on the Social Enterprise Frontier", *Ture Law Review*, 84, pp. 337 – 377.

Lee, E. S. (2015), "Social Enterprise, Policy Entrepreneurs, and the Third Sector: The Case of South Korea", *Voluntas*, 26 (4), pp. 1084 – 1099.

Nyssens, M. (2006), *Social Enterprise*, London and New York: Routledge.

Pache, A. (2013), "Inside the Hybrid Organization: Selective Coupling as A Response

to Competing Institutional Logic", *Academy of Management Journal*, 56 (4), pp. 971 – 1001.

Park, C. & Wilding, M. (2013), "Social Enterprise Policy Design: Constructing Social Enterprise in the UK and Korea", *International Journal of Social Welfare*, 22 (3), pp. 236 – 247.

Teasdale, S. (2011), "What's in A Name? Making Sense of Social Enterprise Discourses", *Public Policy and Administration*, 27 (2), pp. 99 – 199.

Young, D. R. (2006), "Social Enterprise in Community and Economic Development in the USA: Theory, Corporate Form and Purpose", *International Journal of Entrepreneurship and Innovation Management*, 6 (3), pp. 241 – 255.

Young, D. R. & Kim, C. (2015), "Can Social Enterprises Remain Sustainable and Mission-focused? Applying Resiliency Theory", *Social Enterprise Journal*, 11 (3), pp. 233 – 259.

Building Social Enterprises Identity:
A Comparative Study of SE Endorsement Practice
in Mainland China, HKSAR and Taiwan

Luo Wen'en   Huang Ying

[**Abstract**] Social enterprises (SE) endorsement is a process of labeling SE and segmenting them from other types of organizations. This paper centers on the SE endorsement institutions in Mainland China, HKSAR and Taiwan, mapping the status quo and comparing the similarities and difference of SE certification in above three regions. We find out that there are many similarities existing on the sponsors, core criteria, qualifications of SE, government role, result and welfare relating endorsement institutions, yet simultaneously salient differences are discovered among above three regions, which can be understood from the institutional contexts of the growth of social enterprises and the maturity of non-profit organizations in these regions. By comparing the practice of these endorsement instituions in above three regions, this artical aruges that the SE endorsement institutions varied in differnt social context, but in general these pracitces are helpful to build a special and salient indentity for social enterprises, which make it more possible to obtain the support from market, government and other organizations. Meanwhile, we should be alert for fence effect in endorsement praictice, and vioid to destroy the diversity of social enterprises by setting over-rigorous certirion.

[**Keywords**] Social Enterprises; Endorsement Institutions; Identification; Comparative Analysis

（责任编辑：李长文）

行政权社会化之生成动因阐释[*]

胡晓玲[**]

【摘要】十九届三中全会公报重申了十八大、十九大报告提及的简政放权，转变政府职能，深化行政体制改革，其已成为新时期政府领域各项工作得以持续有效展开的航标指南。观察运作中的社会实景，政府部门在解决广大民众日益纷繁复杂的多元化需求时，表现得颇为捉襟见肘，甚至左支右绌、能力不济。实践中出现了大量的社会组织广泛介入传统的只有国家才能介入的公共行政领域现象，这一"权力"由"政府独占"到"社会染指"的现象该怎样理解和阐释，缘何会生发出行政权向社会转移这一亮丽风景，其内在动因何在颇为值得学人思考。研究发现，国家与社会的辩证发展逻辑，政治国家内生的不可克服的民主困境，政府财政的窘境与全能政府的悖论客观促成了行政权社会化现象。现实中涌现出的大量社会组织积极向公共事务领域进军的实证事例也客观佐证了这一结论。引导行政权社会化这一契合时代主题的现象良性运作，对于提升整个国家治理能力和推进治理体系现代化具有重要意义。

---

[*] 本文受国家社科基金重大专项项目"国家治理模式改革与依法治国研究"（17VZL010）、中国博士后科学基金面上一等项目"合作治理视域下行政权社会化问题研究"（2016M590183）、西北政法大学"基层司法与现代社会治理研究"青年学术创新团队项目资助。

[**] 胡晓玲，法学博士，西北政法大学行政法学院副教授，硕士生导师，中国政法大学博士后流动站研究人员，主要研究方向为行政法学基础理论。

【关键词】 行政权　社会化　参与式民主　合作治理　社会组织

我们所处的 21 世纪正在被贴上一系列的标签：风险社会、全球一体化社会、后工业社会、信息社会、网络社会、扁平网状社会等等。在这样的时代背景下，公共行政领域风起云涌，社会自治组织蓬勃发展，生发出诸多新的政治现象，这其中，最为亮丽的一道风景线莫过于国家行政"一统天下"的局面被打破，国家与社会彼此间的权力界限似乎变得模糊不清，公众需求呈现多样化的发展态势，政府遭遇财政压力、效率低下、信任欠缺等一系列危机，为了公共事务更高效地完成，政府将部分公共权力通过委托、授权等方式向社会让渡，国家行政的疆域开始缩减，公权力行使主体呈现多元化格局，行政权向社会转移日渐浮出水面，公共治理方兴未艾的变革画卷亟待予以理论诠释。

如何从理论上恰当阐释上述问题，缘何会发生行政权向社会转移这一现象，其生发的内在深刻动因何在？新型的国家与社会关系模式亟待理论滋养。本文在马克思主义社会决定国家，两者二元对立却最终走向统一的历史唯物主义观指导下，立足于变革的时代背景，秉持功能主义的研究立场，以行政权为何会社会化，即行政权社会化之生成动因这一中心命题，对其内在生成机理从国家与社会的辩证发展逻辑、政治国家先天具有的不可克服的民主困境、打造福利型政府与其自身财政窘境之间的悖论方面进行了多维度分析，而且实践中出现的社会组织积极向公共事务领域进军的现象也对之予以了佐证。通过发生学的研究视角，不难得出结论：国家与社会正在出现一种互相塑造、有机融合的新型关系，行政权向社会转移是一个不可逆转的历史进程。可以说，行政权和公民权本源一致，但在运行轨迹上，两者发生了分离，随着社会经济的进一步发展，市民社会的崛起，行政权回归于社会是历史发展的必然。国家与社会原有关系的不断打破和调整，再次说明：国家是建构的，社会却永远是内在生成的自在状态，它既是以往秩序的延续，又在冲突中得以生发和更新，体现出历史进化式变迁的恒定轨迹。

一　国家与社会的辩证发展逻辑决定行政权必然会社会化

自从国家产生以来，国家与社会的关系就成为一个恒久不衰的理论课题。

古希腊人最早思考国家现象及其与社会的关系，诡辩学派乃国家为社会约定之产物的始作俑者，后来伊壁鸠鲁学派进一步发挥了社会约定论的思想（谷春德、吕世伦，1986：28）。但对国家与社会的关系问题进行系统理论研讨是从近代开始的，"在某种意义上可以说，近代以来政治领域的一切理论探讨和实践方案设计都是从国家与社会的关系入手的"（张康之、张乾友，2011：144~154），"自近代宪政制度建立以来，公法学基本上是按照国家与社会相区分的理论模型构建的。在这一理论模型中，管制的国家与自治的社会代表着对国家与社会关系的基本理解"（杨登峰，2012：26~29）。而国家和社会之间的纠葛纷争，可以基本归纳为以下几个方面的问题：究竟是国家决定社会还是社会决定国家；是国家与社会的一体化还是国家和社会的二元化；国家和社会之间是彼此对立的还是内在统一的；是该"国家社会化"还是"社会国家化"（白立强，2007：33~36；郭强，2008：83~87；刘旺洪，2002：15~37）。对上述问题的不同回答，区界了诸多的学术派别。

（一）"国家决定社会"还是"社会决定国家"

国家，这个"地上行走的神"①，人们曾经一度用一种崇敬并带有恐惧的眼光注视着这个世间巨大的"利维坦"，潜藏在这背后的，便是国家主义，或者说国家本位的思想，简言之，是国家决定社会的历史观，这种歪曲的历史观很长时间钳制、禁锢着人们的思想。

马克思主义学者第一次科学地阐述了国家和社会的辩证关系。按照马克思主义唯物史观，国家产生于社会，国家是社会发展到一定阶段的产物，即先有社会而后才有国家（《马克思恩格斯选集》，1995：174），恩格斯也曾对国家这一范畴作了这样的描述，"国家是社会在一定发展阶段上的产物；国家是承认：这个社会陷入了不可解决的自我矛盾，分裂为不可调和的对立面而又无力摆脱这些对立面。而为了使这些对立面，这些经济利益冲突的阶级，不致在无谓的斗争中把自己和社会消灭，就需要有一种表面上凌驾于社会之上的力量，这种力量应当缓和冲突，把冲突保持在'秩序'的范围之内；这种从社会中产生，但又自居于社会之上并且日益同社会相异化的力量，就是国家"（恩格斯，1999：166）。可见，在马克思主义经典学者眼中，在社会与国家的关系上，社

---

① 黑格尔说："国家是神的意志，也就是当前的、开展成为世界的现实形态和组织的地上精神。"（黑格尔，1996：21）

会决定国家，社会是第一位的，是"根"，是"本"；而国家只是社会的派生物，国家脱胎于社会，在发展中却与社会日益分离，并以形成的所谓的"国家权力"对社会进行反作用，在一系列历史的异化进程后，国家归于消亡，国家权力完全归于社会，其遵循"社会—国家—社会"的辩证化历史发展逻辑，运行出一条曲线上升的轨迹。可以说，马克思的国家观，"第一次科学地探讨了国家与社会的本质关系，探讨了国家和社会的二元化在人类历史进程中不可逾越的重要性，提出了国家和社会最终统一的历史性方向及其深刻内涵，从而奠定了社会本位的方法论"（荣剑，2001：25~34）。而社会本位论的观点，决定了国家要服从社会的需求，要服务于社会，它从社会存在本体论的高度确立了社会高于国家，社会才是历史发展决定者的根本性地位。

（二）是该"国家社会化"还是"社会国家化"

在社会本位论的立场下，通过考量历史以及展望国家最终必会消亡的未来之后，马克思主义研究者认为，国家应该社会化，即国家权力应该向社会转移，政府权力的社会化是不可扭转的历史必然。传统的政府权力无限扩张，"国家凌驾于社会之上，社会与国家成一体化状态"（金太军，2002：104），国家将日常生活政治化，行政行为高度官僚化，事实上都是立足于扭曲真实的国家本位论之上，这一理论将社会看作国家的附庸，社会失去其应有的独立地位，实行国家和社会高度同构同质一体化的种种措施，整个权力关系演变为绝对的单边权力控制模式，这明显违背了历史趋势。邓正来先生在考证历史之后认为，"……社会具有独立于国家而在的生命或身份"（邓正来，2002：33），可见，将国家凌驾于社会之上是明显缺乏支撑的。在论证行政权应该社会化时，还有人认为，所谓社会主义，应以社会为主义，为社会而主义，以社会化为本质特征和价值取向（孙开红，2005：49~52）。可见行政权的社会化进程在社会主义中国的开展尤为具有特殊意义。

在最初，由于社会自身力量的弱小，基于发展之需要，政府从社会中脱离产生，但随着社会的进一步发展壮大，政府职能必将日益弱化，作为历史发展之趋势，社会的问题应由社会自身去解决，国家权力要逐步地进行社会化，"最终政府因失其生存的理由和条件而回归、消融于社会的怀抱之中"（刘先江，2007：63），走向国家和社会统一的历史归宿。

（三）如何实现行政权社会化

在厘清国家应该社会化的理论基础上，摆在我们面前的，便是如何社会化。

在中国这样一个有着悠久家国一体历史，社会国家高度同一的国度，这一点尤为重要。在理论界，目前还有一种在国家与社会二元划分以外的三分法，即另有一个所谓的"第三域"，主张由第三域接管政府退出领域的公共职能，甚至有人主张，中国走"国家社会化"和"社会国家化"之外的"第三条道路"，即国家与社会的"良性互动关系"（邓正来、杰弗里·亚历山大，2006：104）的道路，透过这种良性互动，"双方能够较好地抑制各自的内在弊病，使国家所维护的普遍利益与市民社会所捍卫的特殊利益得到符合社会总体发展趋势的平衡"（邓正来、景跃进，1992），"市民社会的发展培育了多元利益社团，为民主政治奠定了坚实的基础"（邓正来、杰弗里·亚历山大，2006：493~494）。二分法或三分法何者更为正确，从不同的角度或立场去看，它们都有可取之处，在秉持国家与社会二元划分的立场下，"第三域"可更多地纳入社会层面。反观现实，不少"第三域"已接管了大量的公共行政事务，并在运作中表现得风生水起，这客观反映出行政权社会化虽是一漫长进程，但其已悄然萌生并开始成长的现实。

综上，从国家与社会的纠葛关系及其演变逻辑可以看出，行政权必然会走向社会化。

二 政治国家不可克服的民主困境导致行政权社会化

民主制度从诞生以来，绵延发展至今有各种表现形式：直接民主、间接民主、参与式民主等等。其各有萌生缘由及内在利弊。不可否认的是，源自民主内核的本质及价值诉求是和政治国家不相容的，且这种矛盾在政治国家体系内是不能根除的，而人类社会向"自由人的联合体"迈进的历史步伐不会停止，这一切必会导致政治国家中的行政权要向社会转移，最终实现世界大同的社会自治图景。

（一）民主的传统形式：直接民主与间接民主及其弊端

在世界政治哲学史上，有多种民众介入政治的模式。在民主政治这一序列里，最早萌生的便是古希腊城邦的直接民主，以民众直接参与为其政治运作模式，强调的是一种全民参与，在每一个人都参与的过程中，民众可直接表达政治意愿，然而其有效性却受到严格的空间限制，卢梭曾指出，"除非是城邦非常之小，否则，主权者今后便不可能在我们中间继续行使他自己的权利"（卢梭，1982：128），也就是说，直接民主制受制于地域及人数等条件因素，只能在小国寡民状态中实现。

鉴于此，实践中慢慢演变出代议制式的间接民主，即通过票面选举的方式来表达政治意愿，在"大国"中，间接民主方式才是具有现实基础的民主方案，代议制民主很快盛行并风靡世界，目前，"在国家体制上，没有一个国家实行直接民主，间接民主（代议制民主）成为各国的共同选择"（刘军宁，1998：37）。麦迪逊和贡当斯认为代议制民主不会产生多数人的暴政，能够适应广阔的领土与多数的人民，是现代自由的必然要求（李强，1998：3～6）。然而，代议制民主也有其自身的困扰，代议制民主以传送带理论（Goodnow，1995：6～7）为前提，如何保证传送的意见是民众的真实意愿？利益表达的在场和不在场的矛盾应该如何协调？诸如此类的一系列问题让传送带理论在实践中遭到了质疑。此外，代议制的实现方式还受时差因素影响，信息的传递因为经历了多个层级，极大可能会导致收到的信息已滞后于现实，因此做出的决策出现失灵。另外，代议制作为国家政治层次的制度安排，它背后会有利益纠葛，这种"根据某些个人成功争取到人民选票的结果，将决定一切问题的权利赋予这些人"（赫尔德，1998：198～199）的运作模式，在实践中又常被异化，权贵政治、金钱政治、精英政治都是对此的注解。对于本源意义上权力拥有者的民众而言，他们的权力基本被架空了，对他们而言，民主仅仅意味着几年一次的投票而已，"人民选举了官吏议员之后，便不能再过问，也就是西方学者所谓：选举一结束，专制即开始。人民只有在投票的时候才是主权者，投票完毕后又成为奴隶"（罗传贤，1993：185）。选民并不能有效地制约当选者，甚或出现政治背叛现象，这在历史上也屡见不鲜。有学者指出，"严格地说，（代议制民主下的）宪政统治最多只能是一个'民享'（for the people）的政府，而不是一个'民治'的政府，是一个因为建立在法治和理性的'韦伯式'原则基础上而被视为'文明'的政府"（布隆代尔，1999：93）。18世纪的伟大思想家大卫·休谟和亚当·斯密对代议制民主一直都持怀疑态度。人类演进的历史上，虽然也不乏探讨对其予以改良的方案与社会实践，但都收效甚微，上述的弊端之所以不能被有效根除，皆根源于代议制的本质，这样的民主显然是不足以反映民众利益诉求的。

行政权社会化之生成动因阐释

（二）参与式民主理论的诞生

正是基于上述反思，20 世纪中后期，一些西方学者开始重新审视民主制度，并提出了共同参与式民主的思想，《参与和民主理论》（Carole Paté man，1970）、《超越敌对民主》（Jane J. Mansbridge，1980）、《强势民主》（B. Barber，1984）、《直接民主》（E. Conin，1989）等著作相继问世（何包钢，1998：17）。参与式民主政治理论因势而生，它主张通过尽可能扩大民众参与的方式来有效舒缓代议制民主内在无法克服的弊端。帕特曼教授，这位参与政治理论的领军权威认为，参与式民主能够减少民众疏远权力的情感倾向，能够吸引公众关注政治事务，能够提高人们的政治敏感，从而也就能最终推动参与性社会的形成（Paterman，1970：87～89）。参与式民主的指导原则是，"凡生活受到某项决策影响的人，就应该参与那些决策的制定过程"（科恩，1988：15），其主张把参与范围扩展到公共行政的各个层面。参与式民主拓展了人们的视野，使人们从对直接民主与间接民主孰者优劣甚或偏颇的争执中走了出来，转而关注与民众紧密联系的公共事务的具体运作实践。在参与式民主的启迪下，公众广泛参与决策过程，通过社会组织的民主参与路径解决纠纷事务，成为公共行政一时流行的方向。

参与式民主者主张"社会公众应该被吸纳和整合到社会结构之中，获得一个相对独立与合法的地位，依据自身所代表的利益及理性的社会规则参与社会公共生活"（王锡锌，2008：24～44）。参与式民主"有助于提高行政决定的质量，使行政决定更能回应参加行政程序的各种利益主体的需要，而且其本身也是有价值的，因为它使公民具有一种对政府管理过程的参与感，增进了公民对政府决策公正性的信任"（斯图尔特，2002：130）。一言以蔽之，参与式民主理论强调公众对政治生活的参与性，意图增强公民的政治责任感，并以此增加公共决策的政治合法性。

（三）参与式民主是解决民主困境的出路吗

从某种角度看，参与式理论确实克服了代议制民主的某些困境。晚近十几年间，学界不少学者不仅从理论上极力倡导，也在现实中身体力行参与式民主的某些命题，涌现出了大量的著作、论文，其中不少还有国家课题资助甚或国际项目支持，还有一些高校成立有专门的公众参与研究中心，定期出版专业研究刊物，体现出整个社会对其极大的热衷和追捧潮流。①

但是，这一看似完美无缺的理论在国外被重新审视，在国内也遭到了以张康之教授为代表的一些学者的质疑。② 这些质疑根源于参与制自身的先天不足！"参与"一词，百度百科中对其的解释为"以第二或第三方的身份加入、融入某件事之中"③，从其意思来看，其就内含主次之别，对参与事项而言，参与者只是一个配角，事项的最终决定权决然不在参与者手中，某种意义上它体现出"有决定权者"与权力归属者之间的悖论。在参与式民主的逻辑中，必有"中心—边缘"的隐喻，正如弗雷泽所提出的疑问："当话语舞台被置于一个充斥着统治和从属的结构关系的更大的社会环境中时，对话者在这个特定的话语舞台中如同社会地位平等者一样进行商谈，在原则上是否可能？"（弗雷泽，2009：94）

表面看来，公众已然参与到治理过程中，甚至可以说在某种程度上实现了一定的自我治理，但从实质意义上看，这种参与只是对官僚政治的补充，是"为人所用"的政治，目的是强化官僚制，使得"统治"在披上一件更为好看的外衣后，俘获更多善良的支持，以支援其对政治合法性不断的追求，这种隐秘的手段更为高明，也更具欺骗性，"尽管许多行政管理者将公民参与看作是民主行政的一个重要因素，但是，他们对安抚民众更感兴趣，而不是严肃地思考民众提出的思想"（全钟燮，2008：6），"从现实的运作过程来看，现行政府过程中的绝大多数公众参与活动都不是出于科学决策的需要，而是属于一种情感关怀的策略性安排。在此意义上，它仅仅是政府实施社会管理的一种手段，是一种考虑到公众情感需要的管理手段"（张康之，2012：35～42）。无怪乎有人评价说，"公众参与的虚置与形式化是中国式公众参与的软肋与深层次的硬伤"（林华，2009：89～94）。

在参与式民主的治理模式中，各方主体对决策的看法，大都基于各自所代

---

① 较具有代表性的如北京大学专门成立有公众参与研究与支持中心，定期出版《政府透明度观察》《中国公众参与观察》等刊物，还出版有一系列主题相关书籍。教育部人文社科重点研究基地重大课题资助项目"'参与式行政'与中国行政法制模式变革研究"（08JJDB20163）；教育部人文社科研究项目"和谐社会构建过程中的公众参与立法制度研究"（09YJC820001）等获得立项。

② 张康之先生与此主题相关的论文，期刊网上不下20篇。

③ 参见 http://baike.baidu.com/view/670863.html.，最后访问日期：2017年8月1日。

表的利益群体，其做出建议必须为其背后的团体利益负责，"屁股决定脑袋"，这种深远的影响不是通过参与的形式就可以掩盖或抹杀掉的，且就当下而言，参与的议题、参与的方式、参与程序中的规则、具体的参与人员等等，都完全掌握在主导者手中，这常会使得参与最终流于形式。可以说，参与式民主只是追求了形式民主，"公众的参与有可能变成一种'在场的缺席'"（王锡锌，2006：462～483），"参与治理无法推动实质性民主"（向玉琼，2012：56～61），"只要社会治理在结构上分为主次，即作为一种中心——边缘性的线性结构而存在，在民主的问题上，就会'导致一种伪政治'"（张康之，2007：33～36）。

（四）合作治理模式的应运而生

适应时代变迁之呼唤，一种新的理论——合作治理理论开始崭露头角，它试图突破直接民主和间接民主之间的僵局，弥补参与式民主的漏洞，努力搭建彼此之间和谐沟通之桥梁，可谓学界寻找几者之间最佳契合点而汇聚的智慧结晶。

合作治理理论抛弃了以政治国家为本位的传统思维模式，主张在国家和社会两者主体地位平等的基础上，秉承合作理念，采取多样化合作手段，实现公共事务的合作共治。它一反学界目前仍主张甚多的"利益代表理论"，甚至至今在英美法系仍被追捧的"参与阶梯模型理论"，在很大程度上缓解了当代大为缺失的"民主赤字"危机。合作治理在一定程度上可被视为竭力突破民主困境以来最为有效的一种给力尝试，是对传统代议制民主的一种矫正，其通过采用"在现有的代议制民主的框架内增加直接民主的含量"（Frissen，1999：122）的方法，向人民自己当家作主迈开了具有转折性意义的一步。张康之教授对合作治理模式给予了高度评价，"从社会治理结构的转变角度，用网络结构取代现有的线性结构，用合作的社会治理取代形式民主的社会治理，从而实现了实质上的行政民主"（张康之，2007：33～36）。

合作治理模式，顾名思义，是以合作的方式进行社会公共事务的治理。这种合作的达成，首先，建立在地位平等的基础之上，只有达到此前提，信息才能够实现对等交换，进而资源共享，沟通协商也才能出于完全自愿，最终在处理公共事务时具有同等的决定权；其次，需要有促成合作的实现方式，协商民主理论满足了这一需求。自20世纪后半期，协商民主理论（Deliberative Democracy）便开始兴起（陈家刚，2004：5～7），协商民主建立在自由主义理论和批判理论的基础之上（Dryzek，2000：3），它力图超越自由民主与多数民主模式，更重视通过各方利益的协商和理性判断来实现多元和异质文化并存的社会结果，其强调在尊重人自由本性的基础之上，探讨在公共生活领域摆脱压制性束缚，进而寻求实质意义的解放，它非常重视在政治领域中如何协调不同的利益冲突，并主张在协商互动基础上达成妥协状态。协商民主强调社会多元性，强调公民的主动参与，强调吸纳社会公众的利益需求，在对话沟通基础上通过一系列的博弈机制，最终达成多中心治理的格局。合作治理的去政府单一中心，主张多元共治的进路，"反映了民主自治传统在当代政治生活中的复兴和拓展"（赫尔德，1998：427～473）。

（五）政治国家具有不可克服的民主困境

"民主理论并非在真空中发展；民主理论不仅是整个哲学发展的一部分，而且是一般政治理论和历史的一部分。"① （事实上，无论是直接民主还是间接民主，甚或参与式民主，以及时下一些学者倡导的合作治理，都是基于政治国家这一对象展开的探究，其探讨的核心命题是政治国家采用何种治理模式会更为妥帖，更具有政治合法性，其归属目的立足于为政治国家服务。然而，政治国家的集权使其具有先天的反民主特性，这种困境是政治国家自带的，是其自身之"劫"，在自己身上找解决方法是不可靠的，也是其自身不可能克服的。考察历史上呈现的这些民主形式，它们皆依附于政治国家自身，为克服政治国家的困境而诞生，现实的运作实践也验证了它们均不能有效消除政治国家的内在困境。事实上，当下我们贴于政治国家身上的所谓"民主""法治""人权"等美好标签，都是我们在追寻公平正义时的一种体现，是人类基于对"世界大同"这样一种美好图景期冀后回归现实的精神诉求，是反馈理想后的一种浓缩，是对美好良善追寻的体现；然而，政治国家具有自身无法克服的局限性②，政治国家终究不是人类社会发展的最终归属。

"民主"一词，最初起源于古希腊的雅典城邦，意指人民的统治（达尔，

---

① C. M. Sherover eds.，*The Development of Democratic Idea*，New York：The New American Literary Inc，1974，转引自张明贵，2002：41。

② 主要表现在：政治国家淹没市民社会，社会被高度政治化，无法形成良性结构；背离公共利益，导致"制度僵化症"，以维护公共利益之名，行侵犯公民基本权利之实；权力寻租，导致两极分化、官民对立，乃至社会动荡。政治合法性危机是世界各国面临的普遍问题，表现为"实在的合法性危机"和"潜在的合法性危机"两个层次（伍俊斌，2009：73～79）。

1999：207），即人民应当是民主政体中统治的主体，从其字面来看，就是人民当家作主，民主政治强调权力来源于人民，权力也要为人民所享，为人民所用，对于人民而言，国家或者政府只是人民的工具，其只具有工具性价值，然而，反观现实中的国家，却已远远背离设置它的初衷。就权力自身的运作而言，对其最为有效的制约方式，只能是来自权力系统之外的他律，诚如学者所言，"从公共权力之外对公共权力进行约束和制约，才能从根本上防止和抑止公共权力的滥用及异化"（臧乃康，2003：10~14）。公共权力之外的权力只能来源于社会，只能由社会制约权力，这种以社会来制约权力的方式，也就是权力慢慢向社会转移，最终回归于社会。事实上，就权力最初的让渡和转移来看，其是为了保障人民的权利和自由才赋予政府以管理社会的权力，一旦人民认为政府没能有效地完成这一任务，或者认为由社会进行自我管理比通过政府管理能更好地实现人民的公共利益时，人民就有权随时收回自己的权力。而且，人民主权意味着人民并没有也没有必要把所有的权力都委托给政府，而只是把那些社会自身无法进行管理或暂时没有能力管好的事务交给政府来管理，所以即使有政府存在，人民仍然保有许多不可转让、不可让渡、政府不可侵犯的基本权力，随着社会的不断发展与成熟，社会自治能力得以不断增强，社会就应把委托给政府的权力收回，而由人民进行自我管理，政府管理逐步地实现社会化，这是人民主权的必然要求，也是民主政治发展的方向（刘先江，2006：52~56）。

政府本位的淡化和社会本位的回归，无疑契合了政府放权于社会，也即行政权社会化这一历史潮流。

三　政府财政的窘境与全能政府的悖论

在 19 世纪，西方国家一般奉行的是"管得越少的政府是越好的政府"，那时，"除了邮局和警察以外，一名具有守法意识的英国人几乎可能没有意识到政府的存在而度过他的一生"（姜明安，2002：61~72），政府履行职能的领域通常只在有限的限制性或者说是管制领域，正如亚当·斯密所说，最好的政府，就是最廉价的、最无为而治的政府，国家或政府的职能限制在相当狭窄的范围内，如国防、司法和公共事业（亚当·斯密，1983：252~253）。20 世纪以来，伴随着全球性经济危机的频繁爆发，"市场失灵"现象引发广泛关注，政府不得不进行宏观干预，国家职能大为扩张，行政疆域开始拓展，政府全面介入社会生活的各个领域，"从摇篮到坟墓"，都在行政的视野之下。"行政法之任务不再限于消极保障人民不受国家过度侵害之自由，而在于要求国家必须以公平、均富、和谐、克服困境为新的行政理念，积极提供各阶层人民生活工作上之照顾，国家从而不再是夜警，而是各项给付之主体。"（黄锦堂，2006：43）给付行政背景下，国家在肩负保障个人获得自由的前提下，还承担着为个人提供基本生存条件甚至各项福利的使命，政府被给予更多期待角色，甚至被贴上全能的标签。"全能政府"的打造，使得政府不堪重负，它在克服市场盲目自发弊端的同时，也潜伏着深深的危机，带来自身发展的桎梏与瓶颈。

（一）政府可能全能吗

首先，政府是不可能全能的。哲学基本原理告诉我们，任何事物都是对立统一的，政府概莫例外。源自其内在必然存在的矛盾，政府在日常的运转中和周边相关事物必然也存在矛盾，矛盾的存在客观说明它不是全能的；而有矛盾并不可怕，事物的发展也恰恰是在解决次第出现而又先后消亡的矛盾中得以螺旋式上升。贴上全能的标签，并不等于它确实能够全能，全能的标榜并不能否认它与客观能力间存在巨大鸿沟。

其次，全能政府的塑造，导致政府的管理范围超出其能力匹配范围，日显其能力的脆弱并最终会导致政府崩溃。托克维尔曾言："一个中央政府，不管它如何精明强干，也不能明察秋毫，不能依靠自己去了解一个大国生活的一切细节。它办不到这一点，因为这样的工作超过了人力之所及，当它要独立创造那么多发条并使它们发动的时候，其结果不是很不完美，就是徒劳无益地消耗自己的精力。"（托克维尔，1995：100~101）按照美国学者林德布洛姆的说法："政府只有粗大的拇指，……，而无其他手指"（林德布洛姆，1997：91），当政府试图五指并用时，善良的初衷却未必会带来友善的回报。

时下，困扰中国改革进程的很多问题细细思量起来，似乎皆与此有关。

（二）有能力的政府必须事必躬亲吗

事实上，强有力的政府并不等于事必躬亲的政府。品评政府能力的决定性指标，应取决于其解决问题的有效性，取决于质量的好坏而不仅仅是解决问题数量的多少。全能政府的打造，必然需要有解决相关事务的工作人员，需要有相应的组织机构存在，这客观上会导致政府规模扩大，而按照管理学的基本原理，一般而言，一个规模庞大的社会组织，随着所谓的组织机构的扩展，管理效率的递减是一个不以人意志为转移的客观规律，其不仅不会促进经济的发展，甚至还可能起到阻滞作用。所以，政府的规模不应该无限制的任意扩大。

此外，解决问题并不是必须亲力亲为。真正的高明，应该是借助别人的力量实现自己的目标。政府不应事事亲自操刀，政府不是实干的机构，因为"政府并不善于划桨"（奥斯本、盖布勒，1996：32），政府只需掌舵，把握航行的方向就可，政府只需做好决策，实干的事完全可以交由他人。"任何想要把治理和'实干'大规模地联系在一起的做法只会严重削弱决策的能力。任何想要决策机构亲自去'实干'的做法也意味着'干'蠢事，决策机构并不具有那样的能力，从根本上说那也不是它的事。"（奥斯本、盖布勒，1996：64）"我们需要一个能够以治理而实行治理的政府。这不是一个'实干'的政府，不是一个'执行'的政府，这是一个'治理'的政府。"（奥斯本、盖布勒，1996：25）所以，政府应该对自己合理定位，完全可以将某些公共事务交由具有同等履行能力的社会。

（三）全能政府的弊端

首先，全能政府会导致机构膨胀臃肿，编制超负荷。全能政府要解决各种各样复杂的问题，必然要求相应的政府职能部门存在，这必会导致政府机构膨胀。在臃肿的机构下，难免权责不明，互相推诿，沟通体系不畅，效率低下便成为其副产品。此外，臃肿的机构需要必要的财政供养，也带来了庞大的财政开支甚至财政赤字，这必会加重纳税人的负担，进一步带来政府和人民之间的矛盾。

其次，权力腐败及滥用现象滋生。行政机构的设立本意是为人民更好地提供"公共物品"，然而在权力运作过程中，常常出现权力异化现象，本应为民谋福利的权力却可能被掌权者借此谋取不正当利益，中饱私囊，甚至还有个别单位借此设立小金库，成为发放各种灰色收入的资金来源，现实中不乏此类报道见诸媒体。权钱交易、权力寻租的丑恶现象进而还会对政治层面的民主法治理念造成冲击，严重危害社会安全。

（四）福利国家的塑造进一步加重了政府财政负担

20 世纪 80 年代末以来，"公民本位""社会本位"等理念被大力倡导，有学者将公共管理社会化的理念进一步推进，认为"当公共行政领域逐渐放弃了

'划桨'的理念并且接受了'掌舵'的责任时，那仅仅是用一个'行政中心论'观点代替了另一个'行政中心论'的观点。当政府忙于掌舵时，极有可能会忘记是谁才真正拥有这条船，事实上，这艘船是属于她的公民的，因此，政府职能既不是'划桨'，也不是'掌舵'，而应该是'服务'，政府在管理公共组织和执行政策时应该着重强调其服务于公民和授权于公民的职责"（珍妮特·登哈特、罗伯特·登哈特，2004：21）。服务性政府的价值取向就是政府要服务于社会，政府立足的根基是为人民服务。

在此基础上，进一步萌生出"社会国"原则，要求国家扶助弱者，确保每一个人享有作为一个人的基本人权，获得符合人性尊严的生活方式。在"社会国"的旗帜下，"无缝隙政府"的服务理念广为盛行，超越"生存照顾"的福利行政被大为推广。西方发达国家一度还掀起了"政府再造"工程，我国从中央到地方政府的工作报告中，也一再强调要关心民生，关注民众福祉的稳步增长，政府一改"守夜人"角色，开始像保姆一样无微不至地关怀社会。福利的"不劳而获"，使得民众对政府的期望值增高，福利范围的次第扩大，增加了过多的行政任务供给需求，政府全方位的服务行政，更使得原本存在的财政压力升级，财政开支成为摆在政府面前的一块难啃的骨头。政府财政负担过于沉重的现象，如同一块磐石，阻碍着经济高速化运转。改革势在必行！

（五）解决困境的出路：行政权向社会转移

庞大政府体制的运转是需要经费支撑的。经费的直接来源便是税收，而税收的提高，不但会使一般家庭可支配收入相对减少，也会造成银行储蓄下降，投资意愿降低，导致社会资本增长缓慢，从而无法推动经济成长，最终又会减少政府税收，从而形成一种恶性循环。在税收之路无法走通之际，缩减政府规模，提高有效产出，成为公共行政改革的基本思路，而当客观现实中政府规模无法再予以缩减之时，将其社会化变成改革的有效路径。

政府权力向社会转移是具有必然性的。首先，部分社会组织源于其从事事务和政府事务的相似性，具有承接完成公共任务的先天优势，这也为行政权社会化提供了基本的前提；其次，这类社会组织不占用行政编制，其人员不属于吃"皇粮"人口，其不需要财政供养，将一部分政府权力回归社会，可以缩减政府不必要的编制，甚至可以裁掉现有的诸多机构，政府精简了却很高效地完成了行政任务；再次，向社会转移的公共事务，可以激发竞争，从而使得提供给民众的服务更为高效优质；最后，社会承担了部分公共职能，这可以减轻政府的负担，面对社会利益诉求的多元化，政府在资源的拥有、信息的把握等方面有时还显得能力不足，甚至出现"捉襟见肘"的尴尬局面，且基于社会本身贴近于民众的先天优势，其提供的某些公共产品质量及种类更能满足民众丰富的社会需求，更有利于构建起全面生存照顾的"社会国"。客观而言，公共服务也应在多元供给主体间进行。正如林尚立教授指出的："有效的国家治理，不是通过国家权力无限扩张完成的，相反，是通过合理范围内的国家权力的运作、社会自治的有效开展以及这两者的相互合作而实现的。因此，国家必须改变全面主导社会的状况，给社会留出自主发展的必要空间。"（林尚立，2002：58~64）

科学的治理模式应是政府和社会各司其职、各守其界、各谋其责。"全能政府"应该向"有限政府"转变，社会能解决的事情应积极让渡给它，从人类社会发展的长期趋势来看，行政权社会化态势应蔚然成风。

四 社会组织积极向公共事务领域进军的实践运动

20世纪70年代，一场全球性的经济危机，让被马克斯·韦伯称为"官僚制"的公共管理体制陷入了僵局，在"政府失灵"的"主唱"下，20世纪80年代世界范围内涌动着市场化热潮，"市场被认为是解放的主要源泉"（Taggart，1997：112），声势浩大的公共行政改革运动在各国涌动。撒切尔主义和里根经济学先后兴起，德国、意大利、法国、葡萄牙和西班牙等国也随后积极效仿；在东方，各计划经济国家的公用事业民营化改革运动一时如火如荼。然而，市场如同政府一样，也可能失灵，对于政府和市场的分工和定位必须进行反思，寻求两者的妥帖结合点便成为关键，客观上亟待制度上对之予以突破创新。社会公共组织的兴起便成为对上述需求的积极回应，其凭借自身的独特优势，很快风生水起，在众多的公共事务领域崭露头角，发挥了不可或缺的重要作用。这类公共组织虽然主要依据自身的内部章程予以自治化规范，但其运作的领域延伸至公共行政领域，客观上行使着一定的公共权力，进而一定程度上影响到传统政府行政权力的运作方式，并导致公共治理领域治理模式发生革命性变化。

政府提供的公共供给，如果说尚能满足"夜警时代"社会需求的话，那么随着福利社会的到来，面对日益变动的社会生活，政府往往已不能有效满足纷繁复杂的现实需求，政府提供的公共产品比之社会组织能够提供的社会服务，可能会在供给质量和提供效率等方面相差甚远。服务型政府的打造，更是对政府提出了新的挑战，社会公共组织和市场的联系紧密度也是政府所无法企及的，社会公共组织的现实表现，提高了公众对于高水平服务的认识和期望，也向公众表明，服务的提供可以有更好的办法，没有必要依靠官僚们根据他们自己的意愿和便利来行事（周志忍，1999：9～10）。多元社会需求呼唤行政权的社会转移，实践中运作的风生水起的一系列国家行政权力向社会转移的事例也对此予以了有力佐证。

（一）传统给付行政领域的实证考察

考察现实，会发现有一系列社会公共组织在传统给付行政领域大显身手的事例。如面对人口老龄化问题，浙江省宁波市海曙区政府向社会购买高龄鳏寡独居老人的居家养老服务，其最终和星光敬老协会达成合作，以"政府扶持、非营利组织运作、社会参与"的思路，探索出了一条"社会养老居家化，居家养老社会化"的低成本亲情化居家养老的新路子，海曙区政府因实施此项政策还获得了2008年度第四届中国地方政府创新奖。类似的社区养老探索在深圳、广州、南京等地都可看到，有研究表明，我国南京市鼓楼区每年仅花200多万元就可解决5500名老年人居家养老问题，但如果由政府自己去建养老福利机构得支出13.75亿元，这至少可用来向社会购买680多年的居家养老服务（范炜烽等，2010：19～30）。

鉴于在实践中运行较为良好，这一趋势也在进一步地扩大，如2010年，北京市财政拨款上亿元，购买扶贫救助、扶老助残、医疗卫生、促进就业等十大领域的300多个公益服务项目（周玉萍，2012：53～56）；2012年，民政部还公布了《中央财政支持社会组织参与社会服务项目实施方案》，明确了拟资助全国范围的大量社会组织提供公共服务，涵盖养老、教育、就业、医疗卫生、社区、残疾人服务、农业、垃圾处理等重点领域。

（二）秩序行政领域的典型事例

警察任务，一般被认为属于国家专属职能，是秩序行政领域的典型事务，国家以外的人是不得染指介入的，但在实践中，也出现了私人主体插手的事例。1996年，山东省泰安市退伍军人周广海以每年10800元的价格承包下该市岱岳区下官庄村的治安，从而成为中国"治安承包"第一人。随后，社会治安有偿承包这种做法陆续蔓延到全国多地，如山东寿光、河南方城、浙江温州和余姚、陕西西安、广东深圳等地，一些事例被诸多媒体报道，引发了众多探讨。实践中其发展一直未有间断，并呈现"承包区域从农村到城市""承包主体从个人到保安公司""承包事项从治安防范到治安管理"的发展态势（章志远，2011：96～111）。私人承包警察事务，标志着国家垄断秩序行政事务铁板一块的传统局面被打破。现实中，交通协管员更是处处可见。

（三）基层自治领域的典型事例

根据我国现行法律规定，居民委员会和村民委员会皆属于基层群众性自治组织，但在现实中，由于其所从事的多是和行政工作有所关联的事务，工作人员常由上级指派，某些地方规范性文件中还允许为其配置专门的事业编制人员，并且拿政府津贴，待遇参照全民事业编制，导致它们常常变成一级政府权力的延伸，"形式上被纳入到了政府组织系统"（姚华、耿敬，2010：42～44）。

根据现行规定，居民委员会委员的产生有三种方法：第一种是本居委会辖区内全体有选举权的居民一人一票，谓之"直接选举"；第二种是以户为单位，推举出户代表进行选举；第三种便是由推选出来的"居民代表"进行选举。后两种方式相对于第一种方式，又被称为"间接选举"，现实中也常常采用间接选举方式。自"全国社区建设试验区"工作开展以来，上海市开始试点推行居委会的直接选举，对这种可能生产出新型权力结构或权力关系的实践过程，学者们给予了极大的关注。有人认为，它能激发社区居民参与社区建设的热情，是转型时期政府向社会领域"让渡"权力的一项实践，权力开始向"社会领域"扩展，也是权力生产与再生产的一种全新尝试，是一元权力向二元或多元权力转化的"理性化"过程，希望能从基层选举中生产出新的社会权力，进而为权利划定一个不受行政权力控制的领域（姚华、耿敬，2010：153～178；姚华，2007：127～153）。

类似的这种创新，在村民委员会身上也可见。早在2009年时，江苏苏州市下属的太仓市便开始积极推动政社互动，由代表社会力量的村民委员会通过协议适当承担行政事务。这种管理职责的改革尝试，有助于规范政府行政行为，增强社会自治功能，充分实现新型社会管理方式具有的动员、整合、调整、协调等多种社会功能，代表了基层政府治理的发展方向（莫于川，2010：18～

24）。从政治领域改革的宏观大视角来看，广大农民已悄然从行政笼罩下苏醒走出，以村民自治为基础的乡村治理格局开始出现。

此外某些地方还出现了"民主议事会"的制度设计，如杭州德加社区的"居民议事制度"、上海静安社区的"管理咨询与协商制度"、深圳盐田的"社区议事会"、泰州兴化的"村民民主议事室"等，这些都是基层公民参与协商社区重大事务并进行决策的多个实证事例。上述例子反映出我国基层政治的民主化趋势，虽然学界有对上述现象持有担忧甚至微议的声音，但多数学者认为整体主流方向是值得认可的，从这些现象及论说来看，促使社会权力的发育已然迫在眉睫，关键的问题是设计审慎可行的具体构建方案。

可以说，社会组织向公共事务领域进军的一系列实践运动，打破了政府包揽公共事务的局面，拓宽了公共服务提供的渠道，丰富了公共行政的内容，客观上也有效缓解了政府的各种压力。基于此，我们应对社会组织发挥的作用给予充分肯定，使社会组织在精准定位的基础上，获得更广阔的发展空间。

结　语

理论的逻辑分析及实践的现实观察充分说明，转型社会的行政改革从一步一步的"分权"到社会组织广泛参与公共行政治理活动，已然成为社会发展的新走向。市场经济的蓬勃发展和市民社会的兴起更是为权力的自主行使提供了实践生活的丰富滋养，而另一方面，权力社会化也是公民主体意识增强下直接的价值诉求，其必然会极力主张政府将一部分行政权力让渡或还于社会，而这客观促进了行政权社会化的进一步生成。

毋庸置疑的是，行政权的社会化使得社会本位的理念得到全面释放，其是人类社会文明进程史发展的必然阶段，也是历史文明发展的必然逻辑要求。要强调的是，目标和现实间尚且有一定距离，对于时下的中国而言，更要注重政府与社会的正向合作，在正和博弈的前提下，关注公平正义和公正良善，使得社会介入的公共事务真正回归公共行政的公共性本质，而"通过治理的过程，造就有参与能力和公共精神的公民和公民社会，从而最终还政于民，实现权力向社会的回归，这无疑是当代的人文指向"（蔡拓，2004：94～106）。

参考文献

白立强（2007）：《究竟是"社会国家化"还是"国家社会化"？——从马克思"国家—社会"结构理论看当代中国"政治国家"与"市民社会"的关系》，《理论探讨》，（2），第33～36页。

蔡拓（2004）：《全球治理的中国视角与实践》，《中国社会科学》，（1），第94～106页。

〔美〕查尔斯·林德布洛姆（1997）：《政治与市场：世界的政治—经济制度》，王逸舟译，上海：上海三联书店、上海人民出版社。

陈家刚（2004）：《协商民主：民主范式的复兴与超越》，载陈家刚编《协商民主》，上海：上海三联书店，第5～7页。

〔美〕达尔（1999）：《民主理论的前言》，顾昕、朱丹译，北京：三联书店。

〔美〕戴维·奥斯本、特德·盖布勒（1996）：《改革政府——企业家精神如何改革着公营部门》，上海市政协编译组、东方编译所译，上海：上海译文出版社。

〔英〕戴维·赫尔德（1998）：《民主的模式》，燕继荣译，北京：中央编译出版社。

邓正来（2002）：《市民社会理论的研究》，北京：中国政法大学出版社。

邓正来、〔美〕杰弗里·亚历山大主编（2006）：《国家与市民社会——一种社会理论的研究路径》，上海：上海人民出版社。

邓正来、景跃进（1992）：《构建中国的市民社会》，《中国社会科学辑刊》（香港），（1），第23页。

〔德〕恩格斯（1999）：《家庭、私有制和国家的起源》，北京：人民出版社。

范炜烽等（2010）：《政府购买公民社会组织居家养老服务研究——以南京市鼓楼区为例》，《科学决策》，（4），第19～30页。

耿敬、姚华（2011）：《行政权力的生产与再生产——以上海市J居委会直选过程为个案》，《社会学研究》，（3），第153～178页。

谷春德、吕世伦主编（1986）：《西方法律思想史》（上卷）（增订本），沈阳：辽宁人民出版社。

郭强（2008）：《新时期国内有关马克思"社会—国家"理论的研究述评》，《湖北行政学院学报》，（6），第83～87页。

何包钢（1998）：《直接民主理论、直接民主诸形式和全民公决》，载刘军宁等编《直接民主与间接民主》（公共论丛第5辑），上海：上海三联书店，第17页。

〔德〕黑格尔（1996）：《法哲学原理》，范扬、张企泰译，北京：商务印书馆。

黄锦堂（2006）：《行政法的发生与发展》，载翁岳生编《行政法》（上卷），台北：台湾元照出版公司，第43页。

姜明安（2002）：《新世纪行政法发展的走向》，《中国法学》，（1），第61～72页。

金太军（2002）：《政府职能梳理与重构》，广州：广东人民出版社。

〔美〕科恩（1988）：《论民主》，聂崇信等译，北京：商务印书馆。

李强（1998）：《论两种类型的民主》，载刘军宁等编《直接民主与间接民主》（公共论丛第 5 辑），上海：上海三联书店，第 3～6 页。

〔美〕理查德·B．斯图尔特（2002）：《美国行政法的重构》，沈岿译，北京：商务印书馆。

林华（2009）：《因参与、透明而进步：互联网时代下的公众参与和政府信息公开》，《行政法学研究》，（2），第 89～94 页。

林尚立（2002）：《社区：中国政治建设的战略性空间》，《毛泽东邓小平理论研究》，（2），第 58～64 页。

刘军宁（1998）：《直接民主与间接民主：近义，还是反义?》，载刘军宁等编《直接民主与间接民主》（公共论丛第 5 辑），上海：上海三联书店，第 37 页。

刘旺洪（2002）：《国家与社会：法哲学研究范式的批判与重建》，《法学研究》，（6），第 15～37 页。

刘先江（2006）：《社会化：政府管理改革的新趋势》，《湖南师范大学社会科学学报》，（2），第 52～56 页。

刘先江（2007）：《政府管理社会化改革研究——基于"国家与社会关系"的视角》，长沙：湖南师范大学出版社。

〔法〕卢梭（1982）：《社会契约论》，何兆武译，北京：商务印书馆。

罗传贤（1993）：《行政程序法基础理论》，台北：台湾五南图书出版公司。

《马克思恩格斯选集》（1995），第 4 卷，北京：人民出版社。

莫于川（2010）：《行政法治视野中的社会管理创新》，《法学论坛》，（6），第 18～24 页。

〔美〕南茜·弗雷泽（2009）：《正义的中断——对"后社会主义"状况的批判性反思》，于海青译，周穗明校，上海：上海人民出版社。

〔美〕全钟燮（2008）：《公共行政的社会建构：解释与批判》，孙柏瑛等译，北京：北京大学出版社。

〔意〕让·布隆代尔（1999）：《民主与宪政》，载〔日〕猪口孝等编《变动中的民主》，林猛等译，吉林：吉林人民出版社。

荣剑（2001）：《马克思的国家和社会理论》，《中国社会科学》，（3），第 25～34 页。

孙开红（2005）：《论当代中国政府权力社会化》，《云南行政学院学报》，（2），第 49～52 页。

〔法〕托克维尔（1995）：《论美国的民主》，董果良译，北京：商务印书馆。

王锡锌（2006）：《公众决策中的大众、专家与政府》，《中外法学》，（4），第 462～483 页。

——（2008）：《利益组织化、公众参与和个体权利保障》，《东方法学》，（4），第 24～44 页。

伍俊斌（2009）：《论政治国家的限度》，《理论与现代化》，（1），第 73～79 页。

向玉琼（2012）：《政策"不决策"及其合作治理》，《学术论坛》，（1），第 56～

行政权社会化之生成动因阐释

61 页。

〔英〕亚当·斯密（1983）：《国民财富的性质和原因的研究》（下卷），郭大力、王亚南译，北京：商务印书馆。

杨登峰（2012）：《国家任务社会化背景下的行政法主题》，《法学研究》，（4），第26 ~ 29 页。

姚华（2007）：《政策执行与权力关系重构——以 S 市 2003 年市级居委会直选政策的制订过程为个案》，《社会》，（6），第 127 ~ 153 页。

姚华、耿敬（2010）：《政策执行与行动者的策略——2003 年上海市居委会直接选举的个案研究》，北京：北京大学出版社。

臧乃康（2003）：《公共权力内在倾向及其约束》，《社会科学研究》，（1），第 10 ~ 14 页。

张康之（2007）：《探索公共行政的民主化——读后现代公共行政：话语指向》，《国家行政学院学报》，（2），第 33 ~ 36 页。

——（2012）：《合作治理是社会治理变革的归宿》，《社会科学研究》，（3），第 35 ~ 42 页。

张康之、张乾友（2011）：《新市民社会背景下的国家与社会治理》，《文史哲》，（1），第 144 ~ 154 页。

张明贵（2002）：《民主理论》，台北：台湾五南图书出版公司。

章志远（2011）：《私人参与警察任务执行的法理基础》，《法学研究》，（6），第 96 ~ 111 页。

〔美〕珍妮特·V. 登哈特、罗伯特·B. 登哈特（2004）：《新公共服务：服务，而不是掌舵》，丁煌译，北京：中国人民大学出版社。

周玉萍（2012）：《社会组织发展与社会管理创新》，《社会福利》，（9），第 53 ~ 56 页。

周志忍（1999）：《当代国外行政改革比较研究》，北京：国家行政学院出版社。

Dryzek，J. S.（2000），*Deliberative Democracy and Beyond*，Oxford：Oxford University Press.

Frissen，P. H. A.（1999），*Politics, Governance, and Technology: A Postmodern Narrative on the Virtual State*，Chris Emery translation，UK：Edward Elgar Publishing Limited.

Goodnow，F. J.（1995），*The Principle of Administrative Law of the United States*，New Jersey：The Lawbook Exchange Ltd.

Paterman，C.（1970），*Participation and Democratic Theory*，Cambridge：Cambridge University Press.

Taggart，M.（ed.）（1997），*The Province of Administrative Law*，Oxford：Hart Publishing.

The Motivation Interpretation on the Socialization of Administrative Power

Hu Xiaoling

[**Abstract**] The communiqués of the third plenary session of the 19th CPC central committee reaffirmed the streamlining administration and delegating power mentioned in the reports of the 18th and the 19th CPC central committee, transforming government functions and deepening the reform of the administrative system, which have become the guidance for the sustainable and effective implementation of the government cause in the new era. Observing the social reality in operation, we can find that when the government dealing with the increasingly complex and diversified needs of the people, the government quite stretched, even in a tight position unable to meet the needs. A large number of social organizations have been widely involved in the traditional public administration field that only the state can intervene formerly. How to interpret the phenomenon of " power " from "government monopoly" to "social involvement"? Why does the administrative power transfer to the society come into being? What is its internal motivation? It's really worth thinking about. The study found out that the dialectical development logic of the state and society, the insuperable democratic dilemma inherent in the political state, the dilemma of government finance and the paradox of omnipotent government objectively contribute to the emergence of the socialization of executive power. A large number of positive examples of social organizations actively marching into the field of public affairs also objectively prove this conclusion in fact. Guiding the benign operation of the executive power's socialization, which accords with the theme of The Times, is of great significance to improve the governance capability of the whole country and promote the modernization of the governance system.

[**Keywords**] Administrative Power; Socialization; Participatory Democracy; Cooperative Governance; Social Organization.

（责任编辑：李长文）

"一带一路"沿线非政府组织的文化交流机制研究[*]

——基于文化认同的视角

郭鸿炜[**]

【摘要】 文化认同是推进"一带一路"倡议在沿线国家和民众中产生正能量的一种有效的激励结构和治理结构。跨文化冲突是"一带一路"沿线治理存在的重要问题之一,跨文化冲突的解决呼唤文化认同的形成,仅靠以往政府组织的强势文化交流难以形成文化认同,而非政府组织的文化交流机制产生的文化认同滋润性、持久性更强。非政府组织文化交流的优势体现在政府文化交流的战略补充、避免文化侵略误读风险、促进沿线国家民心相通等方面。非政府组织文化交流机制是柔性的文化认同过程,包括交流宗旨、交流方式、制度安排、活动载体和运作平台等方面。非政府组织文化认同能够为"一带一路"倡议实施提供文化滋养,减少文化冲突,实现沿线国家文化包容和文化融合,从而推动"一带一路"倡议实施。加强非政府组织的文化交流机制建设,包括:加强制度保障、促进学术研究交流、加强文

---

[*] 本文系教育部哲学社会科学重大课题攻关项目"中国丝绸之路经济带建设的地缘政治环境及地缘战略研究"(16JZD027)的阶段性研究成果。衷心感谢审稿人对本文的批评指正。
[**] 郭鸿炜,管理学硕士学位,吉林大学行政学院博士研究生,政治学专业,中共梅州市委党校公共管理学教研部讲师,研究方向为非政府组织与全球治理。

艺团体交流、积极开展青年妇女儿童交流活动、开展民间文化交流活动、推动文化交流信息化建设、完善文化交流机制和平台建设等。

【关键词】 跨文化治理　非政府组织　文化认同　交流机制

一　问题的提出

"一带一路"倡议是我国实施高水平对外开放战略的集中体现，是为深化经济全球化发展、提高全球公共治理水平提出的国际区域合作新模式，其主旨是在和平与发展的旗帜下，通过政治上的有效沟通，战略上的互利共赢，技术上的互联互通，文化上的认同融合，加速经济全球化、区域一体化进程。"一带一路"沿线共有 65 个国家，陆地方向横跨亚欧大陆，海洋方向延伸至印度洋、南太平洋，穿越了亚洲文明、伊斯兰文明、欧洲文明，高度异质的文化之间产生的跨文化冲突，对沿线国家关系与区域合作会产生重大的影响。例如，中印冲突是"一带一路"沿线重要的矛盾和冲突之一，印度政府始终对中国的"一带一路"倡议保持警惕，从沉默到"婉拒"加入，表面来看是"中国在克什米尔争议地区的投资导致印度政府对于中国产生了反感"①，实则反映出两国由领土争端和利益冲突导致的跨文化冲突。再如，同为伊斯兰国家，沙特阿拉伯是逊尼派穆斯林占主导地位，伊朗是什叶派穆斯林占主导地位，教派冲突和利益冲突导致两个国家摩擦不断，而两个国家都在"一带一路"沿线与中国保持着重要的能源和经济合作，两国的文化冲突势必会影响"一带一路"倡议在当地的实施。近年来西方世界出现的逆全球化思潮、治理规则的碎片化和民粹主义思潮抬头的趋势，以及欧美老牌资本主义国家江河日下的复杂心理、技术网络的去中心化思想，究其根源是跨文化治理过程中出现的文化迷茫、文化对峙和文化冲突，而这给"一带一路"文化治理中文化认同的形成带来重大挑战，也会与"一带一路"倡议的推进产生激烈的碰撞和冲突。当今世界正处于大发展大变革大调整时期，经济全球化深度融合发展，全球治理体系和国际秩序变革加速推进，全球治理体系的变革呼唤思想和文化的引领，逆全球化要通过文化认同的力量进行纠正和调整。

---

① 《印重申拒绝一带一路　专家：地区霸权主义遗毒作怪》，http://news.sina.com.cn/w/zx/2017－12－24/doc-ifypxrpp3649170.shtml，最后访问时间：2018 年 7 月 16 日。

当前，国际社会对中国和"一带一路"倡议的看法不一，除支持和赞成的声音之外，还有一些反对甚至敌视的态度，主要包括以下几种。第一，"中国威胁论"。尽管"一带一路"倡导和平合作、开放包容、互学互鉴、互利共赢的精神，但是基于地缘政治、经济利益、安全战略的考量，西方国家对"一带一路"反制的言论不断，指责中国利用"一带一路"倡议对沿线国家进行经济侵略和战略同化。"'一带一路'沿线国家的人民对'一带一路'倡议和中国提出该倡议的目的存有戒心和疑虑，在有些国家甚至出现了'恐华症'"（赞尼尼、斯图曼，2015）。例如，对中国崛起一直怀有恐惧之心的澳大利亚，在逆全球化思潮和美国霸权衰落的背景下，因南海问题和"一带一路"倡议更生警惕，排斥"一带一路"倡议。第二，文化捧杀论。中国的经济发展模式、制度优势因其显著的作用和效果，在世界的影响力不断增强，与此同时，"G2""世界经济领袖""Chimerica"（"中美国"）等一些高帽子也被扣到中国头上。《当中国统治世界》一书的作者马丁·雅克向世人提醒，"当中国人的文化优越感逐渐恢复以后，中国文化的辐射力量将再度展开，成为带动世界秩序重组的重要力量"[①]，试图在西方中心论的基础上构建所谓的"中国模式"，鼓吹中国文化特殊论，这种解读实际上是对中国文化的捧杀，甚至比棒杀更为可怕。第三，封闭排斥论。目前世界上还有一些国家仍然实行完全封闭的对外政策，它们拒绝对外开放和实现现代化，备受各方瞩目的是朝鲜。2018 年，朝鲜领导人金正恩三个月内三次访华，承诺深化平壤与北京的关系。6 月 12 日朝美领导人在新加坡举行了首次峰会，这对于克服两国之间数十年紧张与敌对状态、开启新的未来，具有划时代重大意义。随后 7 月 8 日，在美日韩三国外长会谈上，朝方指责美方单方面提出了强盗的无核化要求，斥责美国态度"极其令人不安"，朝鲜半岛局势再生变局，双边谈判到目前为止取得的所有进展都可能会在一夜之间灰飞烟灭。[②] 尽管朝鲜在对外关系和半岛无核化问题上迈出了关键性的一步，但是还并未实行对外开放和参与"一带一路"倡议。国际社会对中国误解的形成，与长期以来官方主导的对外交流是分不开的。以政府为主的文化交流是代表国家意志的，政府行为往往带有一定的强制性，容易被沿线国

---

① 《捧杀、棒杀还是均衡：中国责任论再认识》，https://finance.qq.com/a/20100729/006256. htm，最后访问日期：2018 年 7 月 16 日。

② 《美国务卿东京会晤日韩外长　合作推动朝鲜去核》，http://app.myzaker.com/news/article.php？f = weixin_uc_timeline&pk = 5b4339437f780bac08000018，最后访问日期：2018 年 7 月 16 日。

家解读为资本外面包裹的文化，进而对"一带一路"倡议产生文化侵略的误读。对此，中国需要转变文化交流的方式来得到沿线国家的文化认同。当前为保证"一带一路"倡议在沿线国家的顺利推进，应对经济合作难题，摆脱文化差异困境，规避文化冲突带来的风险，仅靠以往以政府为主的文化交流还远远不够，迫切需要加强沿线非政府组织的文化交流。

党和国家领导人非常重视沿线国家文化交流合作。2017 年 5 月，习近平主席在"一带一路"国际合作高峰论坛开幕式上的讲话中强调"将'一带一路'建设成文明之路。以文明交流超越文明隔阂、文明互鉴超越文明冲突、文明共存超越文明优越，推动各国相互理解、相互尊重、相互信任"①。2015 年 9 月，习近平主席在第七十届联合国大会一般性辩论讲话中指出，"世界各国一律平等，不能以大欺小、以强凌弱、以富欺贫。以对话解决争端、以协商化解分歧。对话而不对抗，结伴而不结盟。携手构建合作共赢新伙伴，同心打造人类命运共同体"②。"一带一路"倡议的重要抓手是"五通"，民心相通是基础，为实现文化认同和民心相通，需要加强非政府组织的文化交流，尊重文化的差异性和文化多样性，"传承和弘扬丝绸之路友好合作精神，广泛开展文化交流、学术往来、人才交流合作、媒体合作、青年和妇女交往、志愿者服务等，深化双多边合作的民意基础"③。本文要解决的主要问题是，从非政府组织文化交流的角度为全球治理提供一个从文化冲突到文化认同和文化融合发展的学理方案和解析路径，来寻求一种冲突和代价最小的治理方式。

二　非政府组织文化交流：内涵及研究界定

功能主义的代表马凌诺夫斯基将文化看作直接或间接地满足人类需要的工具及风俗（马凌诺夫斯基，2002），后来的人类学家都在此基础上不断完善对文化的认识。哈维兰将文化定义为"一个社会共享的和通过社会传播的思想、

① 习近平：《携手推进"一带一路"建设——在"一带一路"国际合作高峰论坛开幕式上的演讲》，《人民日报》，2017 年 5 月 15 日，第 03 版。
② 习近平：《携手构建合作共赢新伙伴——在第七十届联合国大会一般性辩论时的讲话》，《人民日报》，2015 年 9 月 29 日，第 02 版。
③ 《推动共建丝绸之路经济带和 21 世纪海上丝绸之路的愿景与行动》，新华网，http://www.xinhuanet.com//world/2015-03/28/c-1114793986.htm. 最后访问日期：2019 年 1 月 23 日。

价值观以及感知——被用来使经验具备意义、产生行为，并被反映在该行为中"（哈维兰，2014）。也就是说，文化是在人类社会活动的基础上形成的价值取向、行为习惯、遵守规则。具体而言，文化包括物质文化（居住、文物古迹、饮食、服饰）、行为文化（歌曲、舞蹈、乐器、绘画、雕塑、医疗保健、风俗习惯）和精神文化（价值观、意识形态、宗教信仰）三个层面。制度经济学的代表人物诺斯（North）非常重视对文化的研究。他认为非正式约束是在长期的人类社会的文化传统中逐渐形成的，能够对人们的行为选择产生重要影响。"非正式约束包括人们的形式准则（codes of conduct）、行为规范（corms of behavior）以及惯例（conventions）等"（诺思，2008），诺思深刻地指出，"非正式约束嵌套在（nestedin）其中的文化则会在'制度的渐进演化方面起着重要作用，从而成为了路径依赖的根源'"（诺思，2008）。在文化的基础上建立起的非正式规则，作为正式规则的重要补充，在人类社会的机制变迁中发挥了重要作用。

文化与文明之间有着难以割裂的关系，有时也可以混用，但是本文使用"文化"一词的原因是，文明往往是被看作实体而存在的，并且文明能上升到制度层面，带有一定的强制性。而本文的文化强调的是文化的滋养性、渗透性和持久性。《易经》有云，"关乎天文以察时变，观乎人文以化成天下"（黄寿祺、张善文，2007），文化的关键在于"化"，即以文化人和以文化心。在"一带一路"沿线跨文化治理中，通过文化春风化雨、润物无声和滋润心田的方式，跨越国界、民族、种族、宗教潜移默化影响他者，实现教化、引领、激励的软治理功能。就属性而言，文化既具有包容性和公共性，又具有差异性和排他性。公共性使文化朝多元和融合的方向发展，排他性即文化的特殊性和相对性，强调文化的边界。世界主义认为，文化始终处于变动之中，在不断地选择、修正、重塑中得到丰富和发展（蔡拓，2017）。人类历史发展规律证明，只有尊重文化的差异性和多样性，才能走向文化认同、文化包容和文化融合，固守文化排他主义和狭隘的民族文化认同只会走进历史的死胡同。

本文的研究对象是非政府组织。"非政府组织"一词可以追溯到1945年签署的《联合国宪章》第71条[①]中。非政府组织这一概念是相对于政府组织提出

---

① 该条款授权联合国经济及社会理事会"得采取适当办法，俾与各种非政府组织会商有关于本理事会职权范围内之事件"，Charter of the United Nations , Article 71，http://www. un. org/zh/sections/un-charter/chapter-x/index. html，最后访问日期：2017 年 9 月 13 日。

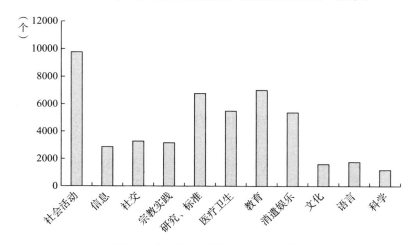

的，具有非政府性、非营利性、自治性、志愿性、公益性等特征。[①] 本文的非政府组织是指合法的非官方、非营利的志愿性社会组织（刘贞晔，2015）。因此，家庭、企业、政党组织显然不属于非政府组织。另外，非法的、反社会的非政府组织，例如国际犯罪组织、黑社会组织、恐怖组织、邪教组织等是非政府组织中的异化力量，不列入本文的研究范畴。从规模上看，本文的非政府组织既包括国际红十字会、国际奥委会、绿色和平组织、大赦国际组织等大规模的国际著名非政府组织，也包括论坛、协会、学会、联合会、网络机构等小型的非政府组织。莱斯特·萨拉蒙等人划分的12类非营利组织中，涉及文化交流领域的有文化和娱乐、教育和研究、卫生保健、社会服务、宗教等。本文所指的文化交流领域，包括文化、艺术、语言、社会活动、教育、研究、医疗卫生、体育、媒体、青年、妇女、娱乐、社交等领域。20世纪70年代以来，非政府组织数量增长十分迅速。按照国际协会联盟出版的《国际组织年鉴》（YIO）的统计，截至2011年，世界范围内非政府组织总数为50000多个（Union of International Associations，2012），其中文化交流领域的数量如图图1所示。

图1　文化交流领域的非政府组织数量

资料来源：Union of International Associations，"Yearbook of International Organizations 2011－2012"，Vol. 5，2012.

---

① 萨拉蒙提出非政府组织具备五个特征：组织性、民间性、非营利性、自治性和志愿性。学者王绍光在此基础上提出第六特征，即公益性。

非政府组织文化交流是相对于政府组织文化外交提出的文化治理方式。以文化治理代替强权治理、资本治理和武力治理等硬治理，强调非政府组织在文化方面的软治理功能，是对政府文化交流的重要补充。非政府组织文化交流旨在通过非官方的、非强制性的文化交流，塑造沿线国家民众的文化认同，即通过文化春风化雨、润物无声和滋润心田的方式，跨越国界、民族、种族和宗教的力量潜移默化地影响他者，推进"一带一路"倡议在沿线国家和民众中产生正能量，构建一种有效的激励结构和治理结构，从而真正促进沿线人民情感和心灵上的沟通，加深相互理解与相互信任。历史上通过非政府组织文化交流实现文化认同的例子俯拾皆是，佛教传入中国后本土化并形成儒释道三教合流的文化认同，四大发明和瓷器、茶叶经由古代丝绸之路上的商队、骆驼队、马帮和船队传入西方国家，利玛窦等传教士在传播西方文化和学习中国文化中促进了中西文化的交流，这些都是非政府组织文化交流实现文化认同和文化融合的典范。近代以来，致力于宗教、教育、慈善、援助、人权、社会服务的跨国组织、国际社团、文化机构大量兴起，在思想、文学、艺术、科技、卫生等领域进行交流，国际红十字会、罗马俱乐部、国际奥委会、英国和外国反奴隶社团、世界福音派联盟、英国文化协会、歌德学院等著名的国际非政府组织为化解跨文化冲突和形成文化认同做出了巨大贡献。

三 "一带一路"沿线非政府组织文化交流机制的构建

跨文化冲突包括传统文化和现代文化、本土文化和外来文化、先进文化和落后文化之间的冲突，具体到"一带一路"沿线还有母国文化和东道国文化的冲突等等，这些冲突对沿线国家的战略、制度、投资、贸易往来等领域都会引发文化层面的质疑，进而阻碍"一带一路"倡议的顺利实施。文化冲突的关键问题是："你是哪种人？"这就使不同种族、宗教的人之间，存在一种"我们"与"他们"的对立关系，由此引起的冲突往往最持久、最暴虐（王逸舟，2015）。回顾经济全球化500年以来的历史，从新航路开辟到两次世界大战，从商业扩张到军事霸权，从现代资本主义体系的建立到美式全球化的终结，人们都会发现，强权治理、资本治理、武力治理都带有强制性，也都是不可持续的。要避开政治、经济和军事的强势治理，唯有加强非政府组织的文化治理来化解文化冲突，走向文化认同和文化融合。

"一带一路"沿线非政府组织文化交流形成的文化认同，既能呼唤出中华文明及沿线国家各种优秀文明历史中最优良的文化自觉，又能为现有的文化对峙和文化冲突建立一个缓冲地带。中国传统文化中的"己所不欲，勿施于人""己欲立而立人，己欲达而达人"，即恕道原则和人道原则，从"推己及人"到唤醒人的恻隐之心和同情之心，强调人与人相处讲究平等与尊重。在利益面前，人与人的关系不是非此即彼，而是即此即彼。即使文化价值观不同，即使是完全的他者甚至是敌人，你还是以"人"对待他。以孔子学院为例，孔子学院以推广汉语、传播中国文化为宗旨，这迎合了中亚、西亚、非洲等国家民众特别是年轻人学习汉语和了解中国的需求。截至 2016 年底，共有 140 个国家设立了513 所学院和 1073 个孔子课堂，全年共举办各类文化活动 4.1 万场，受众 1300万人，邀请 1.55 万名各国师生来华体验中华文化。① 孔子学院大力支持"一带一路"国家汉语教学，派出教师 1073 人，举办"一带一路"学术讲座和国际会议，主动服务所在国家与中国的经贸往来、友好省州等各领域务实合作，"成为中外文明交流互鉴的'架桥人'和世界认识中国、中国与各国深化友谊和合作的重要窗口"。②

当前，欧洲和北美一些国家出现了强大的逆全球化思潮，有些西方学者甚至提出了"关闭边界、控制移民"的迎合口号。一些西方国家任意肢解和挑战WTO 规则和联合国宪章，导致全球治理规则严重碎片化。部分国家和地区极端主义、民粹主义、恐怖主义、关门主义呈现愈演愈烈之势。逆全球化思潮是一种新态的跨文化冲突，是全球化发展在当下阶段出现的反复和波动，是西方扩张型的文明未能真正与非西方的文明之间达成有效的沟通、交流与对话。西方国家的"黑天鹅事件"的文化思潮带来的巨大影响，会迅速波及"一带一路"沿线国家。2017 年，美国总统特朗普以"阻止外国恐怖分子进入美国"为由签署"禁穆令"，限制部分伊斯兰国家移民和难民入境，在全球范围引发了宗教歧视和维护国家安全的巨大争议，似乎印证了亨廷顿所谓的基督教与伊斯兰教

① 孔子学院官网（2018）：《2016 年孔子学院年度发展报告》，http://www. hanban. edu. cn/report/2016. pdf，最后访问日期：2018 年 5 月 18 日。
② 刘延东：《携手并肩开创孔子学院发展新局面——在第十一届孔子学院大会开幕式上的讲话》，2016 年 12 月 10 日，http://www. hanban. edu. cn/article/2016/12/10/content_667864. htm. 最后访问日期：2019 年 1 月 23 日。

之间的"文明的冲突"（亨廷顿，2009）。对此，持反对意见的民众纷纷举行示威和抗议活动，美国公民自由联盟等非政府组织通过提起诉讼、提供教育和咨询等方式为美国民众提供社会服务，缓解对恐怖主义的焦虑和恐惧，平等对待穆斯林群体，推动基督教与穆斯林族群之间的文化认同，避免政府之间直接的利益对抗，为"一带一路"沿线的跨文化冲突起到了润滑和缓冲的作用

非政府组织文化交流的滋养性、持久性更强，是成本和代价较小的治理方式。虽然非政府组织文化交流是一种软治理，但是行为致远；虽然非政府组织文化交流弱一些，但是易于接受；虽然非政府组织文化交流见效慢，但是行之有效。因此，继续深入推进"一带一路"文化交流需要多维度研究探索与构建"一带一路"倡议实施的公共治理体系，除了政府组织主导的文化治理结构、体系、机制极其重要，加强非政府组织参与"一带一路"沿线国家文化交流机制尤为重要。

"一带一路"沿线国家非政府组织文化交流机制主要包括交流主体、交流方式、交流宗旨、制度安排、活动载体、运作平台等几个方面的协调运作（见表1）。（1）交流方式。"一带一路"沿线的非政府组织以多元、包容、理解的态度，通过柔性、温和、滋润的方式，切实增强沿线国家和民众对"一带一路"倡议的认同、信任和支持。（2）交流宗旨。非政府组织的文化交流以促进沿线国家和地区文化认同为宗旨，避免"一带一路"政治宣传造成的文化占领、文化侵略和文化取代的错误解读。促进沿线不同民族、种族、宗教和文化领域人们的相互交流合作，实现文化包容、文化融合，为"一带一路"的顺利实施打下坚实的民心基础。例如，《奥林匹克宪章》明文规定，国际奥委会的宗旨是：鼓励组织和发展体育运动和组织竞赛。在奥林匹克理想指导下，鼓舞和领导体育运动，促进和加强各国运动员之间的友谊与团结，促进世界和平以及各国人民之间的相互了解。（3）制度安排。非政府组织文化交流的制度安排包括非政府组织为保障组织自身功能作用的发挥，所制定的组织章程、运行机制和行为规范等。以绿色和平组织为例，绿色和平组织的使命与价值是保护地球环境与世界和平。为了保持公正性和独立性，绿色和平组织规定：不接受任何政府、企业或政治团体的资助，只接受市民和独立基金的直接捐款；以和平、非暴力、公开的方式，让全社会对解决方案达成共识；在推动项目时，充分尊重民主，并寻求对全球不同地区、阶层都公平的解决方案。（4）活动载体。非

政府组织通过身体力行、和平的方式开展民间的文化交流节日、文艺表演、讲座、研讨会、交流会、专家学者交流互访、互派留学生、论坛、作品展览交流、作品征集评选等活动，涉及文化、教育、文学、艺术、音乐、舞蹈、乐器、手工艺品、书法、绘画、雕塑、建筑、电影电视、旅游、体育、健身、医疗、饮食、科学技术、青年、妇女、儿童、人道、救援等领域。例如，孔子学院与联合国教科文组织联合发起有关儒家文化的论坛、联合国教科文组织到孔子学院的交流考察活动等。再如，2018 年 4 月，山东大学"一带一路"研究会组织留学生开展"一带一路"国际文化论坛。各国学生聚在一起共同交流，就经济、贸易、人文、教育、国际关系等议题，介绍本国与中国的文化特点，与其他"一带一路"沿线国家留学生一起分享研究成果，提高对"一带一路"的研究能力。（5）运作平台。非政府组织文化交流的运作平台包括国际非政府组织、国内非政府组织建立的单一运作平台，还包括非政府组织之间的国际合作平台、非政府组织和政府间国际组织建立的国际合作平台和项目以及基于互联网建立的网络信息文化交流平台等。例如，2017 年 6 月 9 日中国民间组织国际交流促进会组织的"丝绸之路沿线民间组织合作网络"研讨会在北京召开，来自土耳其、柬埔寨、斯里兰卡、菲律宾、印度尼西亚、埃及、赞比亚 7 个亚非国家的16 家非政府组织代表与中慈联等 6 家中方民间组织代表参会，探讨如何建设丝绸之路沿线民间组织合作网络，增进沿线国家"民心相通"。①

表1　政府组织与非政府组织的文化交流机制构成

	组织构成	交流宗旨	交流方式	制度安排	活动载体	运作平台
政府组织	拥有主权的国家或政府机构	文化输出	强制手段	国家意志	官方活动	官方平台
非政府组织	一国或多国民众	文化认同	柔性机制	民众自发自觉自愿	民间交流活动	民间交流平台

资料来源：笔者自制。

非政府组织的文化交流能够填补政府组织硬治理以外的空间，在跨文化冲突及其治理中提供一种软治理。政府组织的文化交流往往带有强制性，容易形

---

① 刘佑平：《积极推进丝绸之路沿线民间组织合作网络建设》，https://mp. weixin. qq. com/s？_biz = MzAxNDI3NTk4Ng% 3D% 3D&idx = 1&mid = 503769282&sn = cab8e903d871535358f10138ab8fa51b，最后访问日期：2017 年 9 月 26 日。

成强势文化对弱势文化的欺压、占领和侵略，从而产生文化对峙和文化冲突。非政府组织具有较强的文化包容性，允许存在文化差异，其文化产品、文化服务和文化信号不带有强制性，更容易让各方平等接受。独立性、公正性、公益性等特征使非政府组织追求国家利益和经济利益的倾向更弱、组织更加灵活、机制更加自律、方法更加柔性、价值观更加多元和富有弹性，因而这种文化交流机制具有温润性、滋养性和长期性，是对话而非对抗、包容而非排斥、合作而非博弈的文化交流方式。与政府相比，非政府组织的交流宗旨、交流方式、制度安排、活动载体和运作平台都体现出了柔性特征，使非政府组织在国际上拥有广泛号召力和巨大影响力。因此，非政府组织文化交流不是强势文化输出和文化侵略，而是柔性的文化认同过程，是对政府组织主导的文化交流的重要补充。

长期以来，"一带一路"沿线的许多非政府组织在文化交流方面做了大量工作。例如，联合国教科文民间艺术国际组织（IOV）就是专门从事世界传统文化、民间传统艺术以及民间非物质文化遗产的保护与发展的非政府组织。IOV囊括了研究机构、大学、基金会、工会、协会、艺术团体、专业艺术家、民间艺人等会员，在全世界有170多个不同形式和内容的国际民俗文化节和民间艺术节，包括法国加纳世界民俗艺术节、波斯尼亚和黑塞哥维那都卡特国际民间艺术节、荷兰萨兰德国际民间艺术节、巴西新普拉塔国际民俗艺术节等，通过展示世界各国、各族人民不同的传统生活习俗、民间舞蹈、传统音乐、民族服装、饮食，形象生动地体现出了世界文化的多样性，促进了人民之间的相互理解和互相尊重。中国团队在艺术节的表演中充分地将黄河文化及黄河儿女在岸边庆祝丰收的喜悦气息传递给了世界各国的观众，得到了观众的广泛好评。艺术节组委会还安排了各国队员到当地居民家里用餐的环节，一位队员高兴地说"这种安排非常有意思，这是难得的体验当地民间文化的机会，是以前参加的其他演出活动所没有的"①。非政府组织文化交流，实现了不同文化的人们心灵上的沟通，滋润了人们的心田，增强了彼此的理解信任和文化认同，以润物细无声的方式逐渐获得"一带一路"沿线民众的支持。

当今世界，人类社会相互依存、休戚与共，"各国相互联系、相互依存的程

---

① 联合国教科文民间艺术国际组织网站，http://www.iovchina.org/zt/2014art/iovysj.html，最后访问日期：2018年4月28日。

度空前加深，人类生活在同一个地球村里，生活在历史和现实交汇的同一个时空里，越来越成为你中有我、我中有你的命运共同体"①。历史上的非政府组织为人类文化交流与和平发展做出了巨大贡献。例如，1863 年成立的国际红十字会组织（ICRC），本身就代表了世界人民向往和平、反对战争的文化认同。按照日内瓦四公约的规定，国际红十字会具有保护战争和武装冲突中的平民、受难者和战俘的生命与尊严，并向他们提供援助的人道使命。国际红十字会具有很强的独立性、中立性和公正性，因而在战争中可以自由探视战俘，并帮助在家人之间交换通信，不受监视地与战俘谈话，在交战方之间进行中立调解、监督救济物资的分配等，不受政治约束和限制，跨越主权、文化、种族、宗教的界限，利用超国家权威救助灾难中的人们，红十字会在全世界范围内得到普遍认同和支持。

通过非政府组织文化交流柔性机制的构建，容易实现沿线国家和人民的文化认同、文化包容和文化融合，最终达到人心交融、心心相印的境界，如图 2 所示。图 2 中虚线表示，如果在这个过程中缺少非政府组织的柔性机制参与，仅靠政府开展文化交流，效果往往并不理想，甚至会激化矛盾。实现沿线国家

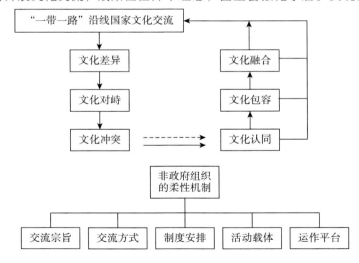

图 2　"一带一路"沿线非政府组织文化交流机制构成

资料来源：笔者自制。

① 国家主席习近平在莫斯科国际关系学院的演讲，http://www.gov.cn/ldhd/2013 – 03/24/content_2360829.html，最后访问日期：2017 年 10 月 8 日。

的文化认同和文化包容，就必须在现有机制中，大力加强非政府组织的参与。只有加强非政府组织的参与，促进文明兼容并蓄、交流互鉴，才能纾解人们的心理纠结，夯实国家间合作的民意和社会基础，真正实现沿线国家和人民对"一带一路"倡议和中国的文化认同，将沿线国家紧密联系在一起，同呼吸、共命运，把自己的事业变成大家共同的事业，用民心相通带动政策沟通、设施联通、贸易畅通和资金融通，化解利益矛盾和文化冲突，推动更多具有社会经济效益的合作项目落地，把"一带一路"倡议和人类命运共同体的美好愿景变为现实。

四 加强"一带一路"沿线非政府组织文化交流机制建设

如果说人类命运共同体是中国应对全球治理的总体理念的话，那么构建非政府组织的文化交流机制则是中国应对"一带一路"沿线国家文化冲突的治理方案和现实选择。应建立"一带一路"沿线国家以非政府组织为主，政府组织指导与协助下的双向互动、资源共享的文化交流机制，推进"一带一路"倡议的进一步发展。具体建议如下。

（一）加强非政府组织的制度保障，鼓励非政府组织参与文化交流

首先是建立与完善非政府组织内部的机制化建设，并积极与已有的重要国际机制联通与对接。其次是国家和国际社会要对非政府组织给予制度保障，减少国家、政府对非政府组织的干预，保证非政府组织的独立性和公正性，鼓励非政府组织的发展并参与文化交流事业，增强非政府组织活动的合法性。最后是建立非政府组织与国家、政府间国际组织、跨国公司的合作机制，充分发挥非政府组织文化交流机制的战略补充作用。

（二）促进"一带一路"非政府组织学术研究交流

充分发挥大学联盟、智库联盟等非政府组织的力量，推动形成一种跨国学术团体交流网络。一方面政府要做好顶层设计，进行统一规划、统一部署、统一指导，让非政府组织站在文化交流的前台，加强国家与地方、地方与地方、中外学术研究组织及团体的沟通交流与合作，深入挖掘"一带一路"沿线国家的文化情况，通过论坛、会议、报告会、研究会、学术交流等形式，将沿线国

家的高层文化精英产生的成果和影响对"一带一路"进行辐射，拓展国家新型公共外交的内容和渠道。

（三）加强"一带一路"非政府组织文艺团体交流

在"一带一路"框架下，艺术交流是一个非常好的促进沿线国家沟通与合作的平台。要定期开展新闻作品、影视剧作、文学作品、戏曲作品等的评选活动，举办作家协会、摄影家协会、电影家协会等艺术团体的交流互访活动，开展"丝绸之路"文化选秀活动，通过这些活动的举办促进中国与"一带一路"沿线国家分享人文资源，加强文明互鉴，达到文化互鉴、文化包容的目的。在对外交流具体过程中，切忌强推中国概念、中国文化或价值观，而要认真倾听沿线国家民众的呼声，通过相向而行的努力，不断缩小认知鸿沟，真正将共商、共建、共享的原则精神落到实处。

（四）积极开展"一带一路"青年妇女儿童类非政府组织交流活动

青年、妇女和儿童类非政府组织是"一带一路"沿线重要的民间文化力量，这些非政府组织的文化交流对推动"一带一路"国家经济合作、夯实合作的民意基础具有重要作用。发挥国际青年成就组织、中国青少年发展基金会等非政府组织的作用，加强青年特别是大学生之间、青年创业者之间的国际交流，开展互派留学生、人员互访等活动，使广大青年成为中国与"一带一路"沿线国家关系健康发展的有力参与者和促进者；发挥世界女童军协会（WAGGGS）、国际民主妇女联合会等非政府组织的作用，争取和保护妇女在社会和文化生活等领域的平等权利，消除社会和家庭对妇女一切形式的歧视，保护儿童权利等。通过这些非政府组织积极参与并合力推动"一带一路"国家文化交流合作走深走实，促进沿线国家社会公平正义，切实增强民众对"一带一路"国家合作的参与度和认同感。

（五）开展"一带一路"非政府组织民间文化交流活动

加强与沿线国家主流媒体和地方媒体之间的合作，开展文化选秀、新闻交流、文化趣事、文化溯源、文化科考、中小学生文化夏令营等活动，讲好中国文化故事，树立良好中国形象；开展和打造跨国婚姻、跨国友情、中外少数民族寻根问祖等跨国文化交流活动和平台，促进不同地域的文化互联互通；加强与沿线国家在民间传统工艺、中医药、京剧、传统戏曲、武术、杂技、道教、中餐、书法、绘画、茶艺等领域的交流合作。当前，中式服装、中餐等中国元素可以成为对外文化交流的一个重要载体，要充分利用遍及世界各地的中餐馆、非政府组织，组织更多的中餐海外文化交流活动，让中国餐饮、中国文化深入"一带一路"沿线普通家庭。

（六）推动"一带一路"非政府组织文化交流信息化建设

在新科技革命的浪潮下，新兴媒体和虚拟非政府组织建立和扩展了"一带一路"沿线国家社会文化交流网络，跨越了地理和国家边界。要鼓励非政府组织打造和规范公共数字文化平台，提升公共文化服务能力；发挥信息化时代社群组织（如微信、QQ、Facebook、Twitter、MuSpace）的高效、便捷、灵活的文化交流功能，搭建"一带一路"沿线国家互联网交流平台，促进信息资源共享，拓宽人际交往渠道，避免文化冲突，构建"一带一路"沿线网络空间命运共同体。

（七）完善孔子学院等文化交流机制和平台建设

开展人文交流活动，要因地制宜，充分考虑受众的文化习惯、学习需求和具体环境。孔子学院不仅要教授中文，还要开设中国文化概况、商务汉语以及中国礼仪等课程，还要定期举办与中国有关的专题讲座、文化沙龙、电影欣赏、艺术展览活动。此外，孔子学院还要注重与当地政府、学校以及公益机构的合作，开展各类文化推广活动，以当地人更能接受的方式传播汉语和相关文化，强调中国的话语权，提升中国的形象和影响力。

五　结论

"一带一路"不仅是商贸往来之路，更是文化交流之路。丝绸之路的历史源远流长，"一带一路"沿线跨文化治理也不可能一蹴而就，需要春风化雨、润物无声的长期努力。"一带一路"沿线国家地缘政治、经济、利益矛盾错综复杂，社会制度、宗教信仰、历史文化、种族肤色等文化差异显著，跨文化冲突依然大量存在，严重影响"一带一路"倡议的顺利推进。"国之相交在于民，民之相交在于心。"弘扬古丝绸之路"开放包容、互利共赢"的精神，鼓励世界不同文明间的交流与合作，通过民间交往，加深交流，增进互信，厚植民意基础，共创和平，共同发展，方是"一带一路"倡议顺利推进的长久之策。当前，加强文化交流机制建设，必须从政府倡导转向民间社会各界的积极参与，让非政府组织逐步成为"一带一路"文化交流机制建设的核心力量，形成"举民间社会之力，建丝绸文明之路"的新局面。当然，受体制和能力等因素限制，非政府组织不能够解决"一带一路"沿线跨文化治理中的所有问题。作为国家和政府文化交流的重要补充，从长远来看，非政府组织文化交流合作，能够夯实区域合作的民间基础和社会基石，促进"一带一路"沿线国家"民心相通、合作共赢"，增进沿线民众的文化认同、文化包容乃至文化融合，为"一带一路"政治互信、经济融合提供重要基础和保障。

参考文献

蔡拓（2017）：《世界主义的新视角：从个体主义走向全球主义》，《世界经济与政治》，（9），第21页。

〔美〕道格拉斯·C. 诺思（2008）：《制度、制度变迁与经济绩效》，杭行译，上海：格致出版社、上海人民出版社，代译序，第9页。

〔美〕哈维兰（2014）：《文化人类学：人类的挑战》，陈相超、冯然等译，北京：机械工业出版社，第11页。

黄寿祺、张善文（2007）：《周易译注》，上海：上海古籍出版社，第155页。

刘贞晔（2015）：《全球公民社会研究：国际政治的视角》，北京：中国政法大学出版社，第41页。

〔意〕玛利亚·切亚拉·赞尼尼、〔荷〕吉姆·托马斯·威廉姆·斯图曼（2015）：《"一带一路"倡议：致力于打造文化认同的一项宏伟社会工程》，《欧洲研究》，（6）。

〔英〕马凌诺夫斯基（2002）：《文化论》，费孝通译，北京：华夏出版社，第15页。

〔美〕塞缪尔·亨廷顿（2009）：《文明的冲突与世界秩序的重建》，周琪等译，北京：新华出版社。

王逸舟（2015）：《当代国际政治析论》，上海：上海人民出版社，第186页。

Union of International Associations (2012), "Yearbook of International Organizations 2011 – 2012", Vol. 5, Leiden：Brill.

中国非营利评论
China Nonprofit Review

Study on Cultural Exchange Mechanism of "The Belt and Road" along the Country's Non-Governmental Organizations: From the Perspective of Cultural Identity

Guo Hongwei

[**Abstract**] The key that "the Belt and Road" initiative is developed and identified along the the country is cultural identity. Cultural identity is the "the Belt and Road" initiative is a kind of effective incentive and governance structure to produce positive energy along the country and the people. The biggest problem of "the Belt and Road" along the country governance is cross cultural conflict, resolution of cross cultural conflict calls for the formation of cultural identity, strong humanistic exchanges of government organization can not form the true cultural identity, culture identity that produced by humanistic exchange mechanism of non-governmental organization is the most enduring and most persistent. Cultural exchange of non-governmental organizations is conducive to the promotion of the people's hearts and minds along the line, the realization of the fairness and justice, and the avoidance of the risk of misreading of cultural aggression. Therefore, in the implementation of "the Belt and Road" initiative, cultural identity of non-governmental organizations can reduce the conflicts of interest and cultural conflicts, thus promote the implementation of "the Belt and Road" initiative. Strengthening the construction of the cultural exchange mechanism of non-governmental organizations should begin with think tanks, literary and art groups, youth, folk, media and other aspects.

[**Keywords**] Cross Cultural Governance; Non-governmental Organization; Cultural Identity; Exchange Mechanism

（责任编辑：李长文）

审议式公民参与的公共赋权：
台湾桃园市参与式预算的公民创新

孙 炜[*]

【摘要】为了解决当代自由民主体制的问题，实务者及研究者强化授权性的参与机制，透过具备直接民主精神的公民参与，来提升公共资源分配的分配正义，参与式预算就是其中的积极手段之一。为了提升行政机关以及公务人员推动参与式预算业务的能力与意愿，公共赋权是将参与式预算的决议制度化，并实际产生政策影响的关键。本文以桃园市行政部门作为公民创新的个案研究场域，探讨地方行政机关以及公务人员推动参与式预算的赋权过程与赋权结果的动态发展。研究发现从 2015 年起，台湾桃园市运用行政机关的特定用途预算作为参与式预算的议题，且采用委外模式交由民间团体推动。在赋权过程部分，桃园市行政部门针对青年、市民、公务人员进行系统性的培力课程，提升沟通、审议、方案规划、投票的能力；在赋权结果部分，多数的预算方案并不符合参与式预算的要件，仅是参与式规划。因此，台湾桃园市推动参与式预算的公共赋权尚在雏形，由形式性赋权转化为实质性赋权的成效，主要取决于行政首长、行政机关与公务人员的态度意愿、能力培养以及制度设计。

【关键词】审议式公民参与 公共赋权 参与式预算

---

* 孙炜，台湾"中央"大学法律与政府研究所特聘教授、社会责任办公室主任。

一　前言

以由代议立法机关与技术官僚组成的行政机关为核心的自由民主体制（Liberal Democracy），发展了约两百年之后，在当代已产生诸多问题，民主政治似乎窄化为立法与行政机关的政治领导层级的竞争性选举，而与民主的核心价值譬如公民积极参与政治活动、公民彼此对话形成共识、规划与执行有利于整体社会与经济的政策、较平等的资源分配等渐形渐远（Fung & Wright，2003：3）。当代政治人物及政治学者解决此种民主赤字的积极手段之一，就是强化授权性的参与机制，试图透过具备直接民主精神的公民参与（Citizen Participation），提升公共资源分配的分配正义。

相较于公共参与（Public Participation）或政治参与（Political Participation）或个人性的志愿参与（Langton，1978；纪俊臣，2015），公民参与是较为正式的法制用语，具备"直接的民众参与"（Direct Public Engagement）以及"政府行动结合民众讨论"（Tie Government Action to Discussion）两项特征。前者是指公民参与的参与者、利害关系人以及社会大众个别并积极地涉入特定议题的讨论过程，而并非找他人代表或中介，且以集会或上网等形式共同进行讨论（Nabatchi & Amsler，2014：65s）；后者是指公民参与讨论特定议题的决议，应该转化为政府的具体行动、计划与政策。从20世纪80年代末期以来，全球各地兴起了审议式（Deliberative）公民参与的风潮，各种创新性的公民参与模式虽然样态各异，但有两个共同特性：一是希望在传统的政治决策结构之外，提供广泛的参与机会，卷动更多的公民直接涉入影响他们生活的政策决定；二是在公民参与的过程中，注入讨论与对话的要素，让具备各种意见与价值的公民彼此聆听，相互响应，进而对涉及公众福祉的政策，形成共同意见（林国明，2015：127）。

审议式的公民参与必须具备沟通（Communication）与赋权（Empowerment）两个层面（Baiocchi & Ganuza，2014：31）。在沟通层面上，参与者、利害关系人以及社会大众经由公平开放的参与机制以及公开透明的会议程序，来决定方案的取舍及其优先级，并经由审议性思辨与讨论彼此的意见与价值，发挥审议民主的精神；在赋权层面上，政府也必须设计及调整其结构，来执行参与者、利害关系人以及社会大众运用审议式公民参与所达成的决议，甚至需要评估达成公民参与决议的成效，以作为课责的根据。审议式公民参与的沟通层面与赋权层面相辅相成：只强调沟通层面的公民参与仅具备咨询的功能，公民投入的热情可能将逐渐下降；只着重赋权层面的公民参与则可能存在利益或价值上的偏差，减损决议的正当性及可行性。

深入言之，审议式公民参与具有准立法（Quasi-legislative）的性质，因为推动公民参与的过程之中必须进行参与者、利害关系人以及社会大众之间的对话与审议；公民参与的实践也具有准司法（Quasi-judicial）的性质，因为推动公民参与的主要目标之一是透过事前评估、协商、仲裁来解决争议（Bingham, et al.，2005：547）。因此，公民参与可能与当代自由民主体制之中立法机关的监督功能相互重叠，而且与行政机关的执行权限产生扞格，因而审议式公民参与乃是在处于相当敌意的（Hostile）政治系统之中运作的（Patsias et al.，2013：2218）。因此，审议式公民参与的决议如何在当代自由民主体制之中，转化为具体政策并为行政机关确实执行，特别是行政机关中具有实质裁量权限的官僚体系如何调整既存的结构与程序，来提升公民的参与能力并响应公民参与的决议，是一个富于高度政治意涵的理论性研究议题，也是在当代各种模式的公民参与被广泛采用的民主浪潮下，所必须解决的经验性实践议题。

在当代盛行的审议式公民参与之中，参与式预算（Participatory Budgeting）是启动于 20 世纪 80 年代末，盛行于 21 世纪初期，至今在台湾方兴未艾的公民创新（Civic Innovation）模式。然而，参与式预算的意涵与目标含糊暧昧并不明确，但这种模糊性（Ambiguity）可以包容不同行动者的利益和想象而可各取所需，去实践自己所拥抱的价值（苏彩足，2017：2）。参与式预算主要包括公民与政府两方的行动者。就公民行动者而言，参与式预算是地方居民分配公共预算，并决定政策优先级的决策工具（Baiocchi & Ganuza，2014：32）；就政府行动者而言，参与式预算是政府邀请公民参与预算编制，并承认公民影响预算配置的民主性政策制定过程（Zhang & Yang，2009：289）。当代政府推动参与式预算的理由包括提升地方居民的政治涉入、促进课责与透明、降低腐化风险，其甚至可以增进政府效率（Fugini et al.，2016：27 - 28）。此外，参与式预算还具有教育公民、政府人员、小区居民等了解公共议题与小区需求，以及鼓励传统上被低度代表的弱势团体参与资源分配的社会正义功能等等（Lerner，2011：31）。更值得注意的是，由于参与式预算开于社会大众、公民团体、传播媒体等涉入政府决策，因而可以发挥揭露政府疏失、发展前瞻议题、激发机关之间合作等社会课责（Social Accountability）的功能（Ma，2009：s66）。

就台湾社会的脉络而言，2015 年各地方行政部门开始积极推动参与式预算，新北市由各行政部门率先试行；在 2014 年底台北市长选举期间，市长候选人在竞选政见中提出了参与式预算的想法，选后台北市全区推动，接着台中市、高雄市等也陆续展开推动参与式预算的实验。参与式预算遂在民选地方行政首长的主导下，在短短数年间出现了诸多试办及实务推展案例。当前台湾由民选地方行政首长推动的参与式预算，对地方行政机关以及公务人员的负担和挑战相当大，因为在这种政治氛围之下，参与式预算可视为一种"由政府指示的"（Government-mandated）公民参与，也就是民选地方行政首长希望行政机关主动将审议之后的民意纳入预算过程之中（Buckwalter，2014：573）。这意味着地方行政机关以及公务人员推动参与式预算的重心，已非是否在预算编制过程之中纳入公民的意见而已，还在于如何提升参与式预算在沟通层面的质量，以及增加参与式预算在赋权层面的可行性。也就是说，地方行政机关以及公务人员不仅需在推动参与式预算的沟通层面上，设计具有说理式的审议（Reasoned Deliberation）精神的场域规则，使参与的公民可以经由公平开放的参与结构以及公开透明的会议程序，来决定预算方案的取舍及其优先级，并经由审议性思辨与讨论彼此的意见与价值，发挥审议民主的精神，更为关键的是，地方行政机关以及公务人员还必须在参与式预算的赋权层面上扮演重要的角色。

本文的研究问题在于台湾地区如何推动审议式公民参与，特别聚焦在地方行政机关如何使推动参与式预算的公务人员与公民经由公共赋权以提升公民素养并形成政策效果。本文选择台湾的桃园市作为研究推动参与式预算公共赋权的研究场域，是因为桃园市乃台湾地区工商发展最快速且最具国际化潜力的地方，2014 年其升格之后在政治、经济、社会、小区各方面的发展有目共睹，近年桃园市推动参与式预算也不遗余力。根据桃园市参与式预算网公告，2017 年办理即达 45 件，正积极投入公共资源推动参与式预算。① 而桃

① 详参桃园市政府参与式预算网《扩大推动参与式预算，增进市民对"市府"施政效能的认同》，http://www. tycg. gov. tw/budget/home. jsp？id = 2&parentpath = 0，1&mcustomize = multimessage_view. jsp&dataserno = 201705040003&aplistdn = ou = hotnews，ou = chinese，ou = ap_root，o = tycg，c = tw&toolsflag = Y&language = chinese，最后访问日期：2017 年 10 月 7 日。

园市行政机关与公务人员对于参与式预算的观感，以及相关制度设计与行政作为不仅攸关将参与式预算的提案落实于行政机关之预算编列外，亦得付诸执行的成果，也是决定公民能否经由参与式预算提升公民素养的关键，具有极其显著的重要性。

二 文献分析

参与式预算在 1989 年由巴西的愉港市（Porto Alegre）开始实行，原来是增加贫穷公民的公共资助来改善生活条件的政治活动。至 2002 年有 50000 名公民，包括 1000 个小区团体与非政府组织投入参与式预算所提出的议案，每年决定了愉港市约五分之一的支出。参与式预算涵盖的决议由起初的加强交通、水质、地下水道等基础建设工程，逐步扩充至教育、健康、社会照顾等小区相关议题。愉港市认为参与式预算实际上是加速了公民协商的过程，不致延宕决策程序，而予以高度评价（Bovaird，2007：851）。迄今全球已至少有 1500 个操作参与式预算的经验，英国与多米尼加共和国甚至立法要求所有地方政府必须推动参与式预算，联合国与世界银行也称之为民主治理的最佳实践方式（Lerner，2011：30）。贾西津（2014）指出参与式预算的发展原因与核心价值为：

> 参与式预算在明确提出后之所以吸引了广泛关注，代表了这个时代的一种思潮，即重新拥抱直接民主……其中，公共预算显然是重要而适宜参与的切入点。参与式预算的核心是公民参与，并（特）别强调普遍的、全过程的、直接的公民参与控制国家的过程。

当前绝大多数参与式预算的经验性研究集中在"沟通层面"，研究重心在于如何在参与式预算推动过程中提升"参与"和"审议"两大议题；相对而言，"赋权层面"的研究重心则在于如何将执行参与式预算的决议予以"制度化"（Institutionalization）的议题，由于涉及当代自由民主体制的制度调整，特别是行政机关以及公务人员的能力与意愿，学术研究几乎付之阙如（Baiocchi & Ganuza，2014：32；Gilman，2016：119）。但是，参与式预算的实施与其他公民参与一样，也容易陷入保守被动的官僚文化氛围当中。当公务人员觉得参与式预算问题太多，力有未殆，或是根本不信任或不接受它时，则在公部门中实施参与式预算的失败风险是很高的（苏彩足，2017：14）。

为了分析行政机关以及公务人员承载参与式预算业务的能力与意愿，来提升参与式预算的效能与正当性，本文提出的原创性观点是参与式预算的"公共赋权"（Public Empowerment）。Empowerment 的字面意思是"授予权力"。然而，由地方政府推动参与式预算的公共赋权就具备了双重角色。一方面，地方行政机关以及公务人员必须在推动过程之中，提供信息、专业、资源等条件来提高公民心理的自我效能感（Self-efficacy），使公民感受到他真正能够影响预算分配与政策规划，这种"公共赋权"应理解为"民众授能"（胡龙腾，2017：23）。另一方面，地方行政机关以及公务人员也必须将参与式预算的提案落实于行政机关之预算编列外，亦得付诸执行，以实质地经由预算落实政策，这种"公共赋权"应理解为"政府与民众合力执行"（Bovaird，2007）。也就是说，参与式预算的决议必须予以制度化，经由实验性的公民创新转化为惯常性的行政实践，方可评估参与式预算的效能与正当性（Gilman，2016：157）。

在当代公民参与结合公共赋权的学术文献之中，Archon Fung & Erik Olin Wright 所提出的"赋权式参与治理"（Empowered Participatory Governance），可以说是最具影响力之理念型概念架构。他们归纳了包括巴西愉港市推动参与式预算等数个公民参与的成功案例，提出欲将公民参与转型为政治决策，需基于三项原则（Fung & Wright，2001）：处理明确且可以触知的公共问题、在由下而上的过程之中纳入被公共问题影响的一般民众与地方官员、经由审议途径来解决公共问题。他们进一步主张能够促进、稳定及深化民主价值的赋权制度设计，应具有三种基本性质（Fung & Wright，2003）。

第一，权责移转（Devolution）。

由于公民参与所处理的大多数是地方性议题，且参与的公民也来自基层，所以相关的制度必须经过适当的重组，将行政与政治权力转移至地方单位，进行实际政策执行并为其绩效负责。因此，地方单位不仅具有咨询的功能，而且也需具有实质的决策权力。

第二，集中化的公民参与监督与协调。

虽然地方单位拥有实质的决策权力，却不代表它可以自主而不受限制地决策。也就是说，地方单位仍然需要与上级监督机关保持良好的沟通，并接受其课责，而且上级监督机关可以经由多种方式，来确保地方单位推动民主审议与政策方案的质量，例如分配及调和资源、解决地方单位无力自行处理的问题、推广创新做法、促进跨域政策学习等。

第三，统治权威仍回归至公共机关，而不是民间团体。

虽然赋权制度设计相当强调志愿性公民团体的角色与重要性，但是最后的统治权威仍然还是公共机关拥有，并可以创建新的公共机关与制度来支持并指导公共决策，而非将统治权威移转给公民团体，关键是仍应由官僚体系来执行公民参与的决议。

但是，Neshkova（2014）认为公务人员往往抗拒公民参与的决议，因为公共行政与行政人员长期抱持官僚价值，譬如重视效率效能、强调行政专业、着重忠诚、要求责任等等，而视公民参与的决议缺乏政策常识、耗费行政成本、减缓决策时间，也可能在实践之时窒碍难行，甚至某些公民参与的决策仅是代表特殊利益而非公益，等等。Buckwalter（2014）则进一步提出由政府指示之公民参与所提供赋权的三项研究议题：行政人员实际与公民期待之间的差距是双方挫折感与失望感的主要来源；在参与过程中公民与行政人员之间的接触经验影响公民对于赋权的感觉；赋权结果取决于参与过程的合理程度以及公民与行政人员的关系强度。

Baiocchi & Ganuza（2014）根据巴西愉港市推动参与式预算的实际经验，提出了赋权层面的三项制度设计。

第一，排他性的传送机制（Exclusive Conveyor Belt）。

为了真正落实参与式预算，需要成立新的预算规划单位，且此单位必须在地方政府中的行政机关之上，以确保预算可以被执行。依据民主分权制衡原则，议会拥有预算审议权，但由于参与式预算具备高度的民意正当性，议会往往不会修改其决议，因而参与式预算可能排挤了其他经费项目，甚至减少其他参与渠道影响预算的机会。

第二，官僚体系的参与式改革（Bureaucratic Participatory Reform）。

为了让参与式预算发挥功能，官僚体系之内必须建置新的职位与业务，例如增设小区促进人员，由其负责定期与小区居民互动并处理各种居民意见，作为地方政府局处与小区的界面。此外，小区促进人员还必须将技术专家的意见"转译"给小区居民，使其了解专家的意见，并要确保这些专家意见必须"配合"居民的最终决定。

第三，决定会议规则的会议（the Forum of Forums）。

为了推动参与式预算，可能还需设置城市预算委员会，集合各方代表来思考及合法化整体推动过程之中可能面临的议题，例如处理超越规则的未预算状况、决定审议与决策的规则、根据公平正义的准则来设定计划的投资顺序、扮演政府与地方参与公民的中间人角色等等。

由上述参与式预算以及公共赋权的理论论述以及经验研究，可知官僚体系需要在制度、人员甚至目标等方面进行较大规模的变革，方能真正推动参与式预算提升公民素养并形成政策效果。本文根据上述文献探讨提出研究设计与分析架构。

三　研究设计与分析架构

参与式预算在世界各地的实践是千差万别的，做法各式各样，很难找出一个确切的固定模式（贾西津，2014）。当前台湾地区推动参与式预算，依据民选行政首长的意志、地方的资源与环境需求而采取多元的模式。若从推动者的角度与经费的来源来看，大致可以区分为"县市议员工程建议款"与"行政部门推动"两种类型①（苏彩足，2017：4~8）。"县市议员工程建议款"模式是由议员拿出一定比例的工程建议款（配合款），在行政部门的协助下，交由地方居民提案、审议、投票，再由议员提出，而由行政部门执行。但在经验上，议员建议款模式在台湾较不受青睐，其可能的原因包括大部分乡镇市或县市缺乏推动参与式预算的资源和基础条件、社会力量较为丰沛的地方则早已废除议员建议款制度。此外，参与式预算的成功推动，不论是在倡导阶段还是提案投票阶段，皆需要行政部门的大力协助。若仅由特定议员独立推动参与式预算，是否能得到行政部门的协助，仍有其不确定性。另外，"行政部门推动"模式又分为"地方政府全面推动"和"个别行政局处推动"两种层级。前者是指地方开放各辖区民众提案，根据提案性质交由相关的行政部门评估并协助改善，经民众审议及投票后，再纳入当年度预算或下一年度的概算。后者是指个别行政

---

① 万毓泽（2016）：《台湾推动"参与式预算"的反省与前瞻》，https://theinitium.com/article/20160310-opinion-participatorybudgeting/。

部门将自己的一部分业务，纳入公民参与的机制，将一部分预算额度或计划交由（特定地区或特定类型的）市民提案、审议、投票。行政部门可以自行推动参与式预算，也可以将业已编定的预算，借由行政采购流程，委托某个非营利组织或大专院校团队，以参与式预算的精神和程序来执行该笔预算。

由于参与式预算在各国及地区之推动程序皆不相同，必须反映所在地之社会价值及民情特色，具备因地制宜之特性。此一特色亦在台湾地区有所展现，不同县市针对其管辖区域范围内之风俗民情以及行政机关之执行能量，规划并推动具备在地特色之参与式预算程序（许敏娟等，2017）。就预算规模或种类而言，桃园市推动的参与式预算是"议题型特定用途预算"，即以个别行政部门既有且特定用途之预算作为公民参与之目标，且具有议题主管权的个别行政部门投入。就推动主体而言，桃园市是"委外模式"，即行政机关透过劳务采购之方式将参与式预算之业务委外于民间专业团队执行，而此专业团队可能是非营利组织、学术机构甚至是营利性质厂商。本文采用深度访谈与参与观察两种质性研究方法进行经验研究，深度访谈的对象包括桃园市推动参与式预算的领导阶层（政治任命人员）、执行阶层（实际执行参与式预算的基层官僚）、参与民众（提案者）；参与观察的对象是青年事务局所通过的两个参与式预算方案，包含"龙潭美食街"及"都会区原青社会企业"的实践经验。

贾西津（2014）以公民权利的实现程度作为研究重心，提出了一个分析参与式预算的全观性架构：参与的组织结构、参与程序中的权力配置、参与的制度属性三个维度，以及启动层级、预算层级、预算范畴、组织结构、参与程序、代表产生、预算投票、规则控制、村民参与、参与时间十个要素。本文参酌上述分析架构，将研究重心置于参与的组织结构维度以及参与程序中的权力配置维度，再将参与式预算的公共赋权区分为两个部分：赋权过程和赋权结果。就赋权过程而言，地方行政机关必须经由培力、动员、监督等行政作为，确保公民与公务人员拥有进行说理式的审议，并达成决定公共预算与政策之优先级的参与能力（Participant Capacity）（Buckwalter，2014：574 – 575）。就赋权结果而言，地方行政机关以及公务人员也必须具备执行参与式预算决议的响应性（Administrator Responsiveness），确定公民可以实际影响地方行政机关以及公务人员的行动（Sjoberg et al.，2017：341）。基于上述分析，本文的研究目标是以桃园市作为研究场域，透过质性的经验性研究，探讨地方行政机关以及公务人员推动参与式预算的赋权过程与赋权结果的动态。具体而言，本文将解析地方行政机关以及公务人员如何经由参与式预算相关的培力、动员、监督等行政作为，来提升本身及公民具备说理式审议的参与能力；本文也将探讨地方行政机关以及公务人员如何发展响应性，除将参与式预算的提案落实于行政机关之预算编列外，亦得付诸执行。也就是说，探讨桃园市如何经由提供参与式预算沟通平台的形式性赋权，转化为执行参与式预算决议的实质性赋权。

本文提出了两个观察及研究参与式预算公共赋权的阶段，第一是经由赋权过程的运作，来提升公民与公务人员的参与能力；第二是经由赋权结果的落实来发展行政机关与公务人员的响应性。本文主张桃园市参与式预算的形式性赋权，必须经由赋权过程阶段以及赋权结果阶段相互影响的环境、机关、机制、参与者四个赋权构面的正向发挥，方可能进展至实质性赋权，也就是行政机关确实执行了参与式预算的决议，以达预期的政策成果。本文之分析架构的各项要素、构面及关系如图1所示。

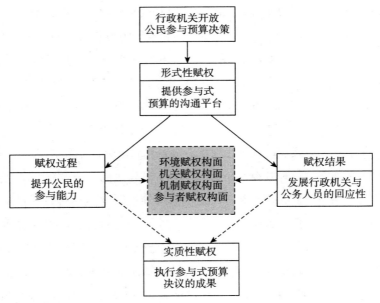

说明："——→"表示既定政策方向，
　　　"---→"表示规划研究方向。

图1　参与式预算基本情况

资料源：作者自绘。

本文整合赋权过程与赋权结果的功能，开展出以下四个赋权构面，并提出在每一构面之中主要的研究问题，作为后续之经验研究的指引。

（1）环境赋权构面：桃园市参与式预算的领导阶层包括市长及其主要幕僚、市议员、研考会、青年局、各局处以及区公所首长等对于参与式预算的观感、意向与偏好等等。具体的研究问题如下：领导阶层支持或反对推动参与式预算的理由为何，执行参与式预算是否可能排挤其他的政府服务，哪些行政机关或政策议题较适合采用参与式预算，领导阶层持续支持参与式预算的影响因素为何。

（2）机关赋权构面：行政机关的承办人员对于参与式预算的观感、意向与偏好、预算程序的弹性、行政机关层级体制的设计等等。具体的研究问题如下：行政机关的承办人员支持或反对推动参与式预算的理由为何；行政机关在哪一个预算程序加入参与式预算将更有利于执行决议；行政机关推动参与式预算的金额是如何决定的，其法定依据为何；行政机关对于参与式预算的执行状况（完全执行、部分执行或转换执行、不执行）的理由为何；如何确保推动参与式预算的行政机关可以负责；如何发展出评量行政机关执行参与式预算决议成效的指针；如何评估参与式预算的短期影响力以及长期影响力；现阶段桃园市推动参与式预算采用委外模式的优点与缺点为何；参与式预算提案的行政机关之间如何协调；如何进行冲突管理。

（3）机制赋权构面：专责参与式预算单位的设置、参与式预算委员会的设置、参与式预算议事规则的设计、专责参与式预算行政人员的征引等等。具体的研究问题如下：领导阶层赞成或反对设置专责参与式预算单位的理由为何；领导阶层赞成或反对征引专责参与式预算行政人员的理由为何；如何设计参与式预算的议事规则，由何单位设计；有没有资金可持续推动参与式预算；如何评量参与式预算投入资金的"报酬率"；如果参与式预算告一段落，持续推动公民参与的方式为何；桃园市是否需要制定标准作业流程来推动参与式预算。

（4）参与者赋权构面：培力公民及公务人员投入参与式预算能力的做法，公民投入参与式预算的时机，参与公民及公务人员的观感、意向与偏好等等。具体的研究问题如下：参与式预算的受益对象为何，如何确保投入参与式预算的公民能够获得充分的预算信息，如何将参与式预算与现行的小区提案相互结合，公民团体赞成和反对参与式预算的理由为何，参与式预算可否配合现阶段公民团体的策略，公民团体是否愿意与行政机关共同执行参与式预算的决议，公民是否还热衷其他参与式民主的形式。

四　个案研究①

由于相较于其他公民参与的模式，参与式预算的决议对于政策具有决定性的、实质的影响力，因而桃园市推动参与式预算相当审慎，由研考会主政，制订参与式预算实施计划及协助各行政机关推动。此外，信息中心建置参与式预算网站；青年局统筹办理工作人员培训课程；民政局办理地方基层倡导；人事处办理机关员工教育训练。自 2015 年起，由青年局办理审议式民主的工作坊，2016 年办理演练试办计划，2017 年始扩大至全市试办。由研考会建置"桃园市参与式预算网"，汇整呈现全市办理参与式预算的机关及办理计划。依研考会汇整之结果，桃园市至 2017 年底提出议题计 45 项②，依推动议题性质区分，共计公园绿美化 14 项、小区营造 7 项、景观改善 5 项、桥下空间 5 项、社福或扶助 7 项、回馈金使用 4 项、文化观光 2 项、市民卡应用 1 项八个面向。桃园市的一级机关 19 项，二级机关 4 项，区公所 22 项。参与式预算金额总计 7393 万。

在公共赋权方面，由于桃园市公民对于参与式预算的意义、价值、操作等知识有待提升③，乃由青年局统筹主要的培力业务，于 2015 年推动演练试办计划，该案采委外模式，2016 年选出执行方案后，于 2017 年由获选之青年行动团队实际执行，目前仍在运行。以 2017 青年事务局所提两案为例，包含"龙潭美食街"及"都会区原青社会企业"两项方案，目前亦甫结束方案投

---

① 以下桃园市推动参与式预算的实践经验，皆取材于申请人亲自与机关主管与承办人的会议记录、参与活动心得以及台北市 2016 年度参与式预算成果报告专书。

② 网页资料同上注，案件数部分，因社会局所办理两案实属不同性质及目标案件，为便利分析故分别计算，则共计 45 件。

③ 2017 年 11 月 25 日至 12 月 1 日桃园市研考会进行的问卷调查结果显示：在"是否知道何谓参与式预算"中，"不知道"所占比例为 90.0%；在"是否知道本地推动参与式预算"中，"不知道"所占比例为 92.9%。但是，在"参与式预算有助于将需求反应在本地政策规划"中，"有"所占的比例为 49.0%；在"是否支持本地推动参与式预算"中，"还算支持"居首 47.9%，可见民众对于参与式预算不甚了解，但仍肯定桃园市推动参与式预算的做法。

票阶段，龙潭案之总投票数计 1000 票；原青案总投票数 1273 票。具体而言，桃园市推动参与式预算的先期任务是针对桃园市的"青年"与"公务人员以及市民"进行参与式预算的相关培力，目标是在青年方面，培养能够推动参与式预算的说理式审议及了解方案性质的"桌长"；在公务人员与市民方面，在桃园市现有局处以及 13 个区公所之内，必须至少培育一位了解参与式预算运作的种子。

首先，叙述桃园市青年的培力。2015 年起由青年局作为推动单位，希望透过参与式预算吸引青年参与，成为持续投入公共事务的社会力量。分为以下三个阶段，逐步落实。

第一阶段：举办审议式民主培训营。

2015 年 10 月，青年局与教育主管部门合作，举办青年圆桌公共论坛。2015 年 12 月办理"审议民主培训营"，邀请就学、就读与设籍于桃园的青年参与审议民主的培训，认识审议民主的概念及运作模式，培训担任公共审议主持人的能力。总计训练出 18 名具备热忱的青年桌长，期待这些人力资源成为未来办理参与式预算活动的人才。

第二阶段：组织指导委员会及试办演练。

2015 年 5 月起，青年局就开始邀请在地的专家学者以及曾经执行过参与式预算的老师，共同组成"指导委员会"进行咨询。在指导委员会中，确定当年的任务，是要在 9 月、10 月，以工作坊的形式，逐渐卷动在地青年的参与。演练阶段就是参与式预算的试办计划，透过这个试办计划，让参与青年了解参与式预算的讨论模式、操作模式与可能结果，并借此达到政策营销与沟通的效果。

第三阶段：举行三场主题式工作坊。

2016 年 9 月 10 日、10 月 1 日以及 10 月 2 日青年局针对 3 个不同主题："青年创业""青年公共事务培力""青年文化"分别举办了三场"特调咖啡工作坊"，邀请大专院校青年、社会青年及青年团体，深度访谈产生具体可行方案。在此工作坊中运用特殊的"访谈"技巧营造出青年喜欢的平等对谈氛围，透过弹性的小团体讨论，进行真诚的对话、反思问题、分享共同知识甚至找到新的行动契机。为了使参与青年精准提出符合编列预算原则的提案，青年局同仁也在现场参与讨论，说明编列经费原则。在活动的最后，针对各组提案进行投票和讨论。

其次，叙述桃园市公务人员以及市民的培力。青年局补助相关大学法律与政府研究所举办三场参与式预算系列活动，针对"参与式预算需从概念转向为可操作的政策工具""参与式预算需对参与有基本的标准""参与式预算需同时对行政部门赋权"三个方向规划三阶段的活动。

第一阶段：审议素人基础培力补给坊。

2017 年 8 月 31 日举办此活动，学员包括桃园市各行政部门人员、客家地方社团人员、大学青年等 29 人。活动内容包括（1）观念扎根：从审议民主到参与式预算，认识"审议民主、公民参与"的核心内涵与价值。（2）参与式预算活动执行过程与技巧：从台中市、高雄市办理经验中了解筹备与办理参与式预算活动过程中的执行技巧与细节。（3）参与式预算的观察：分享台北市执行经验，从中了解整体规划及执行参与式预算活动的技巧重点。（4）实作演练及学习回馈：设计议题，利用前述所学实际操作演练流程。以"世界咖啡馆"模式分组分桌，在不同讲师的引导教学之下进行对话讨论与提问分享，加深学员对参与式预算的意象。

第二阶段：审议种子进阶培力精实坊。

2017 年 9 月 22 日举办此活动，学员包括桃园市行政部门员工、对公共事务有兴趣或对参与式预算议题有认识的大学青年、地方社团人员、学校教职员工等 38 人。活动内容包括（1）桌长实作训练：分组后，以"世界咖啡馆"模式让参与学员开始实作，重点为桌长实作流程，如何带领讨论。（2）实战课程：规划议题，以参与式预算模式进行小组讨论、提案、投票、回馈等实际运作流程。（3）经验授予：就前阶段课程做分享回馈，并提供其他县市推动经验来加强学员印象。

第三阶段：成果发表论坛——参与式预算发现新桃园。

2017 年 11 月 17 日举办此活动，学员包括公务机关人员、大专院校教职员工、青年学子及对公共事务具有热情、兴趣的民众，约 80 人。本论坛分成理论层次的讨论及实践经验的分享，包含方案主持人、公务员及桌长，邀请桃园市公民参与执行委员会委员共同与谈，提出具体想法与文字论述，达到相互交流学习目的，并与其他县市及学者专家从理论与实务两方面进行交流分享。研考会选择了 2017 年推动参与式预算卓有成效的六个案例，分别由行政部门承办科长及科员、区公所承办课长，成功提案公民亲自报告推动经验、成效并作出检讨与改进意见。

最后，桃园市透过论坛展示一年来的成果，并进行以桃园市为主体，汲取台湾主要城市的参与式预算经验，创造属于桃园市的特殊公民参与模式。在本论坛之中，提出具备代表性的六个参与式预算执行个案：桃园市原青社会企业发展计划（青年局）、桃园机场回馈金用途公益活动及基层建设参与式预算（环境保护局）、龙潭美食街青年活化计划（成功提案公民）、东南亚移工休闲育乐活动（劳动局）、2017 年度青年职能培训参与式预算试办计划（就业服务处）、龟山区民众参与公共事务推动区域文化特色计划（龟山区公所）。

虽然因参与式预算的意涵与目标的模糊性，地方政府可因地制宜地采用不同的形式，但是参与式预算还是应具备以下四项要件：第一，公民可以在特定场合接触到各种政府方案的成本、操作、影响等相关信息；第二，公民可以在特定场合表述预算需求；第三，公民可以直接与政府人员互动，并提出预算方案；第四，公民可以投票选出预算方案（Gilman，2016：7 - 8）。以上述参与式预算的要件作为准据，2017 年桃园市所提出的 45 件方案中，属于参与式预算的可能还不到五分之一，大部分方案还仅是"参与式规划"。因此，研考会将之剔除，而保留其中符合参与式预算要件的方案，使公民参与得以顺利运作，采取由行政机关规划参与式预算方案，再委外交由某个非营利组织或公关公司，以参与式预算的精神和程序来执行预算；而培力方面，则以青年局补助特定大专院校团队、设计工作坊课程、举办研讨会的形式。

基于本文之研究问题、文献探讨以及研究设计，本文的研究思路如下：桃园市由 2015 年开始办理审议式民主工作坊，启动了公共赋权的初始阶段，随后在领导阶层的积极推动下，行政机关已开放全市公民参与特定政策议题的预算决策，并进而指定行政机关办理参与式预算、提高参与式预算的金额、提出多个参与式预算的培力计划等，提供参与式预算在沟通层面上的各项条件，即桃园市现已建置了推动参与式预算的基本沟通平台，并提供了桃园市公民彼此互动并形成预算决策的形式，但目标应是经由参与式预算解决地方问题，并达成预期的政策目标，也就是说，后续的关键作为是由形式性赋权进展至实质性赋权。本文根据上述研究架构，深入访谈桃园市民选首长的高阶幕僚、行政机关的承办人员以及实际投入参与式预算的公民提案人，采撷他们对于参与式预算公共赋权的观感。此外，笔者也实际至桃园市推动参与式预算的场域进行现场观察、记录整理实地数据，形成了以下个案研究的论述。

（一）环境赋权构面

台湾民选官员对于具有直接民主精神的参与式预算，怀抱着高度兴趣，即使推动参与式预算的过程相当繁复，费时费力，甚至会造成矛盾与冲突，也不保证对其争取选票有明显帮助，但民选首长及其幕僚仍积极推动参与式预算，主要基于以下理由。

1. 基于公民有能力积极参与地方事务的信任，而且信任公务人员有能力执行参与式预算的决议，一位政治任命的高阶幕僚表示：

接受参与式预算作为一个可行的政策工具的前提是你必须相信人民有能力提出自己的看法，而且人民也有这个需求，一个政府如果歧视人民或歧视蓝领阶级，那就不可能把这件事情做好……我们相信人民做得到，我们也相信公务员做得到，所以我们才推动这个计划。

2. 台湾六个"直辖市"都在推动参与式预算，形成一股公民参与风潮，民选首长主观上有意愿加入此一竞争性赛局，因而支持推动参与式预算。

3. 参与式预算可以协助少数弱势非主流的民众获得较多的公共资源，更可以发掘一些在既存的政经结构之下忽略而未受重视的公共议题。本研究访谈的另一位高阶幕僚指出：

弱势的议题或是比较边缘的议题，我觉得这两个东西都会是很适合参与式预算操作的东西，反而是既有的脉络其实它在操作参与式预算的时候会受限，它会受限于原来脉络的资源分配和权力关系……或是一个场域、议题本身过去它就是真空的，它可以被新的计划介入，所以参与式预算进去操作，怎么做都会对。

（二）机关赋权构面

对于基层承办公务人员来说，推动参与式预算是一个全新的实践，往往行政责任的归属是其首要考虑的议题，非常期待上级提供标准作业程序，以降低违反法令的风险。本研究访谈的一位基层承办公务人员指出：

> 公务人员要接触一样新的方案大家都会紧张，怕说万一哪边会出状况，尤其是动不动就刑事责任或是行政责任，其实我们还是蛮担心的……因为参与式预算没有一个法律来框它，我们公务人员最重要的就是要照行政程序走。

由于参与式预算对于公民与行政机关而言是一种公共创新的概念与实践，社会大众对之并不了解，实际负责推动的承办公务人员更是面对莫大的挑战与压力，但是在民选首长的指示之下，必须达成政策目标，他们只得边推动边学习。参与式预算的意义与操作方式更加困难的是本来参与式预算便具有模糊性，培训时期学者专家的意见并不一致，造成承办公务人员无所适从、士气低落。一位基层承办公务人员表示：

> 对于一般人来说，审议民主其实是蛮艰涩的用语……说不是额外的负担是骗人的，因为以往我们要办一个活动很简单，我自己决定就好了，我不用经过这么一个要花很多时间跟心力的过程去跟公民讨论……每一场说明会、工作坊、投票，我都必须要亲自参与跟出席，而且是假日整天的时间……常常会发生学者专家彼此之间意见不同，这一次会议给我们的方向，然后到下次会议可能是另一个学者来参加，又推翻了上次给我的建议。

在参与式预算的实践场域上，社会大众对于公共参与的热情其实也并不高，大众对于与所住小区无关，或自身拿不到物资回馈的方案缺乏兴趣，特别是当参与式预算的方案影响既定的资源分配方式或创新想法与传统观念不符合之时，参与式预算可能被视为"扰民"。此外，公民的审议能力也有待加强，他们还是期待"意见领袖"可以发挥引导的功能。一位基层承办公务人员表示：

> 民众可能不一定是对公共参与那么有兴趣，如果对民众没有提出一些具体物质上的诱因的话他们根本不会参与，而且甚至有"里民"跟我说如果之后这个案子委托给他们的人来做的话，他们干嘛来投票，这个

案子跟我有什么关系，我觉得现在很好我不想改变……我觉得现在民众普遍的水平并还没有提升到审议的境界，他们还是希望有一个人带着，就是服从一个 leader。

（三）机制赋权构面

台湾地区的政治制衡相对较微弱，民选首长领导的行政机关的裁量权限相当可观。桃园市推动参与式预算现今仍由行政部门分别以各自的特定用途预算作为议题项目，并非由公民自由提出方案，进行审议而后投票决议，也就是说，公民的"提案权"受限于行政机关指定的议题项目之中，行政机关采用此种模式的用意在于一方面降低地方议会的反对，因为预算已于上年由议会通过无从反对。另一方面，行政机关可以提升参与式预算决议的方案是在"可以执行的"的范围之内，也不会涉及太多跨局处的较复杂、高层次的方案，而将参与式预算的推动规模与现有行政机关的结构相互结合。本文访谈的三位高阶幕僚表示：

> 公务员其实权力非常大，预算的运用基本上在那个大框架之下你要怎么做都可以，尤其在地方上更是这样，因为地方议会对于行政机关的监督力道其实相较于"中央立委"的力道是弱的。
>
> 我认为参与式预算还是要回到各个局处去执行，应该是各自去定的，我们这里并没有给一个 SOP。简单来讲，我们就是还在建置桃园经验。
>
> 在各局处原本就要推动的业务里面，把部分业务拉出来用参与式的方式去推动，所以我们没有额外的预算的编列……所以你发现没有地方会争议，因为这个预算是我本来就要推的，我把它用成参与式预算，而且这个预算早就通过了，所以预算不会被议会抵制，只是把推动的方式改变一下而已。

（四）参与者赋权构面

桃园市选择由青年世代作为推动参与式预算的首选对象，因为青年世代对参与式民主与审议民主等新兴观念或制度运作的接受程度较高。再择定青年世代有兴趣的主题，如自行车交通运输系统建置、创意产业、文创基地、原住民事务等进行养成培力，促使青年世代成为推动参与式预算的种子。然而，参与式预算的提案者大多是年轻族群，但若无足够的经济上与精神上的诱因，当推动热忱逐渐消失之后，他们可能离开参与式预算的实施场域。桃园市一位推动参与式预算的代表性提案人表示：

> 我认为桃园市办的参与式预算可以让已经没落没人理的市场，重新加入年轻人的创意创新想法而重振当年风华，我们用"蠕动"来形容这种过程……我们把青年居民、市场摊贩、民意代表和政府单位结合起来，一起活化地方……但是对年轻人来说，未来是否能在地创业，才是主要考虑。

五　结语

本文基于参与式预算的背景脉络与文献评述，主张决定参与式预算是否能持续推动的关键因素，在于行政机关与公务人员对于参与式预算决议的响应性，也就是其决议不仅要编入预算，还要付诸执行，方能激发民众长期投入参与式预算。因此，推动参与式预算的重心在赋权层面，而赋权的前提是了解行政机关与公务人员对参与式预算的态度意愿以及对民众参与预算方案规划的信任程度，特别是公务人员对参与式预算的意义、价值、操作、限制、程序的专业知识乃是枢纽，因而推动参与式预算应先从公务人员的赋权开始做起，先培力优秀的公务人员作为种子，再将参与式预算的相关知识扩展至整体"文官"体系，之后由公务人员引导民众合力推动参与式预算。其次，行政机关也需判断什么公共议题适合作为参与式预算的方案，例如专业性较低、较小范围的小区性质、预算额度较少、促进平等、多元文化等议题可能在推动参与式预算的初期较为适合。

本文也由桃园市推动参与式预算的近三年经验，得到以下启发。

第一，参与式预算沟通层面的最终产出就是投票，但是投票只是完成了参与式预算的阶段性任务，接下来行政部门的分工执行投票的决议才是重心。因此，参与式预算的成败关键是在赋权层面，公民并不会关心局处分工，只会认定整体市府团队的执行结果是否确实落实投票的决议。

第二，参与式预算提供了地方行政机关公务人员与民众实际接触的机会。在双方讨论方案的过程之中，公务人员对于民众所关心议题的同理心将显著提升。

第三，参与式预算可能影响原本的资源分配结构而遭到反弹。既得利益关系下的利害关系人可能透过议会向推动参与式预算的行政机关施加压力，以删减行政机关预算的手段阻挠推动参与式预算。

第四，桃园市参与式预算采用以议题型方案为主的操作方式，需要较多的经费、较充分的执行时间，以及较大规模的跨局处合作，因而必须建立更积极的管考机制，这对于桃园市行政部门来说是一项相当大的挑战。

本文的研究发现，自 2015 年起，台湾桃园市运用行政机关的特定用途预算作为参与式预算的议题，且采用委外模式交由民间团体推动。在赋权过程部分，桃园市针对青年、市民、公务人员进行系统性的培力课程，提升沟通、审议、方案规划、投票的能力；在赋权结果部分，多数的预算方案并不符合参与式预算的要件，仅是参与式规划。因此，台湾桃园市推动参与式预算的公共赋权尚在雏形，由形式性赋权转化为实质性赋权的成效，主要取决于行政首长、行政机关与公务人员的态度意愿、能力培养以及制度设计。

参考文献

胡龙腾（2017）：《公仆管家心：制度环境、任事态度与绩效行为》，台北：五南图书出版公司。

纪俊臣（2015）：《议会政治与公民参与：台湾经验的检视与展望》，发表于《"全球地方议员国际论坛"学术研讨会发表论文》（8 月 28 ~ 29 日），台北。

贾西津（2014）：《中国大陆市民社会发展的前景与挑战》，《当代中国研究通讯》，第 21 期，第 21 ~ 23 页。

林国明（2015）：《参与式预算的国际经验与实作程序》，《参与式预算：咱的预算咱来决定》，郑丽君主编，台北：财团法人青平台基金会，第 127 ~ 160 页。

苏彩足（2017）：《公部门推动参与式预算之经验与省思》，《文官制度季刊》，第 9 卷第 2 期，第 1 ~ 22 页。

许敏娟等（2017）：《推动台北市参与式预算：程序与实践的观点》，《2017 年社会暨公共事务学术研讨会：永续发展与公共治理》（11 月 17 日），台北：台北市立大学社会暨公共事务学系。

Baiocchi, G. & Ganuza, E. (2014), "Participatory Budgeting as If Emancipation Mattered", *Politics & Society*, 42 (1), pp. 29 – 50.

Bingham, L. B., et al. (2005), "The New Governance: Practices and Processes for Stakeholder and Citizen Participation in the Work of Government", *Public Administration Review*, 65 (5), pp. 547 – 558.

Bovaird, T. (2007), "Beyond Engagement and Participation: User and Community Coproduction of Public Services", *Public Administration Review*, 67 (5), pp. 846 – 860.

Buckwalter, N. D. (2014), "The Potential for Public Empowerment through Government-Organized Participation", *Public Administration Review*, 74 (5), pp. 573 – 584.

Fugini, M., et al. (eds.) (2016), *Co-production in the Public Sector Experiences and Challenges*, Cham: Springer International Publishing.

Fung, A. & Wright, E. O. (2001), "Deepening Democracy: Innovations in Empowered Participatory Governance", *Politics & Society*, 29 (1), pp. 5 – 42.

—— (2003) *Deepening Democracy: Institutional Innovations in Empowered Participatory Governance*, New York: Verso.

Gilman, H. R. (2016), *Democracy Reinvented: Participatory Budgeting and Civic Innovation in America*, Washington D. C.: Brookings Institution Press.

Langton, S. (1978), "What is Citizen Participation?" in Stuart Langton eds., *Citizen Participation in America*, Lexington, M. A.: Lexington Books, pp. 13 – 24.

Lerner, J. (2011), "Participatory Budgeting: Building Community Agreement around Tough Budget Decisions", *National Civic Review*, 100 (2), pp. 30 – 35.

Ma, J. (2009), "The Dilemma of Developing Financial Accountability without Election-A Study of China's Recent Budget Reforms", *Australian Journal of Public Administration*, 68 (s1), pp. S62 – S72.

Nabatchi, T. & Amsler, L. B. (2014), "Direct Public Engagement in Local Government", *The American Review of Public Administration*, 44 (4), pp. 63s – 88s.

Neshkova, M. I. (2014), "Does Agency Autonomy Foster Public Participation?" *Public Administration Review*, 74 (1), pp. 64 – 74.

Patsias, C., et al. (2013), "Participatory Democracy, Decentralization and Local Governance: the Montreal Participatory Budget in the Light of 'Empowered Participatory Governance'", *International Journal of Urban and Regional Research*, 37 (6), pp. 2214 – 2230.

Sjoberg, F. M., et al. (2017), "The Effect of Bureaucratic Responsiveness on Citizen Participation", *Public Administration Review*, 77 (3), pp. 340 – 351.

Zhang, Y. H. & Yang, K. F. (2009), "Citizen Participation in the Budget Process: The Effect of City Managers", *Journal of Public Budgeting, Accounting & Financial Management*, 21 (2), pp. 289 – 317.

中国非营利评论
China Nonprofit Review

Public Empowerment of Deliberative Citizen Participation: The Civic Innovation for Participatory Budgeting in Taoyuan City, Taiwan

Way Sun

[**Abstract**] To address the contemporary problems of liberal democracy, practitioners and researchers are reinforcing the mechanism for authorized participation. In the spirit of direct democracy, citizen participation is used to justly distribute public resources through positive means such as participatory budgeting. To achieve public empowerment and policy impact, participatory budgeting resolutions are institutionalized to motivate executive authorities and civil servants to promote participatory budgetary operations and increase their competence. The paper of case study is the Taoyuan City Government and qualitative research methods such as in-depth interviews and participant observation are used to examine the ongoing empowerment process and outcome of participatory budgeting promotion by local administrative authorities and civil servants. In the empowerment process, local administrations must ensure that citizens and public officials conduct reasoned deliberations through administrative actions such as training, mobilization and supervision, and prioritize public budgets and policies. In the empowerment outcome, local administrations and civil servants must be responsive to the implementation of participatory budget resolutions to ensure that citizens can practically influence policy implementation by local administrations and civil servants. This paper empirically examines four dimensions of public empowerment, namely environment, institution, mechanisms and participants to explore how the Taoyuan City Government transforms the formal empowerment of its participatory budgeting communication platform into substantive empowerment where participatory budgeting resolutions are implemented. The paper results not only compensate for current inadequacies in academic discourse, but also provide local governments with practical suggestions for participatory system innovations and budgeting process adjustment.

[**Keywords**] Deliberative Citizen Participation; Public Empowerment; Participatory Budgeting

（责任编辑：张潮）

审议式公民参与的公共赋权：台湾桃园市参与式预算的公民创新

软嵌入：社会组织参与扶贫的行动逻辑[*]

——基于 H 组织的案例研究

张 雪 甘 甜^{**}

【摘要】 社会组织在参与基层扶贫治理当中面临行动逻辑的困境：若不嵌入，则无法开展活动；若嵌入太深，则会被反向形塑，无法实现成功退场。那么社会组织究竟要采取怎样的嵌入村庄的行动逻辑？通过对 H 组织参与 J 村养猪场扶贫项目的田野观察，在"嵌入性"与"软治理"理论的基础上，本文提出"软嵌入"这一社会组织参与扶贫的行动逻辑，主要包括文化习俗的关系软嵌入、多方协商的资源软嵌入以及乡规民约的结构软嵌入三个方面。与强调制度性、灌输性的"硬嵌入"相比，"软嵌入"的行动逻辑具有互动行为的柔性化、参与方式的灵活性，以及责任边界的有限性。"软嵌入"的行动逻辑有利于维护社会组织的自主性，推动村庄社会资本的累积性，实现扶贫项目的可持续发展。同时，本文对我国的政社关系的互动与社会组织的行动逻辑进行了理论补充与延展。

---

* 本文系 2018 年国家自然科学基金青年科学基金项目"社区非营利组织参与社会治理的行为模式与有效性研究：基于大数据的实证分析"（71804120）的部分成果；国家社科基金项目"'社区活力'指数构建与应用研究"（14CGL076）的成果。

** 张雪，清华大学公共管理学院博士研究生，研究方向为社会治理、社区治理、NGO 理论与实践、公民参与；甘甜，清华大学公共管理学院博士研究生，研究方向为基层治理、公共政策。

【关键词】 社会组织 扶贫 嵌入性 软嵌入

一 问题的提出

中国社会组织作为贫困治理的重要社会力量,参与我国农村扶贫开发已近30年,为农村减贫事业做出了重要贡献。狭义的社会组织指符合我国相关法律法规,包括社会团体、基金会和民办非企业单位等民政部门登记注册的民间组织。广义的社会组织则不仅囊括狭义的社会组织,还包括在工商部门注册的社会组织、社区基层组织及草根组织(王名,2010)。社会组织建立之初,在相当长的一个时期里,社会组织的主要活动领域都与贫困问题有关。1994~2000年,社会组织与其他社会扶贫力量为扶贫开发筹集物质、资金达500多亿元,占总扶贫金额的28%(刘海英,2011)。社会组织在中国扶贫领域的工作主要集中在生存扶贫、技术扶贫、教育扶贫、幸福工程、人口扶贫、合作扶贫、文化扶贫、实物扶贫和环保扶贫九个方面(王名,2001)。由此可见,社会组织参与扶贫治理已成为当下社会治理的重要组成部分。

社会组织在实际参与扶贫治理中却面临行动逻辑的困境。社会组织作为一种外源性组织,在参与基层贫困治理实践过程中,如果为保障自身的独立性而拒绝与当地政府合作,社会组织便无法嵌入村庄,更无法保障贫困治理效果(韩俊魁,2007)。但是,如果社会组织嵌入农村基层过深,则其行为会被反向形塑,导致农民与乡村干部利益共谋,发展项目中官员被蒙蔽和欺骗,发展项目"人情化",社会组织被地方性知识和地方基层政府牢牢控制等问题——由于社会组织失去独立性,扶贫效果也会因此扭曲(郭占锋,2012)。那么,在参与基层扶贫过程中,社会组织究竟要如何既保持合作的有效性,又保障自身组织的独立性,从而实现扶贫项目的可持续发展?实现上述目标背后的行动逻辑究竟是什么?本文将从 H 组织参与建设"养猪场"扶贫项目过程的案例提炼总结出一种新的社会组织参与扶贫治理的行动逻辑——"软治理",并加以解读。

二 文献回顾

社会组织参与贫困治理既有实践上的诉求,又有理论上的依据。由于中国政府的扶贫工作主要依靠各级政府的推动，在组织、重点、手段、任务、管理机制方面都存在诸多问题，造成效率低下，目标经常发生偏离和转换等问题，导致农村治理的"内卷化"（周常春等，2016）。随着治理理论的兴起，治理的理论核心要求多主体参与，从而保障治理的有效性，提升治理的合法性（俞可平，2000），为解决我国扶贫中的效率低下等问题提供了理论进路。实践发现，社会组织在扶贫治理中有其独特优势，例如，它们在一定程度上弥补了政府扶贫财力的不足，直接推动着"小政府、大社会"格局的形成，提高了政府扶贫效率，有利于形成互助博爱的理念和热心公益的社会氛围（覃志敏，2016）。社会组织在参与扶贫治理中形成了项目机制、市场机制两种扶贫资源传递策略，扶贫资源汲取已由传统的社会领域延伸至政府部门和市场领域，形成了慈善捐助、政府购买扶贫服务、市场化运作（社会企业）等多种策略（郑功成，2002）。

社会组织参与贫困治理的行动逻辑成为近期学者们的研究重点，并且，学界开始关注社会组织与政府、基层社会的嵌入与合作的张力问题。目前主要的研究对象集中在国际非营利组织这一群体。国际非营利组织进入中国基层社会开展扶贫工作时，一方面，要把我国本土的教育制度与社会文化现象等作为一种内在变量，体现一种社会理性的思考；另一方面，应从行为主体的立场来判断国际非营利组织自身的扶贫行为是否为理性选择（陈美招、杨罗观翠，2008）。然而，国际非营利组织在真正进入农村基层后，有学者发现该类组织竟然一步从资金拥有者的"主动方"深陷"地方性知识"控制之中，以至于呈现被动性"入场"与依附性"运作"的特征（郭占锋，2012）。有学者通过观察国际 R 基金会，发现它在地方政治与社会结构中既嵌入，又仍然处于"外来性"的"陌生人"状态，这就使得生产社会的目标可能会在社会组织实践中落空，而该组织甚至会逐渐成为地方社会得以再生产的空间（孙飞宇等，2016a）。因此在实际运作中，面对不同类型的组织，外来社会组织可能采取不同的行动策略：与本地同类组织"不愿合作"，与政府有关部门"不敢合作"，与研究机构和媒体"可以合作"（何艳玲等，2009）。有的社会组织在扶贫过程中，注重对当地村民的赋权，村民不只是被动地接受外来援助，还主动寻求自我脱贫的契机，由扶贫客体转变为扶贫主体，这种模式被概括为参与式扶贫模式（周常春等，2016）。还有的社会组织的扶贫基地的工作人员，一部分经由基地所在县党委、政府协调，从业务对口的县直各单位借调，其余一部分工作人员则在基地所在县面向社会招聘，形成一种"镶嵌式扶贫模式"（孙飞宇等，2016b）。

从以上文献可以看出，目前对于社会组织参与基层扶贫的行动逻辑的研究，首先，在对象上，集中在国际非营利组织，必须承认这类组织在我国扶贫治理中发挥着重要作用，但是也不能忽视本土社会组织的研究内容。其次，现有研究在描述社会组织与基层社会和国家的关系当中缺乏展现其具体内容的行动逻辑。同时，在案例的研究中，大多数社会组织均没有实现成功退场以及扶贫项目自主运行，因此也就缺少对于成功扶贫案例的逻辑总结与探讨。鉴于此，本文结合我国社会组织参与农村扶贫，成功建设扶贫养猪场，并在社会组织退场后，该项目依然持续性运行的案例来重新思考社会组织参与基层扶贫的行动逻辑。

三 软嵌入：理论基础与概念建构

"嵌入"一词最早见于匈牙利政治经济学家卡尔·波兰尼的名著《大转型：我们时代的政治与经济起源》。他认为："传统经济活动不同于现代经济，它嵌入于社会关系之中，与其他非经济因素融为一体，而非独立的系统"（波兰尼，2007）。1985 年，马克·格兰诺维特重新对"嵌入性"进行了阐述，强调社会过程应该被视为人际互动，并在研究组织理论时强调人际互动产生的信任是组织从事交易的基础，也是决定交易成本的重要因素（Granovetter，1985）。在格兰诺维特的基础上，有学者认为嵌入性是一种塑造动机和期望并且促进协调适应的交换逻辑，这个逻辑的独特性在于它把行动者的动机从直接经济利润的狭窄追求转向通过信任和互惠充实关系（Uzzi et al.，2004）。沙朗·佐金和保罗·迪马乔对嵌入性进行了拓展，提出嵌入性分为 4 种类型：第一，结构嵌入性；第二，认知嵌入性；第三，文化嵌入性；第四，政治嵌入性。分别表示组织所处的结构、认知、文化、政治要素对组织行为的影响和作用（Sharon & Dimaggion，1990）。

部分学者用"嵌入性"这一个概念框架来分析国家 – 社会关系。伊文斯（Evans，1989）用"嵌入自主性"（Embedded Autonomy）来描述一种特定的国家与社会关系，即国家在保持自主性的同时，由制度化渠道和社会网络共同构建的中介途径与社会群体相关联，从而"嵌入"社会之中。在中国语境下，国家对于社会组织的管理呈现一种"嵌入型监管",即基于特定的策略组合对社会组织运行的过程和逻辑进行深度的干预和调控。与此同时,社会组织也愿意主动或被动地接受这种干预和调控,即受嵌行为(刘鹏、孙燕茹,2011)。而社会组织的活动也表现出一种嵌入性,Ho & Edmonds(2007)提出"嵌入行动主义"这一概念来刻画非营利环保组织与国家的关系,认为松动的威权主义政体实际上为环保组织的集体行动提供了空间。与其他国家不同的是,我国非营利组织的活动表现出的"嵌入性"颇有特点。第一,国家和社会之间的社会行动表现为持续的互动和协商,而非大规模的街头对抗。第二,这些互动和协商是通过人际网络和关系来实现的(Saich,2000)。还有学者提出了"双向嵌入"的概念,认为社会组织在资源、合法性、制度支持方面嵌入国家,而国家的意志与目标却嵌入社会组织的运作中,从而提升政体的治理能力(纪莺莺,2017)。

从以上文献可以看出,"嵌入性"已经成为研究社会组织与国家互动的重要维度,那么在社会组织参与扶贫的行动逻辑中,与以往的"嵌入性"分析不同的是,我们观察到一种"软治理"倾向的嵌入性。依据约瑟夫·奈(2005)的观点,治理能力包括硬治理能力和软治理能力。其中,硬治理能力主要指以军事、经济、法律等硬性命令方式呈现的强制力;软治理能力主要指以文化、意识形态、制度规训等软性同化方式呈现的软权力。软治理主要是以文化、意识形态和政治价值观为核心内容的治理能力。软治理主要包括四个方面:一是文化的吸引力;二是意识形态和政治价值观念的吸引力;三是塑造国际规则和决定政治议题的能力;四是文化的生产和向世界输出的能力。软治理机制创新应该秉承整体性与局部性相统一、灵活性与原则性相结合的原则,其范围既包括国家层面,也包括社会层面(任勇、肖宇,2014)。从历史传统来看,中国基层社会是以农业文明为主的共同体,这是一种由乡土社会元素凝合而成的家园文化共同体,这种共同体拥有自身独特的文化价值体系。乡村治理更要强调一种软治理,强调多中心的合作,强调软法和软权力成为乡村软治理的法理基础;更多地采用心理疏导、人文关怀等"柔性"治理手段;治理的对象从有形的物等向无形的"人心"转变(刘祖云、孔德斌,2013)。

综上,本文认为嵌入性主要用于描述社会组织参与乡村社会的一种状态,相较传统的社会组织"介入"乡村社会而言,介入可能造成社会组织工作的泛化与事务化（周沛，2011），而嵌入性则更强调社会组织对乡村社会的一种更深入的内化状态，主要包括关系嵌入、资源嵌入、结构嵌入三个方面。同时，与强调制度化、灌输性、责任边界无限化的"硬嵌入"行动逻辑相比较，"软嵌入"的行动逻辑更强调嵌入方法的"软治理"，可以体现在注重乡村文化习俗、注重多元主体协商以及注重村规民约三个方面。以下将结合案例具体论述"软嵌入"的行动逻辑。

四　软嵌入：H 组织的扶贫养猪场案例呈现

（一）案例介绍与研究方法

H 社会组织是民政部批准成立的全国性公益组织，旨在培育杰出的农村创业者和农村公共服务者，为乡村创造可持续的影响。2016 年，H 组织推出"农村创客"计划，每年资助一批优秀毕业生以"农村创客"的灵活身份到农村从事为期至少两年的创业创新和精准扶贫工作。该社会组织的主要工作内容是：通过创新服务帮助农村经济组织负责人更高效地创业，通过整合资源带领返乡青年等进行创业实践，解决当地在公共卫生等民生领域最迫切的问题。H 组织为"农村创客"提供经济、履职、出路等方面的保障，实现优秀人才"下得去、待得住、干得好、流得动"的目标。H 组织的"农村创客"定位为：在未来成为优秀的农村创业致富带头人、高素质基层公务员、企业或投资机构中的农村市场专家等。

H 组织选择了山东 J 村作为扶贫基地，该村由于经济落后，基础设施条件较差，大量青年长年背井离乡外出务工，留下老人儿童守着日益颓败的家园，是山东省重点扶贫村庄。尽管如此，村庄本身的自然条件较好，有着悠久的桑树种植历史，且桑树种植面积达六千余亩。同时，该村庄风景秀丽，素有"天然氧吧"之称。像大多数北方农村一样，J 村有着悠久的生猪养殖传统与经验，更为重要的是当地独特的沙质土壤、碱性水质对发展养殖业极为有利。可以说，J 村具有良好的自然条件基础去开展扶贫工作。经过评估，H 组织于 2016 年选派了 3 名年轻的农村创客进入 J 村开展扶贫工作。为了充分发挥农村创客的积极性，H 组织规定"充分掌握扶贫对象情况的农村创客在扶贫项目中具有决策权，决策结果向 H 组织报备"。由此，H 组织授权这 3 位农村创客在 J 村设立扶贫项目组，代表 H 组织在 J 村开展扶贫项目。其中，这 3 位农村创客担任该项目核心领导人，H 组织则主要扮演项目监管者和资源统筹、提供者的角色。因此，这 3 位农村创客的行为实际上充分代表和反映了 H 组织的意志和行动逻辑。①

本文采用单案例研究方法。埃森哈特和格瑞布纳指出，单案例研究即通过对个案所获取的实证资料、数据建构理论、命题或中程理论的一种研究策略（埃森哈特、格瑞布纳，2010），特别地，案例研究的独特优势在于"系统展现因果机制和过程"（张静，2018）。罗伯特·殷指出，单案例研究的适用情境是"用于研究有代表性的、典型的案例"（殷，2010），从该案例中，研究者能够从结论中获得对同类事件、事物更深刻的理解。为此，2016~2018 年，研究者采用参与式观察、深度访谈方式对山东 J 村 H 组织进行了为期两年的追踪调查，从而更加全面地收集研究资料。由于以往关于社会组织参与扶贫的案例研究中，大多没有实现"两个成功"——社会组织成功退场，扶贫项目成功自主运行，而本研究案例中，H 组织却实现了"两个成功"的目标，深入对该案例的研究，有利于我们加深对社会组织参与扶贫，特别是如何成功实现扶贫目标的理解，从而实现"从故事到知识"（张静，2018）的升华。研究者作为"研究工具"，一方面进入实地，多次参与 3 位农村创客扶贫过程，进行田野观察，从而归纳其行动策略；另一方面则与他们展开深度访谈，从而分析他们在扶贫过程中的思想和行动逻辑。本文案例的呈现遵循"事实描述—概念呈现—理论构建"的模式，以"软嵌入"概念为基础呈现 H 组织参与山东 J 村的扶贫过程，再对其扶贫过程中的行动策略进行分析，最后在此基础上进行理论构建，并得出"软嵌入"所带来的启示。

（二）软嵌入：H 组织参与扶贫养猪场的行动逻辑

1. 文化习俗的关系软嵌入

格兰诺维特（1985）将嵌入性分为两种类型即关系嵌入性和结构嵌入性，其中关系嵌入性是指经济行动及其结果受到行动者的个人关系的影响。乡土中国强调关系为本、聚族而居的生存关系，形塑出一种同血脉、共命运的"熟人社会"的文化权力网络，血亲、族亲和姻亲等亲密关系纽带牢牢黏连（周根才，2014）。作为外生性的社会组织首先要嵌入乡村关系中才能赢得村民与乡镇干部的理解与支持，与传统的硬嵌入逻辑不同的是，软嵌入强调通过融入村庄

① 为行文方便，如无特殊说明，这 3 名农村创客代表 H 组织，其行为不仅是个人行为，更具有"组织行为"的内涵。因此，本文把这 3 名农村创客视为 H 组织的化身。

文化习俗的方式嵌入乡村关系中。

H 组织的 3 名农村创客于 2016 年 8 月入驻该村，在与村民建立信任关系时，创客们主要通过调研走访的形式了解村民们的需求。他们在几个月的时间内对村里的 300 多户农户都进行了走访。通过三个月的调研，3 名创客其实已经与村民们建立了初步联系，对村庄情况有了初步了解，但是如何进一步与村民们建立信任关系仍然是重要问题。3 名创客通过调研发现村里主要以妇女儿童以及老年人为主，文化生活比较欠缺，而村庄又有几位会锣鼓的中年妇女，因此创客们萌生了建立村庄锣鼓队的想法。

没成立锣鼓队之前，村民们闲暇时间主要用于妇女之间的家长里短以及老年人晒着太阳打牌，还有一些年轻人则参与村庄的赌博活动。经过调研，创客们了解到村民们热衷于打锣鼓，每当节庆日或者某家有红白喜事，大家都会邀请锣鼓队前来表演。基于此，创客们认为有必要帮助村民成立一支专属于村民的锣鼓队。于是，他们向镇里的妇联申请了一部分经费用于购买乐器，然后邀请村中擅长锣鼓的志愿者为村民无偿培训。"没想到大家的积极性非常高，都积极报名参加，排练一个月后，锣鼓队就可以在村里的广场上表演了。"①

创客们在组建锣鼓队过程中不仅体现了自己的工作能力，更通过参与村庄的文体活动拉近了与村民之间的距离，进一步建立了与村民们的信任关系。由于锣鼓队经常参加村里的各种节庆活动，每当表演时大家也会积极邀请创客们参与。因此，创客们通过参与村庄的文化习俗活动也进一步建立了与村庄的嵌入关系。

H 组织的创客们在入村之初与镇领导的关系建立也主要通过非正式渠道。首先，创客们的住所距离镇政府较近，在双方沟通交流中具有地理位置上的便利。镇领导在农村创客们刚入村的时候就曾表达过对 H 组织的希望，也提出过自己的扶贫项目需求，但是农村创客们都通过委婉的方式拒绝，表达了 H 组织拥有自己的扶贫方式与工作重点的观点。当然，在镇政府日常办公中，农村创客们会向镇政府部门提供一些文案或者项目申请上的技术辅助。此外，镇政府不少官员同时也是 J 村村民，农村创客们通过与镇政府人员建立联系，也间接获得了村民更多的认同与信任。

通过前期的调研以及参与村庄文化习俗活动，创客们与村民们建立了信任

---

① 访谈材料：创客 A 20170201。

关系，同时获得了镇领导干部的支持。创客们与村民们最终共同确立了"发展规模化、环境友好型生猪代养"的发展思路，实现了修建养猪场的构想。项目确定后，农村创客们便在村内召开动员大会，组织村民到附近县市已有的代养猪场进行参观，与养殖户面对面交流学习养殖知识与经验，帮助村民对养猪场这一扶贫项目树立信心。

2. 多方协调的资源软嵌入

村庄扶贫事业的发展依赖于外来资源的注入，而社会组织在开展扶贫项目时如何将政治、经济资源有效地嵌入乡村治理之中成为重要的议题。传统的资源硬嵌入，往往依赖于制度性权力因素，通过支部书记或者其他政治项目注入村庄，决策和参与主体相对单一，可能导致资源的不可持续、决策的寡头化以及对于村民参与的挤出效应（黄思，2018）。而软治理强调多元主体的协调与合作，乡村多元的治理主体主要体现为政府（包括乡镇政府、村委会、村党支部）、社区管理与服务部门、私人部门（一般指各种乡村精英）和"农村第三部门"（包括各种农村经济合作组织与互助组织）（刘祖云、孔德斌，2013）。社会组织的资源软嵌入因此更加强调多元主体的协调。

一开始，村民们都认为农村创客们是上级下派的自带资源的"散财童子"，希望创客们可以为养猪场的建设解决所有资源问题，但是农村创客们在养猪场的建设中，主要负责搭建资源平台，发动多元主体的力量共同努力来筹集资源。

建设养猪场需要大面积土地，农村创客们从 2016 年底开始，带领村民们辗转于 J 村所属的县国土局、县发改委、镇土地管理所等政府机关。他们咨询土地政策，查看土地性质分布地图，通过土地置换（将林地与一般农田置换）获得可用于养殖的 57 亩连片土地。但是土地是农民的"命根"，动用土地需要协调村民们各方的利益，征得村民们的同意，在土地征集过程中，有一户村民不愿意出让自己家的地，想要争取更多的补偿金。为此创客们多次登门劝说，并且请出村干部，甚至镇领导进行劝解，但是这一户村民仍不退让。最后，经过村民们召开村民会议，集体协商，认为该村民的做法不能被纵容，最后放弃该村民，将养猪场厂址往东迁 100 米。通过这件事，村民们也明确了办养猪场是村民们大家的事情，大家都要参与其中，一个人的不配合可能会造成很严重的问题。①

---

① 访谈材料：创客 A 20171002。

多方协商还体现在村民们对于养猪场资金的筹集与分配过程中。2016 年，创客们与村民协商决定成立"J 村种养农民专业合作社"。合作社最初的内容是销售桑葚干，与建立养猪场并无关系。2017 年 7 月，通过电商渠道销售，桑葚干的销售金额突破 15 万元，有些村民本来执意将 15 万元进行全部分红，但是经过创客们的耐心劝解，以及与村委会的沟通，合作社成员经过集体协商，将合作社的收入预留一部分投入养猪场的前期建设，这为日后合作社纳入养殖业奠定了基础。① 2017 年 9 月，农村创客与山东省扶贫开发基金会取得联系，在社会各界的帮助下，于"9·9 公益日"募集到了 3 万余元项目落地资金。同时，农村创客们还动员村里的养猪大户，其中有 7 户村民加入合作社，每人投资 20 万元；筛选村内符合条件的 12 户贫困家庭，以建档立卡的方式加以确认，并为每户申请 5 万元贴息贷款用于养猪场的前期入股。此外，农村创客们通过合作社向合作企业争取到 90 万元设备贷款。为保障养猪场的专业性，创客们还与 Q 企业建立联系，不仅带领村民们前去参观学习，Q 企业还派 4 名专业技术人员入村，手把手地教授村民养殖技术，从而保证项目收益。

3. 乡规民约的结构软嵌入

相较于关系嵌入，结构嵌入更加强调组织整体特征的嵌入（Barber，1995）。每种组织形态都有自身独特的结构特征，就社会组织而言，其结构特征更多地体现为专业性与志愿性导向的扁平化。这与传统国家意识形态支撑、士绅精英组织领导以及宗族自治共同作用的"内生型"乡村秩序具有很大的区别。结构硬嵌入会导致社会组织占主导性结构嵌入，导致与村庄结构的不融合从而出现"嵌入冲突"（颜克高、林顺浩，2017）。结构的软嵌入强调通过成立村民合作社，与村庄精英（政治精英、经济精英和文化精英）合作，运用村庄的乡规民约等形式，在不触及村庄原有权力结构的前提下开展工作，解决扶贫中的问题。村庄合作社的建立是对原有村庄治理结构的补充与完善，H 组织的农村创客在进入村庄后的第一件事就是鼓励大家成立合作社，并于 2016 年底建立了"J 村种养农民专业合作社"。合作社的管理方式是通过与村民商议，创客们与村民挖掘村内青年骨干、养殖经验户，创新性地采用"合作社 + 大户 + 贫困户 + 党支部 + 企业"的运营模式。此外，农村创客们动员养殖经验丰富且经济条件较好、头脑灵活、勤劳踏实的村民与有脱贫能力的贫困家庭结成对子，通过"一对一"帮扶形式走向共同富裕。党支部与合作社共同规范养殖过程，同时监督项目的扶贫带动效应。养殖资金流动统一由合作社通过对公账户管理，每批生猪代养费结算后，合作社扣除每年用于偿还的款项后进行分红，这极大提高了还贷安全性。合作社在养猪场的建设当中发挥着重要的决策作用。换言之，农村创客们并不扮演"负责人"的角色，而是把管理和决策的权力交给合作社，并承担"辅助者"的角色。同时，J 村农业合作社还制定了可持续发展战略，决定每年拿出收益的 3% 用于村庄公共服务（村内公共设施及幼儿园改造等），推动所属村庄村风、村貌的改善和学前教育条件的提高。

在养猪场筹资阶段，创客们与村民们共同筹集了大量资金，并存储于合作社的账户里。J 村村支书发现合作社的资金后提出了自己的使用意见，希望可以将一部分资金用于村庄的道路维修。刚开始创客们通过与支书沟通，向他解释专项资金的使用规定以及扶贫项目的重要意义，这些正规的说教对于经验老到的村支书来说毫无意义。随后创客们转变方式，邀请村庄资历深厚的乡贤长者与村支书沟通，说明村庄修建猪场的紧迫性与重要性。同时创客们提议合作社的社员通过召开会议，集体协商后最终投票决定这笔资金的用途，最后，各主体经过集体商议规定资金只能用于村庄养猪场的修建，这意味着否定了村支书的提议。① 这不仅避免了创客们与村支书的直接冲突，还巩固了以村民为主体的村庄治理结构。

在养猪场建设中，创客们遭遇了棘手的迁坟事件。由于当地风俗认为迁坟被视为对逝者的极大不敬，不少村民强烈反对。创客们所在的 H 组织作为外来组织，并没有采取强硬方式，而是邀请村庄乡贤、村委会干部组成动员小组，对所涉及的家庭进行走访、劝说，并在迁坟时邀请佛寺僧人进行大型的法事，赢得了被迁坟户的认可，迁坟工作顺利完成。由此可以看出，社会组织在开展工作的时候，不能表现出"救助者"的形象，摆出高高在上的姿态，给村庄强硬地灌输所谓的管理理念与方法，而是要借助村庄本身的"地方性知识"系统去解决问题与消除障碍。②

综合以上案例分析可以构建出社会组织与村庄的"软嵌入"行动逻辑，如

---

① 访谈材料：创客 C，20170803。
② 访谈材料：创客 A，20170905。

图 1 所示。

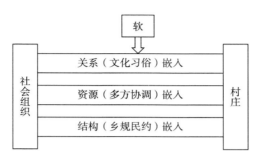

图 1　软嵌入行动逻辑

H 组织的农村创客每一届为期两年（当然，每个农村创客可以根据自己的实际情况，继续留任），但是由于种种原因，J 村的 3 位创客在 2018 年期满后均选择离开，但 J 村的养猪场项目在创客们离开后继续推行。2018 年 5 月，首批共计 4600 头母猪成功投入养猪场。目前，养猪场建设过程中共吸纳村内务工人员 15 人，人均增收 3000 余元。未来，这座投资 300 万元，年最大出栏量 8000 余头生猪的"环境友好型"养殖场，建成后每年将为村庄带来 120 万元的收益。

五　软嵌入：社会组织的一种扶贫行动逻辑

（一）社会组织软嵌入行动逻辑的特点

1. 互动行为的柔性化

社会组织在参与扶贫过程中，需要与村民、政府、企业等多元主体持续互动。良好的互动过程，可以为社会组织赢得信任，为后期的合作建立基础（Ma & Orgun，2006），与之相反，传统硬嵌入方式更侧重于通过制度性的嵌入方式，带有行政权威色彩的形式与村民们交流，这势必会导致村民与社会组织的关系疏远。在 H 组织农村创客们与村民的互动中，柔性化的互动方式体现在通过文化习俗活动等方式，与村民们在日常的生活中慢慢建立起信任。同时在这种互动方式中，创客们注重不随意承诺，而承诺就需要有兑现，这有利于建立良好的信任关系，避免盲目承诺带来无法兑现、失信于人的困境。在与村委会、乡镇领导的互动中，遇到带有指令性的、需要拒绝的任务时，农村创客们没有直接生硬地予以拒绝，而是借由村民的意愿与利益予以委婉拒绝。这种方式也避免了两者互动之间的尴尬，同时更有利于维系后期的合作关系。

2. 参与方式的灵活性

社会组织在扶贫中由于自身能力有限性，必须采取策略性的参与方式，才能保障扶贫项目取得实质性的成就。硬嵌入的逻辑强调社会组织以一种资源注入者的身份嵌入村庄，将所有筹集资金的任务集于一身，在短期内可以为村庄扶贫带来较大的资源福利，但是从长期来看会导致村主任本身养成资源依赖性，不利于扶贫项目的可持续发展。软嵌入的行动逻辑在资源筹集与使用过程中强调多方资源的灵活调动。首先，社会组织需要灵活地调动各方的资源。由于村庄的人力、财力、物力资源有限，因此需要因地制宜地创造资源（马迎贤，2004）。比如，H 组织首先发现了 J 村的桑树资源，通过开发桑葚产品，实现以桑筹资的灵活资本积累形式。其次，要调动村民自身的主体性，无论是资源筹集还是后期的管理，村民永远是村庄管理的第一主体。通过各种参与式、体验式的方式去调动村民的参与积极性，以"造血"而非简单"输血"的方式提高村民参与能力，才是社会组织在扶贫工作中最为重要的任务。

3. 责任边界的有限性

扶贫究竟是谁的责任？村民，村委会干部，政府，社会组织还是整个社会？贫困的责任主体主要经历了"单项个人—偏重社会—偏重个人—个人与社会双重主体"等的讨论，但依然很难有一个明确的答案（卫小将，2018）。硬嵌入的方式会导致社会组织在嵌入村庄过程中将自身责任无限放大，往往会被公益精神、道德评价所裹挟，导致社会组织在村庄扶贫过程中无法脱身。社会组织要秉持一种专业性的扶贫理念，在自己能力范围内去帮助村庄开展扶贫项目。这就要求，社会组织懂得在可能威胁到自身自主性与项目可持续性的时候，运用恰当的委婉的方式加以抵制。同时，社会组织责任的边界性也体现在突出合作社的扶贫项目管理主导地位方面。合作社是农村经济合作组织中最主要和最普遍的一种，是农民自发形成的一种志愿性经济合作组织（胡宗山，2007）。通过赋权于合作社，社会组织更多地扮演了一种辅助性、协调性的角色。

（二）社会组织软嵌入行动逻辑的优势

1. 有利于维护社会组织的自主性

"自主性"（Autonomy）在语义学上有三种含义：独立性（Independence），自我管理（Self-government）和自我决定（Self-determinate）。但是我国政社关系的特殊性，使得社会组织很难在政社互动中创造自主性的空间，而当社会组织进入基层时，这种自主性会受到来自基层的乡村治理逻辑的裹挟，更难存在（姚华，2013）。社会组织的自主性第一个层次是政治结构意义上的自主性问题，指涉的是国家的结构性制度安排所允许的社会组织自主性水平；第二个层次是行动策略与技术层次的自主性问题，涉及社会组织在日常运作中通过各种策略来创造的自主性（黄晓春、嵇欣，2014）。H组织在"软嵌入"的扶贫行动逻辑中，明确自身责任的有限性，将村庄合作社放于扶贫的主体地位，在具体的互动行为中通过柔性的方式对村庄逻辑的可能裹挟予以拒绝，并且在具体资源调动中又注重策略性的工作方法，因此避免了村庄对于H组织扶贫的依赖性，也维护了社会组织的自主性。

2. 有利于乡村社会资本的累积

帕特南认为社会资本是社会组织所具有的信任、规范及网络等特征，这些特征通过推动协调的行动，促进互惠与信任的巩固，从而提高社会效率（帕特南等，2015）。因为社会资本具有累积性与生产性，因此可以通过推动村庄内部不同群体之间的沟通交流，搭建更多的合作网络，连接更多的社会资源，增进村庄的社会资本存量。H组织创客在"软嵌入"的行动逻辑中，在管理中扮演辅助性的角色，在合作社的主导运行中采用"合作社+大户+贫困户+党支部+企业"的模式，调动贫困群体与非贫困群体、党支部、企业各方资源，推动他们建立起合作的关系，参与扶贫项目，从而推动村庄内部的社会资本的累积。

3. 有利于扶贫项目的可持续发展

扶贫项目往往面临市场风险、政治风险、道德风险和自然风险等，各种损害和损失的可能性，导致项目脆弱性增强，难以可持续发展。扶贫项目的脆弱性源于强大的官僚制逻辑、贫困人口主体性缺失、无成本软约束以及人才与技术的匮乏（葛笑如、张亮亮，2018）。因此，在社会组织参与的扶贫项目中，需要弱化官僚制逻辑、因人因地立项、强化村民主体意识、加强项目参与和监督、采取多方面配套措施、增加项目人才要素供给、增强产业扶贫项目抗风险能力，从而提升贫困地区和人员的内生发展动力。H组织在"软嵌入"的行动逻辑中，在养猪场项目中时刻注重发挥民众的主体意识，培养其参与能力，同时送村民到发展成熟的公司参观学习，引进养猪专业技术人才，并且在合作社管理当中建立可持续发展机制，从而保障扶贫项目的可持续发展。

通过以上分析，结合"软嵌入"行动逻辑的特点与意义，可以对比社会组织"硬嵌入"与"软嵌入"的行动逻辑差别，如表 1 所示。

表 1　"硬嵌入"与"软嵌入"行动逻辑比较

		硬嵌入	软嵌入
关系嵌入	方法	制度性	柔性化：文化习俗
	结果	疏远	信任：社会资本积累
资源嵌入	方法	灌输	灵活性：多元协商
	结果	依赖	扶贫项目可持续
结构嵌入	方法	责任的无限性	责任边界有限性
	结果	组织无法脱身	组织自主性

（三）社会组织软嵌入行动逻辑的启示

为什么我国的社会组织在参与扶贫当中会遇到嵌入性的张力问题，为什么我国社会组织容易陷入"嵌入"与"非嵌入"的二律背反？其主要原因集中在我国的政社互动关系以及社会组织的行动策略困境两个方面。首先，就政社关系而言，在我国的国家与社会的互动关系中，国家通过授权、控制和垄断来管理社会组织，国家与团体之间形成保护与被保护的关系，这种关系被称为"庇护性的国家法团主义"[1]（张钟汝等，2009）。因此在这种情况下，社会组织难免出现组织与行政部门同构、被政府主导、居于从属地位以及"组织外形化"的现象（田凯，2004）。其次，就社会组织具体的行动逻辑而言，第一，社会组织在参与扶贫中，会遭遇扶贫项目带来的种种问题。项目制这种具有整体性特征的技术性治理方式，已经成了社会组织行为的动力性因素，并因此产生对社会组织及其行动的结构性形型的后果（折晓叶、陈婴婴，2011）。第二，社会组织作为外部力量，往往会出现文化不适应与能力不匹配的问题，这会凸显扶贫工作自身固有的盲点（杨小柳，2009）。第三，在中国农村，固有的"关系""面子""人情"等被学者们称为"非正式"的关系及以家庭为核心的层层外推的"差序格局"的乡土社会格局（周飞舟，2015），也会对社会组织的扶贫绩

---

[1] 斯密特（Schmitter，1974）对法团主义的经典定义是，作为一个利益代表系统，它是一个特指的观念、模式或制度安排类型，它的作用是将公民社会中的组织化利益结合到国家的决策结构中。

效产生极大影响。正是这些原因，才使得社会组织在参与扶贫治理中面临嵌入性困境。"软嵌入"恰恰能够化解社会组织嵌入性困境的行动逻辑，对社会组织参与扶贫具有重要意义。

"软嵌入"行动逻辑的提出，首先是对于国家－社会关系的一种扩展与补充。嵌入性的观点强调国家在基层社会管理当中有一定的空间需要社会组织的弥合，而社会组织正是在嵌入行动空间中，在服务于基层社区的同时，保障自己的合法性与自主性，从而获得生存空间。而"软嵌入"观点更强调社会组织在嵌入中注重自己的方法与策略，通过柔性、非正式性、辅助性的角色来更好地发挥作用，从而实现与国家之间的良好互动，这种互动也是一种对国家－社会双方的赋权与收益，并非一种零和博弈。

同时，"软嵌入"更是一种较好的社会组织在基层开展扶贫活动的行动逻辑，第一，"软嵌入"的行动使得社会组织在参与扶贫中可以通过委婉的方式拒绝来自村两委以及镇政府对项目的压力，将政府的扶贫项目压力与社会组织的扶贫任务加以区隔。第二，"软嵌入"强调与村民、基层政府的柔性互动，因此可以获得更多来自村民与基层政府的信任，从而更好地融入乡村社会网络。第三，"软嵌入"中的策略性的参与方式，使得社会组织可以通过自身专业性的活动方式，在保障组织自主性的前提下，防止被基层的地方性知识裹挟。同时又可以通过柔性的互动方式，灵活地调动村庄资源，激发村民的参与热情，培养村民的主体意识和参与能力，通过赋权于合作社等自治组织，提高村庄整体的主体责任意识，积累农村的社会资本，实现项目的可持续发展。

当然社会组织的"软嵌入"扶贫行动逻辑是否适用于其他种类社会组织在其他领域的行动，还有待于后面研究的持续性探究。

参考文献

陈美招、杨罗观翠（2008）：《理性选择与贫困缓解——基于国际 NGO 教育扶贫行为的分析》，《福建师范大学学报》（哲学社会科学版），（2），第 157～161 页。

葛笑如、张亮亮（2018）：《产业扶贫项目可持续发展的风险挑战及对策研究——基于苏北精准扶贫的面上调研》，《湖北社会科学》，（4），第 41～47 页。

郭占锋（2012）：《被动性"入场"与依附性"运作"：对一个国际 NGO 在中国工

作过程的社会学分析》，《中国农业大学学报》（社会科学版），29（1），第51～60页。

韩俊魁（2007）：《关于农村社区扶贫类NGO可持续发展机制的几个问题》，《中国农业大学学报》（社会科学版），24（2），第102～109页。

何艳玲、周晓锋、张鹏举（2009）：《边缘草根组织的行动策略及其解释》，《公共管理学报》，6（1），第48～54页。

胡宗山（2007）：《农村合作社：理论、现状与问题》，《江汉论坛》，（4），第16～19页。

黄思（2018）：《村治外生资源的政治化嵌入及其后果研究》，《贵州省党校学报》，第108～113页。

黄晓春、嵇欣（2014）：《非协同治理与策略性应对——社会组织自主性研究的一个理论框架》，《社会学研究》，（6），第98～123页。

纪莺莺（2017）：《从"双向嵌入"到"双向赋权"：以N市社区社会组织为例——兼论当代中国国家与社会关系的重构》，《浙江学刊》，（1），第49～56页。

覃志敏（2016）：《民间组织参与我国贫困治理的角色及行动策略》，《中国农业大学学报》（社会科学版），33（5），第89～98页。

凯瑟琳·M.埃森哈特、梅丽莎·E.格瑞布纳（2010）：《由案例构建理论的机会与挑战》，张丽华、何威、程卫凯译，《管理世界》，（4），第125～130页。

〔英〕卡尔·波兰尼（2007）：《大转型：我们时代的政治与经济起源》，杭州：浙江人民出版社。

刘海英（2011）：《大扶贫：公益组织的实践与建议》，北京：社会科学文献出版社。

刘鹏、孙燕茹（2011）：《走向嵌入型监管：当代中国政府社会组织管理体制的新观察》，《经济社会体制比较》，（4），第118～128页。

刘祖云、孔德斌（2013）：《乡村软治理：一个新的学术命题》，《华中师范大学学报》（人文社会科学版），52（3），第9～18页。

〔美〕罗伯特·D.帕特南（2015）：《使民主运转起来：现代意大利的公民传统》，王列、赖海榕译，北京：中国人民大学出版社。

〔美〕罗伯特·K.殷（2010）：《案例研究：设计与方法》，重庆：重庆大学出版社。

马迎贤（2004）：《组织间关系：资源依赖理论的历史演进》，《社会》，（7），第33～38页。

任勇、肖宇（2014）：《软治理与国家治理现代化：价值、内容与机制》，《当代世界与社会主义》，（2），第146～151页。

孙飞宇等（2016a）：《生产"社会"，还是社会的自我生产？以一个NGO的扶贫困境为例》，《社会》，36（1），第151～185页。

孙飞宇等（2016b）：《镶嵌式公益扶贫模式与反思——对K基金会扶贫模式的个案研究》，《学术论坛》，38（2），第90～97页。

田凯（2004）：《组织外形化：非协调约束下的组织运作——一个研究中国慈善组织与政府关系的理论框架》，《社会学研究》，（4），第64～75页。

王名（2010）：《社会组织概论》，北京：中国社会出版社。

王名（2001）：《NGO 及其在扶贫开发中的作用》，《清华大学学报》（哲学社会科学版），（1），第 75~80 页。

卫小将（2018）：《精准扶贫与主体性塑造：再认识与再反思》，《中国行政管理》，（4），第 39~43 页。

颜克高、林顺浩（2017）：《地方政府行政嵌入与社会组织发展——基于中国 220 个地级市的实证研究》，《公共行政评论》，（5），第 171~187 页。

姚华（2013）：《NGO 与政府合作中的自主性何以可能？——以上海 YMCA 为个案》，《社会学研究》，（1），第 21~42 页。

杨小柳（2009）：《地方性知识和发展研究》，《学术研究》，（5），第 64~69 页。

俞可平（2000）：《治理与善治》，北京：社会科学文献出版社。

〔美〕约瑟夫·奈等（2005）：《软力量：世界政坛成功之道》，北京：东方出版社。

张静（2018）：《案例分析的目标：从故事到知识》，《中国社会科学》，（8），第 126~142 页。

张钟汝、范明林、王拓涵（2009）：《国家法团主义视域下政府与非政府组织的互动关系研究》，《社会》，29（4），第 167~192 页。

折晓叶、陈婴婴（2011）：《项目制的分级运作机制和治理逻辑——对"项目进村"案例的社会学分析》，《中国社会科学》，（4），第 126~148 页。

郑功成（2002）：《中国的贫困问题与 NGO 扶贫的发展》，《中国软科学》，（7），第 9~13 页。

周常春等（2016）：《贫困县农村治理"内卷化"与参与式扶贫关系研究——来自云南扶贫调查的实证》，《公共管理学报》，（1），第 81~91 页。

周飞舟（2015）：《差序格局和伦理本位从丧服制度看中国社会结构的基本原则》，《社会》，35（1），第 26~48 页。

周根才（2014）：《走向软治理：基层政府治理能力建构》，《学术界》，（10），第 34~42 页。

周沛（2011）：《谈社会工作实务的"介入性"与"嵌入性"》，《浙江工商大学学报》，（4），第 88~89 页。

Barber, B. (1995), "All Economies Are 'Embedded': The Career of A Concept, and Beyond", *Social Research*, 62 (2), pp. 387 – 413.

Evans, P. B. (1989), "Predatory, Developmental, and Other Apparatuses: A Comparative Political Economy Perspective on the Third World State", *Sociological Forum*, 4 (4), pp. 561 – 587.

Granovetter, M. (1985), "Economic Action and Social Structure: The Problem of Embeddedness", *American Journal of Sociology*, 91 (3), pp. 481 – 510.

Ho, P. & Edmonds, R. (2007), *China's Embedded Activism: Opportunities and Constraints of A Social Movement*, Routledge.

Ma, J. & Orgun, M. A. (2006), "Trust Management and Trust Theory Revision", *IEEE Transactions on Systems, Man, and Cybernetics-Part A: Systems and Humans*, 36 (3), pp. 451 – 460.

Saich, T. (2000), "Negotiating the State: The Development of Social Organizations in China", *China Quarterly*, (161), pp. 124 – 141.

Uzzi et al. (2004), "Embeddedness and Price Formation in the Corporate Law Market", *American Sociological Review*, 69 (3), pp. 319 – 344.

Sharon, Z. & Dimaggion, P. (1990), *Structures of Capital: the Social Organization of the economy*, Cambridge University Press.

Soft Embeddedness: The Action Logic of NGOs Participating in Poverty Alleviation: Based on the Case of H Organization

Zhang Xue   Gan Tian

[**Abstract**] NGOs are faced with the dilemma of action logic in participating in poverty alleviation at the grass-roots level: if they do not embed into local areas, they cannot carry out activities; if they embedded too deeply, it will be molded in reverse and cannot realize successful exits. So what action logic will the NGOs take in the process of poverty alleviation? Through the field observation of H organization which participating in the poverty alleviation project of the pig farm in Village J, this paper puts forward the action logic of "soft embeddness" on the basis of the theory of "embeddedness" and "soft governance". Soft embeddness mainly includes three aspects: the soft relationship embeddness of culture and custom, the soft resources embeddness of negotiation by many parties and the soft structure embeddness of the rural regulations and folk conventions. Compared with the "hard embeddness" which emphasizes the institutionalism and Inculcation, the "soft embeddness" action logic has its own characteristics. It includes the flexibility of interaction, the strategy of participation and the limited responsibility boundary. the "soft embeddness" action logic brings to maintaining the autonomy of NGOs, promoting the accumulation of village social capital and realizing the sustainable development of poverty alleviation projects. At the same time, this paper theoretically complements and extends the interaction between the states and the society as well as the action logic of NGOs in China.

[**Keywords**] NGOs; Poverty Alleviation; Embeddedness; Soft Embeddness

（责任编辑：郑琦）

NP

软嵌入：社会组织参与扶贫的行动逻辑

支持型与实务型非营利组织互动关系的案例研究[*]
——以协同治理理论为视角

徐宇珊　向勋宇[**]

【摘要】 本文采用多案例研究法，以国内著名支持型非营利组织 N 以及其孵化培育的三个实务型非营利组织 X、Y、Z 为研究对象，以协同治理理论为分析框架，对支持型与实务型非营利组织的互动关系展开研究。通过案例分析，可以发现支持型与实务型非营利组织之间基于自愿、平等原则构建了良性互动关系，二者互动目标一致，互动价值积极有效，构成推动社会组织健康有序发展的协同治理网络。

【关键词】 支持型组织　非营利组织　协同治理

一　引言

早在 20 世纪 90 年代初，支持型非营利组织在西方兴起，就引起了学者的关注。作为一种创新型的非营利组织形式，支持型组织在非营利部门发展过程

* 深圳市哲学社会科学"十三五"规划课题"迭代与演化：支持型机构在规范管理社会组织中的功能演变与路径探究"（135B025）的研究成果。
** 徐宇珊，深圳市社会科学院副研究员，管理学博士，研究方向为社会组织；向勋宇，香港大学博士候选人，研究方向为组织学习和社会网络。

中发挥着重要的作用，尤其是在非营利组织能力建设中具备其他组织所不具备的优势。支持型非营利组织在我国的发展可以追溯到 1998 年（庄爱玲，2014），我国第一家支持型非营利组织的雏形出现。2006 年恩派（NPI）的成立，进一步推进了我国支持型非营利组织的发展。现在，支持型非营利组织在全国各地扎根，它们根据当地社会、制度环境和非营利组织发展的实际情况，为不同类型的非营利组织提供着各种各样的服务和帮助。

现有的研究对支持型非营利组织自身发展与运作脉络做出了翔实的阐述。但对于支持型非营利组织和其他非营利组织之间的关系探究相对较少，本文将着眼于支持型与实务型非营利组织之间的互动关系展开研究。

二　支持型非营利组织概述

依据非营利组织功能和运营方式的不同，我们可以将其进行分类（Vakil，1997）。本文中我们将遵循曾凯（2012）的分类方法将非营利组织分为两类：一类是实务型非营利组织，另一类是支持型非营利组织。本文的重点即是探讨这两类组织之间的互动关系。

实务型非营利组织，就是那些以社会问题的解决为导向，针对某一社会群体或者某一社会议题，面向公众直接提供社会服务的非营利组织。支持型非营利组织，简而言之，就是对实务型非营利组织的发展和运营提供支持和帮助的组织，其服务对象不是公众，而是实务型非营利组织。在不同的文章里，学者们采用不同的概念来界定这类组织，例如伞型组织、中介组织、非营利管理支持型组织等（Brown & Tandon，1990；McQuarrie & Krumholz，2011）。本文将这类组织称为支持型非营利组织，用于体现其组织性质（即非营利组织）和功能（即支持机构）。

国外对于支持型非营利组织的研究，主要集中于公共治理的议题上，例如公私部门的合作（Mosley，2014），城市治理以及政策倡导（Honig，2004）。从微观的关于组织能力建设的问题（Tandon，2000）、组织策略发展规划的研究（Brown & Kalegaonkar，2002），到宏观的如何推进整个市民社会的发展都有所涉及（Brown & Kalegaonkar，2002）。

在中国，对支持型非营利组织的研究才刚刚起步。大多数研究为一些描述性的研究。研究主题包括关于支持型组织的概述（王劲颖，2010；潘洋，2013；

徐宇珊，2010；孙燕，2011），其与政府的互动机制探究（张丙宣，2012；葛亮、朱力，2012），等等。除此之外，也有少数的研究涉及公共治理的参与（杨丽，2012），以及国际视野下的比较研究（康越，2008；雷文艳，2013）。对于支持型非营利组织深入的探讨还比较缺乏，对支持型非营利组织运作机理、支持功能以及支持型非营利组织中介作用等都有待于做进一步的深入研究。

三　理论框架

对于组织间互动或合作方面的研究，不同的理论从不同的视角和观点对其进行了相关的阐述和分析（Pfeffer & Salancik，1978；Dyer，1997），但或多或少存在一些局限。协同治理则整合了不同理论，为分析组织互动或者合作提供了相对较为全面的理论框架，且可以囊括对整个互动过程的分析和探讨。本文将采用由 Emerson 等人（2011）提出的合作模型框架对支持型与实务型非营利组织之间的互动进行探索性分析。这一框架整合了以往对互动与合作的各种讨论，提供了一个较为全面的框架去解释组织或部门之间的合作，对于分析实务型与支持型非营利组织的互动是很有利的。

这一框架将互动大致分为三个方面：互动形成的动因，互动过程中的机制，以及互动可能带来的结果。

互动形成的动因阐释了双方为何可以达成合作。协同治理理论认为，组织或部门之间的合作基于一定的先决条件（Ansell & Gash，2007）。首先，合作参与者（或"利益相关方"）之间要满足资本（例如资源、信息、权利）等方面的互补。资本方面的同质性过高，则不利于合作的实现。其次，合作的发生是由一定的动因推进的。参与者对于合作有着怎样的期待，希望实现什么，这些都是促进合作形成的重要因素。最后，合作者以往的经验（成功或失败的合作案例）也是推进合作实现的又一重要条件。

互动过程中的机制，阐述了如何维系合作的可持续性和稳定性。这些机制包括合作者之间"面对面"的互动以增加彼此的信任（Vangen & Huxham，2003），合作者之间的身份平等，合作者之间对合作目的、规则及期望的成果等达成共识，合作者之间建立了明确的制度性规划（Margerum，2002），合作者之间需要有健全的领导机制（Huxham & Vangen，2000）。只有满足了上述的条件，协作治理才能发挥出其本身的治理作用。

互动可能带来的结果关注问题的解决。透过组织之间的互动，实现组织合作的可持续性，以提高解决问题的效率。合作双方基于前期构建的基础，保证一定频率的交流，并提供有价值的信息或资源，在满足需求的前提下，构建一个平等互惠相互信任的关系，由此保证合作的长期稳定发展。

四 研究方法

本文采用多案例比较研究法。在案例选取方面，首先采用目的性抽样的方式，选取所要研究的支持型非营利组织。本文选取的是国内最早开展社会组织孵化服务的支持型组织——N。之后，借由 N 的介绍，随机选取三个与 N 有互动关系的实务型非营利组织，即 X、Y、Z，并通过对四个组织的访谈和相关文档资料的查阅，分析整理出研究成果。

案例介绍：

N 成立于 2006 年，秉承"助力社会创新，培育公益人才"的使命，首创"公益孵化器"模式，为初创期及中小型非营利组织提供全方位的支持。迄今已孵化超过 600 家社会组织及社会企业其他各项业务，资助及支持了超过 3000家公益机构，培训公益人才数万人，涵盖养老、教育、环保、青少年发展、扶贫、助残、社区服务、社会工作等诸多领域。通过长期业务调整后，目前 N 的业务主要分为三大部分：社会创业事业群，社区建设事业群和公益咨询事业群。迄今，大多数从 N "出壳"的非营利组织都成为行业内的领军品牌。本文选取的 N 是 S 城市的办公室，对该城市负责人进行当面访谈。

实务型非营利组织 X、Y、Z 都是 S 城市已经登记注册的非营利组织，它们都与 N 有至少三年以上的互动关系，三家组织属于不同的服务领域，访谈时处于不同的互动阶段，可以代表不同互动程度的实务型组织（见表 1）。

表 1 三个案例的基本情况

机构	服务领域	互动阶段及方式
X	残障	孵化中后期
Y	儿童	已经"出壳"
Z	心理	培训交流

五 协同治理视角下的互动分析

在上述分析框架下，透过对 N 和其他三个组织的互动分析，我们尝试去理解组织之间如何能够维系一个长久有效的互动或合作机制。

（一）互动关系的形成：实务型组织自愿主动

组织之间互动关系的构建是一个相互作用的过程，在分析支持型和实务型非营利组织互动关系的时候，需要考虑双方的互动关系是如何达成的，三个实务型组织如何与支持型组织 N 建立互动关系。

组织 X 与 N 的起源，源于 X 的创始人参与公益服务时结识了 N 的工作人员，知道 N 是全国知名的孵化器。同时，N 对该组织所从事的社会服务很感兴趣，认为很有创新性。于是，组织 X 开始申请 N 的入壳孵化业务。组织 Y 在发展初期的茫然中，组织的一个监事建议与 N 联系，申请 N 的孵化业务。组织 Z 结识 N，源于机构负责人一位好朋友的推荐，该朋友曾接触过 N 的服务，受益良多，于是推荐 Z 组织也去参加 N 的培训、沙龙等活动。X、Y、Z 与 N 开始互动的时间有所不同，但都是 N 已经进驻 S 城市，并获得政府购买服务的项目资金后，该项目资金即用于社会组织的培育扶持。

尽管 X、Y、Z 三个实务型组织与 N 建立互动关系的契机略有差异，但其有几处共同点。一是 N 已有足够的知名度，在资金、能力、人脉等各种资源方面与三家组织高度互补，N 对 X、Y、Z 三家组织有高度吸引力；二是 X、Y、Z 三家组织通过不同渠道，了解 N 过去的业务领域，对 N 提供的服务有兴趣，期待 N 可以助力本机构的发展。如果借鉴"平台战略"中"引爆点"的概念，N 进驻 S 城市后，随着其影响力不断扩大，逐渐达到并跨越"引爆点"，实务型组织主动与其建立互动关系的数量快速增加。即在互动达成的过程中，实务型非营利组织是建立互动的主要倡议者，它们主动与支持型组织构建互动关系。

（二）互动过程的机制：平等基础上的共识

1. 互动理念：关系平等

协同治理强调各主体之间的自愿平等与协作。尽管可能某组织处于主导地位，但这种主导并不是单方面发号施令的形式（李汉卿，2014）。前述表明，实务型组织与支持型组织建立互动关系出于自愿，那么，作为以政府资源为主要资金来源的支持型组织 N，在与实务型组织互动中是否会有"二政府"的感觉呢？实务型组织觉得与支持型组织 N 之间是何种互动关系呢？

> 访谈记录 X：（问：你们和 N 之间是一个怎样的关系？是领导和下属，还是平等的？）"平等，平等。具体地说，例如，我们无论是机构内部还是资源方面遇到问题的时候，N 不会给决策，而只会根据我们希望形成的目标，提供一些建议，帮我们把整个思路理顺，最终还是由我们的机构决定怎么去走。"

> 访谈记录 Y："因为我们已经'出壳'了嘛。我们跟 N 的关系，有点像伙伴，又有点像同行。只不过是大家所专注的领域不一样而已。它专注的是公益资源的整合和发展。"

> 访谈记录 Z："我在遇到一些坎坷，彷徨、迷茫的时候，会不由自主地拿起电话联系 N。××和我很熟，现在与××也成为好朋友。""N 跟我们都是民非，但 N 站的高度就和我们不一样，它更多是站在宏观政策的角度去看待问题。我们从它那里可以吸收到一些营养。"

由此可以看出在实务型非营利组织眼中，尽管它们在支持型组织 N 那里受到培育、培训，得到相关资源或信息，但它们并没有把 N 当作高高在上的权威、领导，而是认为二者是平等的伙伴关系。之所以实务型组织一致性地有这样的感觉，自然与 N 的服务理念和定位是密不可分的。

> 访谈记录支持型组织 N："我们也会有些非正式的（互动）啦。早期做孵化器能不能成功，很重要的一个因素就是我们能不能很好地与这些组织结成伙伴关系。这要和它们保持很密切的关系，甚至除了组织层面的，个人层面上的也会有很多，我们跟这些组织的创始人关系都特别好，私下都是朋友。他们个人层面办的活动我们也会参加。所以我们经常说孵化一个组织，要不断地和他们发生关系，建立一个基于共同目标的熟识的关系，然后产生大量的互动。"

因此，尽管 N 的资源更为丰富、视野更为高远、与政府关系更为亲密，但它们在服务中一直是放低姿态的。它们把服务对象看作平等的朋友，甚至彼此之间超越组织层面，成为个人意义上的朋友。协同治理中之所以各子系统之间形成协作性，其基础就是治理主体的地位平等，这就保证了各主体能够在一个平台上交流，具有平等参与的机会，各主体均可以在治理体系中表达自己的意愿（郑巧、肖文涛，2008）。理念上的平等不但没有削弱 N 的领导力，反而构成了 N 在当地社会组织发展中的影响力机制，诸多实务型组织愿意主动地靠近它，遇到困难时会想到寻求它的帮助。

2. 互动方向：目标一致

协同治理中强调对子系统关系结构的整合，互动机制的目标方向是实现协同效应的关键，是实现多元主体整合的基础。不管是"善治"（燕继荣，2013），还是"构建一个充满活力、和谐有序"的社会秩序（郁建兴、任泽涛，2012），各学者均认同协同治理的各主体之间有共同的治理目标。不同互动主体间的目标一致，是确保其互动方向相同的前提。N 与 X、Y、Z 实务型非营利组织之间的总体目标一致。作为非营利组织中的平台支持型组织，推动整个非营利行业的发展，打造社会创业的生态环境，是其组织的使命和愿景。无论是承接政府购买服务项目，还是对接实务型组织的培训和咨询，其根本目标都围绕上述愿景展开。"我们组织的使命和愿景，是对员工的最大激励要素！"而实务型非营利组织与支持型组织互动的具体目标可能因组织不同而略有差异，有的是为了自身专业发展，有的是为了筹集资源，有的是为了行业发展，有的是为了整个生态的构建。尽管具体诉求有差异，但都是在朝着社会组织有序发展的目标迈进。

因此，支持型与实务型非营利组织的合作目标一致，都为构建非营利组织有序规范发展的宏观或微观环境努力。由支持型组织所构建起来的各子系统在良性互动中都朝着非营利组织健康发展的道路前进，实现了非营利组织有序发展的协同治理效应。

（三）互动结果：价值与成效

如上所述，支持型组织与实务型组织之间，在自愿原则的基础上，以共同的目标为愿景，建立了平等互信的互动关系。接下来分析的是二者的互动是否为双方带来效果和价值，是否解决了实际问题。

X、Y、Z 三个组织与 N 组织的互动略有差异（见表 2）。从三个案例的比较结果中可以发现，一方面，实务型非营利组织与支持型组织接触越深（孵化的深度大于培训交流），它们对支持型组织的理念认同度越高；另一方面，实务型组织越处于孵化早期，与支持型组织的互动越频繁，随着孵化进入中后期，乃至"出壳"后，互动频率有所下降，特别是当实务型组织更换负责人后，与支持型组织的互动频率明显下降。

表2　不同组织的互动差异

	理念认同	交流频率	资源获取
孵化期 X	高	高	高
"出壳"后 Y	高	低	高
外围交流期 Z	低	低	高

但无论互动强度如何，各实务型非营利组织均认为从支持型组织处获得大量信息资源，且这些资源对于实务型组织的发展是至关重要的。这也从另一个角度反映出，N作为支持型组织，并没有亲疏有别，对待不同互动强度的实务型组织，都无差别地提供资源信息，这也表明了其作为平台型组织的公平公正性，也是其获得各方信赖的原因。

X、Y、Z三家组织一致认为，支持型组织作为实务型非营利组织与政府沟通的桥梁，能够帮助实务型组织获取最新最快的政府资讯；支持型组织的培训和辅导有助于实务型组织财务、项目、团建等全方位的规范化。

访谈记录N："资方（政府）对我们，对项目，有明确的要求，我们要把资方的要求传达给它们（实务型组织）。……（问：会不会项目评选的时候，有些优势？）主要是它们跟我们有长期合作之后，对大部分的资助要求比较清楚。项目申请书可能就是我们设计的，那这些组织肯定占有优势，对我们这一套非常了解，可以更好地匹配资方的需求，更容易设计贴切的服务。但评比的时候，不会怎样，甚至我们还要刻意回避一下。"

访谈记录X："（要是没有N），我们得知道什么时候颁布这个专项资金，得随时关注着。认识N，就很简单了，它会及时告诉你，哪里有资金可以申请。有时候政府的政策和专项资金的要求，我们未必能懂，这时候就需要N帮我们解读，这个专项资金需要用到哪个方向，等等。"

访谈记录 Y："我觉得，N 在团队的建设上给了我很大的帮助。财务管理方面，也是从 N 学习中得来的，要建立严格规范的制度，我们去年评审为 4A，也与这个相关。"

政府希望对社会组织进行监管，以期社会组织沿着合法合规的方向有序发展，N 的培训就给这些实务型组织指明规范运作的具体方法，我们可以认为，N 在协助政府规范管理社会组织。同时，在链接政府资源方面，N 民间组织的身份、平等的角色，使其得到了实务型组织的信赖；政府购买服务承接者的地位，又使其天然具备了贴近政府政策的优势。于是，支持型组织与实务型组织的互动对政府、非营利组织，都有自身所需要的价值，同时也都符合前述一致性的愿景和目标。

（四）双方互动关系的环境分析

根据 Emerson 的研究框架，上述二者互动关系的达成与发展，离不开二者所处的外部环境，其中政府对社会组织的整体发展策略是其最为重要的外部制度环境，直接影响二者的互动。

S 城市地处沿海，一直高度重视社会组织的发展，从 2010 年开始的政策文件中，多次提到要大力发展支持型社会组织。该城市社会组织的"十二五"规划中提到，"发展支持型社会组织，对社会组织予以能力建设、资源和智力的支持，引导社会组织提供公益服务。发展服务支持型、资金支持型、智力支持型社会组织。以支持型社会组织为载体，为各类社会组织提供有针对性的前期辅导、技术孵化、专业培训、筹资融资、管理咨询等跟踪辅导和全方位的公共服务"。因此，通过各类支持型组织为其他实务型社会组织提供全面的支持型服务，是政府倡导的政策导向，也是政府培育扶持社会组织的策略措施。

之所以明确提出通过支持型组织培育发展其他各类社会组织的策略，是因为政府看到了自身的短板以及支持型组织的优势。在政府培育发展与综合监管社会组织的过程中，政府现有的人员数量及专业能力，远不能满足社会组织发展的要求，需要有更专业的组织提供服务，协助政府履行好管理和服务的职能。不管是政府搭建孵化基地，还是设立专项资金，都是用资源支持社会组织的发展，同时，用政府资源引导社会组织的方向。支持型组织承接了政府购买服务项目，运营培育基地或开展专项资金的受理、监测、评估等业务，都是在用自身的平台特征、专业资质，协助政府更有效地发挥孵化基地、专项资金的培育及管理作用。同时，需要指出的是，尽管政府有意推动支持型组织的发展，但并未通过权威、命令等方式，强迫实务型组织与支持型组织互动，上述实务型组织与支持型组织的互动出于自愿，也从另一侧面表明政府在其中的中立性。

概言之，本文的支持型组织 N 依托政府购买服务所提供的资金，为实务型非营利组织提供专业的服务，有效地贯彻了政府培育发展和综合管理社会组织的意志。外部制度环境为两类组织的互动提供了政策支持与资金保障，而二者的良性互动又强化了已有支持与保障，政府看到了加强二者互动的价值，这使得政策得以延续和发展。以 S 城市为例，市、区、街道各级支持型非营利组织或支持型平台陆续建立，构成了培育实务型非营利组织的多层级网络。

六　结论与思考

通过以上对支持型与实务型非营利组织的互动分析，可以看出支持型组织与实务型组织之间的互动关系基于自愿、平等原则，互动目标一致，互动价值积极有效，它们的互动有助于实现政府培育发展与综合监管社会组织的政策意图，有助于共同推动社会组织健康有序发展。

诚然，支持型与实务型非营利组织之间的互动尽管卓有成效，但外界制度环境的变化、支持型组织自身的转型策略等，都会给二者的互动带来不确定性。本文基于 S 城市的案例研究，具有一定的局限性。不同的支持型组织，不同地区的政府政策及其他外部环境，可能存在差异，这些差异会影响支持型与实务型非营利组织之间的互动关系。因此，接下来要以本文的研究为基础，把支持型组织与实务型组织置于更大的制度环境中展开研究，分析更复杂环境下二者的互动关系。

参考文献

葛亮、朱力（2012）：《非制度性依赖：中国支持型社会组织与政府关系探索》，《学习与实践》，（12），第 70～77 页。

康越（2008）：《日本 NPO 支援中心的发展及对我国的启示》，《北京行政学院学报》，（6），第 92 ~ 94 页。

雷文艳（2013）：《美国现代非营利性组织孵化器的发展现状及启示——以美国非营利性组织协会（NCN）为例》，《中国社会组织》，（11），第 52 ~ 54 页。

李汉卿（2014）：《协同治理理论探析》，《理论月刊》，（1）。

潘洋（2013）：《公益组织孵化器研究综述》，《社会纵横》，（6），第 169 ~ 187 页。

孙燕（2011）：《社会组织孵化器——实现公益事业可持续发展的助推器》，《青年论坛》，（6），第 48 ~ 51 页。

王劲颖（2010）：《社会组织社会培育机制的发展新趋势》，《社团管理研究》，（8），第 14 ~ 15 页。

徐宇珊（2010）：《社会组织结构创新：支持型机构的成长》，《社会组织培育与管理》，（8），第 22 ~ 25 页。

杨丽（2012）：《"枢纽型"社会组织研究——以北京市为例》，《学会》，（3），第 14 ~ 19 页。

燕继荣（2013）：《协同治理：社会管理创新之道——基于国家与社会关系的理论思考》，《中国行政管理》，（2）。

郁建兴、任泽涛（2012）：《当代中国社会建设中的协同治理——一个分析框架》，《学术月刊》，（44）。

庄爱玲（2014）：《中国公益支持机构发展现状调研报告及公益支持机构名录》，上海：上海映绿公益事业发展中心。

张丙宣（2012）：《支持型社会组织：社会协同与地方治理》，（10），第 45 ~ 50 页。

曾凯（2012）：《论"五力合成"的新型社会组织培育体系》，《社团管理研究》，（9），第 5 ~ 10 页。

郑巧、肖文涛（2008）：《协同治理：服务型政府的治道逻辑》，《中国行政管理》，（7）。

Ansell, C., & Gash, A. (2007), "Collaborative Governance in Theory and Practice", *The Journal of Public Administration Research and Theory*, 18, pp. 543 – 571.

Brown, L. D. & R. Tandon (1990), *Strengthening the Grassroots: Nature and Role of Support Organizations*, New Dehli: The Society For Participatory Research In Asia.

Brown, L. D., & Kalegaonkar, A. (2002), "Support Organizations and the Evolution of The NGO Sector", *Nonprofit and Voluntary Sector Quarterly*, 31 (2), pp. 231 – 258.

Dyer, H. J. (1997), "Effective Interfirm Collaboration: How Firms Minimize Transaction Costs and Maximize Transaction Value", *Stratgegic Management Journal*, (18) 7, pp. 535 – 556.

Emerson, K., et al. (2011), "An Integrative Framework for Collaborative Governance", *The Journal Of Public Administration Research and Theory*, 22, pp. 1 – 29.

Honig, M. I. (2004), "The New Middle Management: Intermediary Organizations in Education Policy Implementation", *Educational Evaluation and Policy Analysis*, 26 (1), pp. 65 – 87.

Huxham, C., & Vangen, S. (2000), "Leadership in the Shaping and Implementation of Collaboration Agendas: How Things Happen in A (not Quite) Joined-up World", *Academy of Management journal*, 43 (6), pp. 1159 – 1175.

McQuarrie, M., & Krumholz, N. (2011), "Institutionalized Social Skill and the Rise of Mediating Organizations in Urban Governance: the Case of the Cleveland Housing Network", *Housing Policy Debate*, 21 (3), pp. 421 – 442.

Mosley, J. E. (2014), "Collaboration, Public-Private Intermediary Organizations, and the Transformation of Advocacy in the Field of Homeless Services", *American Review of Public Administration*, 44 (3), pp. 291 – 308.

Margerum, R. D. (2002), "Collaborative Planning: Building Consensus and Building A Distinct Model for Practice", *Journal of Planning Education and Research*, 21 (3), pp. 237 – 253.

Pfeffer, J., & Salancik, G. R. (1978), *The External Control of Organizations: A Resource Dependence Perspective*, New York: Harper and Row.

Tandon, R. (2000), *The Challenges for Capacity Building Support Organization in South Asia: The Third Workshop of South Asia Support Organization*, Bangladesh: Dhaka.

Vakil, A. C. (1997), "Confronting the Classification Problem: Toward A Taxonomy of NGOs", *Word Development*, 25 (12), pp. 2057 – 2070.

Vangen, S., & Huxham, C. (2003), "Enacting Leadership for Collaborative Advantage: Dilemmas of Ideology and Pragmatism in the Activities of Partnership Managers", *British Journal of Management*, 14 (s1).

NP

A Case Study of the Interaction Between NSO and Practical NPOS: From the Perspective of Collaborative Governance Theory

Xu Yushan   Xiang Xunyu

[**Abstract**] This paper uses the multi-cases comparative method to study the interactive relationship between the Nonprofit Support Organizations (NSO) and the practical non-profit organizations, taking the famous support organization NPI and its three hatched non-profit organizations, X, Y and Z as the cases, and using the cooperative governance theory as the analytical framework. Through the case analysis, it can be found that the rela-

支持型与实务型非营利组织互动关系的案例研究

tionships between the NSO and the practical NPOs are voluntary and equally. The interaction target is consistent; the interactive value is active and effective, and the cooperative governance network system is formed to promote the healthy and orderly development of the social organization.

[**Keywords**] Nonprofit Support Organizations; Nonpnofit Organizations; Collabonative Governance

（责任编辑：郑琦）

社会工作者职业认同与组织认同对职业流动影响的研究

——基于对广州市社会工作者的调查

邓梦园[*]

【摘要】 本文利用因子分析及多元 Logistic 回归，结合双因素理论，分析社会工作者（简称"社工"）职业认同及组织认同对社工职业流动的影响。根据双因素理论中对激励因素及保健因素的阐述，拟将职业认同归为激励因素，将组织认同归为保健因素。研究发现，社工的职业认同及组织认同均对社工的职业流动有显著影响，其中，社工组织认同对社工职业流动的影响大于社工职业认同对社工职业流动的影响，即现阶段要缓解广州市社工流动率较大的问题需要提高社工的组织认同度，需要重视保健因素对社工行业的作用。故此，本文提出要重视社会工作者外部因素的激励作用，通过完善社工的职业环境、提高薪酬待遇等实现社工人才队伍的稳定健康发展。

【关键词】 组织认同　职业认同　社会工作者　多元 Logistic 回归模型

---

* 邓梦园，暨南大学公共管理学院/应急管理学院行政管理系硕士研究生。

引 言

自 2006 年 7 月，人事部、民政部联合发布了《社会工作者职业水平评价暂行规定》和《助理社会工作师、社会工作师职业水平考试实施办法》，首次将社会工作者纳入专业技术人员范畴以来，社会工作者的职业化进程就不断在深化，社工行业的发展也成了衡量社会健康发展的一个重要维度。

广州市作为珠三角地区的排头兵，以"政府购买社会组织社会服务"的方式，逐渐探讨出一条与本地情况相适应的发展道路，主要表现为社工机构数量不断增多，社工人才队伍不断壮大，公共服务购买投入不断提高等，广州市政府在社工行业投入大量的精力和资金，社工行业发展虽呈"井喷"的繁荣现象，却又同时面临社工人才流失率大的问题。如何降低社会工作者的人才流失率；社工行业人才流失率较大是否与组织认同有关，是否与职业认同有关；哪些因素对社工人才流失所起作用比较大；如何对社工群体进行有效的激励以降低人才流失率等问题引起笔者思考。

一 文献回顾与研究假设

（一）文献回顾

1. 组织认同的研究

关于组织认同的研究主要为理论研究和实证研究，目前，在学界，关于组织认同的理论研究主要集中在对组织认同概念的界定上，尽管学者们在对组织认同概念的界定上做了许多积极的探索，但仍未达成共识，其中，关于组织认同的概念使用最多的是阿什佛和米尔（Ashforth & Mael，1989）提出的组织认同是一种对组织产生的归属感或者共同感（苏雪梅、葛建华，2007）。本文所采用的是阿什佛和米尔对组织认同的定义。

组织认同的实证研究主要集中在以下几个方面。一是着重对组织认同的测量研究，制定系列研究量表，其中最为著名的是米尔的组织认同量表及切尼（G. Cheney）的组织认同问卷（宝贡敏，2006）。二是注重探讨影响组织认同的因素，学者阿什佛和米尔（Ashforth & Mael，1989）认为影响组织认同的四种因素有组织声誉、组织独特性、外组织的显著性以及与组织形成相关的传统因素。切尼认为，组织认同与决策、工作态度、动机、工作绩效、目标成就、决策冲突、个人决策、员工互动等系列组织现象和行为有密切联系（王彦斌，2006）。苏雪梅、葛建华（2007）认为组织认同的前因变量主要可归为三个层次，分别是个人、组织和环境。冯敏红（2015）认为组织认同主要可以归为内部因素和外部因素两类，其中，内部因素包括组织中的个人情感、个人认知状况、个人心理需求等，外部因素包括组织形态、组织特征、组织的资源结构及人际互动关系等。三是将组织认同作为中介变量进行研究，认为组织认同作为职场正念在对护士工作使命感的影响作用中起中介效应（左文君等，2017）；郭晟豪、萧鸣政（2017）认为组织认同在集体主义人力资源管理与积极互惠的关系中起着多重中介作用。另外，目前关于组织认同的研究基本是以公务员、教师群体、企业职工、医护人员、新生代农民工等为研究对象，很少将社会工作者作为研究对象进行研究。且从总体而言，组织认同的理论研究主要是在西方语境下发展起来的，立足于我国实际情况并有相应数据支撑的研究相对较少。

2. 职业认同的研究

职业认同作为一个心理学概念，主要是指个体对于所从事职业的肯定性评价。美国学者阿瑟·萨尔兹认为职业认同是一种社会群体的表现形式，是职业群体内部成员对职业的认同遵循社会认同的基本规律（朱伏平，2010）。

目前，关于职业认同的研究对象主要以教师群体及医护人员为主，为数不多的几篇以社会工作者为研究对象的文献则主要针对以下几个方面开展：一是探讨社会工作者职业认同构建的推力，认为结构性约束是社工职业认同的体制环境，主体性构建是社工职业认同的行业推力（杨发祥、叶淑静，2016）；二是认为社会认同通过影响职业认同来影响社会工作者的职业满意度（李红英、卫利珍，2013）；三是注重对社工职业认同的影响因素研究，学者安秋玲（2010）认为社工的职业认同受年龄、学历、人际关系满意度、工作环境、家人支持度以及人格等因素的影响。

3. 职业流动的影响因素研究

社会工作者职业流动率比较高，这也一直是学界和实务界探讨的重点，不少研究指出，社会工作者职业流动频繁主要有以下几个方面原因：在社会工作者方面存在职业能力薄弱、薪酬待遇较低、后备人才素质堪忧等问题；在社会工作机构方面存在职业环境有待提高、职业培训有待完善、缺乏有效的职业激励机制等问题；在社会方面受社会认知度较低等因素的影响。对以上原因的探索均属于宽层面、大范围的泛化研究，针对社工流动的原因的细化研究比较少，少数针对职业流动因素的细化研究有学者徐道稳提出的：社工职业认同对业外离职倾向有较大的影响（徐道稳，2017）。总之，对社会工作者职业流动影响因素的研究比较多，但是很少有研究将社工的职业认同与组织认同同时作为自变量来探讨两种认同方式对社工职业流动所起作用的大小差异。

综上所述，学界目前对社会工作者职业流动的相关研究已经做了大量积极的探索及研究，但是基于由"认同"这一概念发展而来的组织认同及职业认同的研究大部分是在西方语境下成长起来的，而目前关于组织认同及职业认同的研究对象鲜少从社会工作者这一群体的角度出发，且为数不多的关于社会工作者的研究中也很少有相应的数据支撑，故此，本文拟以社会工作者这一群体为研究对象，研究职业认同和组织认同两者对社工职业流动的影响程度的大小。另外，本文拟采用赫兹伯格的双因素理论作为理论框架对本文提出的问题进行分析和研究，由于职业认同和组织认同所包含的子因素与双因素理论中的激励因素和保健因素雷同，故文献回顾直接以组织认同及职业认同两条主线展开，不再赘述双因素理论的研究历程。

（二）研究假设

1. 人口统计学变量与职业流动相关

参照现有的研究成果及在对一线社会工作者访谈的过程中发现，社会工作者的人口学特征是研究这一群体的基本因素，同时，也是社工职业流动影响因素的一个重要研究思路，故此，本文拟将人口统计学特征中的性别、年龄、学历纳入自变量，提出研究假设。

H1：人口统计学变量与社会工作者职业流动相关。

2. 职业认同和组织认同均是社工职业流动的影响因素

在现有以社会工作者为研究对象，研究社工的职业流动影响因素中，职业认同和组织认同几乎都包含在社工职业流动的因素当中，并且，从双因素理论的思路出发，无论是保健因素抑或是激励因素都会对员工的行为选择产生一定的作用，本文将组织认同归为保健因素，将职业认同归为激励因素，认为社工的组织认同及职业认同均可能对社工职业流动产生作用，故此，提出假设。

H2：组织认同与社工职业流动相关。

H3：职业认同与社工职业流动相关。

3. 职业认同对职业流动的影响大于组织认同对职业流动的影响

双因素理论认为，带来工作满意的因素和导致工作不满意的因素是截然不同的，其中，带来工作满意的因素，与工作本身联系的因素，如成就、承认、工作本身等内部因素称为激励因素；可能会引起不满的因素，与工作环境相关的因素称为保健因素，如工作条件、工资、同事关系、公司政策等。值得注意的是，保健因素并不一定是造成员工不满的因素，只是说可能会引起不满，激励因素也不完全是使员工满意的因素，关键在于员工的感知是积极的还是消极的。根据激励因素及保健因素的特点，本文拟将组织认同归为保健因素，将职业认同归为激励因素，研究两者在社工职业流动上的影响差异。赫兹伯格认为，好的保健措施并不意味着对组织的高满意度，好的保健仅仅是开始，而增强激励因素的作用才能有效地提高对组织的满意度，故此，本文提出第四个假设。

H4：职业认同对职业流动的影响大于组织认同对职业流动的影响。

二 问卷测量与回收

（一）问卷测量

1. 自变量的测量

本研究设计的自变量包括人口统计学中的变量、组织认同、职业认同，因变量是社工职业流动。自变量人口统计学变量中，性别为二分变量，其中，男设为"0"，女设为"1"；年龄分为四组，分别是 20~29 岁、30~39 岁、40~49 岁、50~59 岁；文化程度分为四组，分别是高中/中专及以下、大专、本科、硕士研究生及以上。职业认同及组织认同根据已有的文献研究做了适当的调整制成自编量表，两个自编测量量表均采用里克特五级量表测量，每一个问题均设置五个选项，即非常满意、比较满意、一般、不太满意、很不满意，分别赋值为：0、1、2、3、4。

2. 因变量的测量

本文的因变量是："未来几年希望继续从事社会工作相关工作"，属于分类变量，此题设置三个选项，为否、不确定、是，分别赋值为0、1、2。

（二）问卷回收

本文数据来源于课题组2014年6～9月对广州市六个区的家庭综合服务中心开展的随机抽样调查和访谈。首先以广东省广州市13个区的家庭综合服务中心为抽样框，从中随机抽取46个家庭综合服务中心，以这46个家庭综合服务中心的社会工作者为研究对象进行问卷调查。调查共发放调查问卷350份，收回331份，剔除当中敷衍了事或答案明显前后矛盾的无效问卷4份，最后总共得到326份有效问卷，问卷回收率达到了93.4%，可用作问卷分析研究。在调查样本中，男女比例接近3:1，社会工作者年龄在30岁以下的占调查样本的绝大多数，且本科及以上学历占七成，样本结构基本符合广州市社会工作协会发布的社工行业的总体状况。样本数据整体分布情况见表1。

表1　正式问卷调查有效被试情况汇总　（n＝326）

单位：%

		频次	百分比
性别	男	92	28.2
	女	234	71.8
年龄	20～29岁	294	90.2
	30～39岁	26	8.0
	40～49岁	4	1.2
	50～59岁	2	0.6
户口所在地	广州市	144	44.0
	非广州市	182	55.7
政治面貌	群众	78	23.93
	共青团员	148	45.40
	预备党员	6	1.84
	中共党员	92	28.22
	其他	2	0.61
文化程度	高中/中专及以下	11	3.4
	大专	87	26.6
	本科	222	67.9
	硕士研究生及以上	7	2.1

三　数据分析

本调查全部数据采用 SPSS24.0 统计软件进行录入、统计处理和分析。在数据预处理阶段，采用了可靠性分析、方差分析、主成分分析、因子分析和回归分析，得出分析结论。

（一）问卷的信度与效度

1. 信度分析

用 Cronbach 的 α 系数对问卷中的自变量进行同质性研究，结果表明：两个自变量的信度系数较高，均达到显著水平，具体数据如表 2 所示。

表 2　量表的信度

	Cronbach's α	基于标准化项的 Cronbach's α	项数
组织认同	0.874	0.876	11
职业认同	0.818	0.819	13

2. 效度检验

如表 3 所示，两个自变量的科隆巴赫系数均为 0.8 ~ 0.95，表明问卷的效度可靠。

表 3　量表的效度

单位：%

	KMO	巴特利特球型检验		探索性因子分析累积贡献率
		卡方值	Sig	
组织认同	0.929	2037.651	0.0006	2.255
职业认同	0.891	1832.046	0.000	61.182

综上，在所测问卷中，组织认同及职业认同两个自变量的信度及效度均比较高，自编量表可用，样本具有较好的代表性，数据具有统计意义，适合做进一步的研究分析。

（二）职业流动影响因素分析

1. 组织认同的影响

根据现有研究对组织认同影响因素的探索，本文拟通过 11 个测量指标对社会工作者的组织认同进行测量，这 11 个测量指标如表 4 所示。

表 4　组织认同量表的共同度分析

	共同度		共同度
对所在机构的管理方式的满意度	0.760	对当前工作环境的办公环境的满意度	0.428
对所在机构的机构文化的满意度	0.709	对当前工作环境的人际氛围的满意度	0.507
对所在机构的专业培训的满意度	0.602	对工作时间安排的满意度	0.423
对所在机构的人才激励机制的满意度	0.818	认为本机构其他社工的积极性	0.413
对所在机构的晋升机制的满意度	0.788	认为所在机构社工的流动率	0.734
对所在机构所掌握的社会资源的满意度	0.666		

通过因子分析提取出 2 个公因子，累积贡献率达 62.255%，即 2 个公因子的累积解释力为 62.255%（见表 5）。通过旋转因子矩阵，发现因子 1 包含 10 个测量指标，因子 2 包含 1 个测量指标，如表 6 所示。

表 5　组织认同量表的因子分析

单位：%

成分	提取平方和载入			旋转平方和载入		
	合计	方差	累积	合计	方差	累积
1	5.913	53.752	53.752	5.140	46.727	46.727
2	0.935	8.503	62.255	1.708	15.528	62.255

表 6　旋转因子矩阵

	成分	
	1	2
对所在机构的管理方式的满意度	0.868	
对所在机构的机构文化的满意度	0.841	
对所在机构的专业培训的满意度	0.770	
对所在机构的人才激励机制的满意度	0.870	
对所在机构的晋升机制的满意度	0.870	
对所在机构所掌握的社会资源的满意度	0.785	
对当前工作环境的办公环境的满意度	0.613	

	成分	
	1	2
对当前工作环境的人际氛围的满意度	0.677	
对工作时间安排的满意度	0.616	
认为本机构其他社工的积极性	0.637	
认为所在机构社工的流动率		0.789

根据每个因子所包含的测量指标，将因子 1 命名为工作保障因子，因子 2 命名为机构安全感因子。

2. 职业认同的影响

根据现有研究对组织认同影响因素的探索，本文拟通过 13 个测量指标对社会工作者的组织认同进行测量，测量结果通过共同度分析后，将其中小于 0.4 的两个测量指标删除，得出 11 个测量指标如表 7 所示。

表 7　职业认同量表的共同度分析

	共同度		共同度
对接纳价值理念的认同度	0.744	对自身专业技能的认同度	0.404
对尊重价值理念的认同度	0.811	认为社工与义工工作性质区别的认同度	0.614
对个别化价值理念的认同度	0.790	对所学专业理论与方法在实践中适用度	0.550
对自决权和知情同意价值理念的认同度	0.753	在实践中对专业社会工作知识运用度	0.592
对保密价值理念的认同度	0.760	认为所提供的服务对服务对象的帮助程度的评价	0.556
对不批判价值理念的认同度	0.645		

通过因子分析提取出 3 个公因子，累积贡献率达 61.182%，即 3 个公因子的累积解释力为 61.182%（见表 8）。通过旋转因子矩阵，发现因子 1 包含 6 个测量指标，因子 2 包含 4 个测量指标，因子 3 包含 1 个测量指标，如表 9 所示。

社会工作者职业认同与组织认同对职业流动影响的研究

表8　职业认同量表的因子分析

单位：%

成分	提取平方和载入			旋转平方和载入		
	合计	方差	累积	合计	方差	累积
1	4.854	37.342	37.342	4.519	34.760	34.760
2	2.042	15.710	53.052	2.370	18.232	52.993
3	1.057	8.130	61.182	1.065	8.189	61.182

表9　旋转因子矩阵

	成分		
	1	2	3
对接纳价值理念的认同度	0.855		
对尊重价值理念的认同度	0.881		
对个别化价值理念的认同度	0.851		
对自决权和知情同意价值理念的认同度	0.844		
对保密价值理念的认同度	0.833		
对不批判价值理念的认同度	0.788		
对自身专业技能的认同度		0.467	
对所学专业理论与方法在实践中适用度		0.604	
在实践中对专业社会工作知识运用度		0.699	
认为所提供的服务对服务对象的帮助程度的评价		0.650	
认为社工与义工工作性质区别的认同度			0.777

根据每个因子所包含的测量指标，将因子1命名为职业价值认同因子，因子2命名为职业能力认同因子，因子3命名为职业性质认同因子。

3. 职业流动倾向分析

根据研究设计，分析人口统计学变量中性别、年龄、学历对社工职业流动的影响。对性别变量和社工入行时间进行双因素方差分析，在不同的入行时间情况下，性别对社会工作者的转行意愿有显著的影响，得出方差分析结果为：$F = 1.908$，$p < 0.1$，说明性别变量在对职业流动的影响上有显著差异。在不同入行时间的前提下，男性社工入行时间越短离职的意愿越强，入行1年及以上有离职意愿的社工中，女性的比例较大。年龄为分组变量，采用单因素方差分析进行分析，得出方差分析结果为：$F = 0.429$，$p = 0.787 > 0.1$，说明不同年龄段在对职业流动的影响上没有显著差异。学历同为分组变量，采用单因素方差分析得出结果为：$F = 1.526$，$p = 0.208 > 0.1$，表明不同学历在对职业流动的影响上没有显著差异。综上，假设 H1 部分成立，即社工性别对社工职业流动影响显著；社工年龄、学历对社工职业流动影响不显著。

由于本文所设置的因变量属于分类变量，因此采用多元 Logistic 回归分析社会工作者组织认同、职业认同与职业流动的关系。在对变量进行多元 Logistic 回归分析之前，需对变量进行共线性诊断，发现容忍度的值介于 0 与 1 之间，且各变量的容差值均比较大；VIF 值均小于 10；9 个维度的特征根中，仅有 2 个维度的特征根约等于 0，共线性问题不严重，条件指数小于 30，符合要求。综上，说明自变量间共线性问题不明显，不存在共线性关系，数据适合继续分析。

表 10 为总模型的似然比检验结果，从表 10 可知，最终模型和只含有常数项的初始模型相比，对数似然值从 566.917 下降到 537.889，下降了 29.028，似然比卡方检验的显著性小于 0.1，说明模型整体是显著的。

表 10　模型拟合信息

模型	模型拟合条件 −2 对数似然	似然比检验		
		卡方	自由度	显著性
仅截距	566.917			
最终	537.889	29.028	16	0.024

通过多元 Logistic 分析，发现在控制了社工性别、年龄、文化程度的情况下，与选择继续留在社工行业的人相比，选择不继续留在社工行业的人在职业能力认同因子上的 B 值为 0.512，$p = 0.057 < 0.1$，说明职业能力认同因子对社工是否愿意继续从事社工行业存在显著影响，且 B 值为正值，表明职业能力认同因子对社工是否愿意继续从事社工行业存在显著正的影响，即，越认同职业能力的社工越愿意继续从事社工工作。与选择继续留在社工行业的人相比，选择不继续留在社工行业的人在工作保障因子上的 B 值为 0.443，$p = 0.094 < 0.1$，说明工作保障因子对社工是否愿意继续从事社工行业存在显著影响，且 B 值为正值，表明工作保障因子对社工是否愿意继续从事社工行业存在显著正的影响，即，对工作保障越满意的社工越愿意继续从事社工工作。与选择继续留在社工行业的人相比，选择不继续留在社工行业的人在机构安全感因子上的 B 值为

0.462，$p = 0.070 < 0.1$，说明机构安全感因子对社工是否愿意继续从事社工行业存在显著影响，且 B 值为正值，表明机构安全感因子对社工是否愿意继续从事社工行业存在显著正的影响，即，对机构安全感越高的社工越愿意继续从事社工工作。假设 H3 成立，即组织认同与社工职业流动相关。

在控制了社工性别、年龄、文化程度的情况下，与选择继续留在社工行业的人相比，选择不确定是否继续留在社工行业的人在工作保障因子上的 B 值为 0.275，$p = 0.038 < 0.1$，说明工作保障因子对社工是否愿意继续从事社工行业存在显著影响，且 B 值为正值，表明工作保障因子对社工是否愿意继续从事社工行业存在显著正的影响，即，社工是否愿意继续从事社工行业与工作保障有密切关系。

为进一步了解社会工作者组织认同及职业认同对社工流动的差异，问卷设置了一道多选题，以了解社工流失的原因，并进行多重响应分析，结果如表 11 所示。

表 11　社工流失的原因

单位：件，%

流失的原因	个案数	响应百分比	个案百分比
薪酬较低	253	31.3	77.4
福利待遇不好	190	23.5	58.1
机构的工作环境较差	69	8.5	21.1
较不能实现个人发展	201	24.8	61.5
缺乏培训	57	7.0	17.4
其他	39	4.8	11.9
总计	809	100.0	247.4

根据本文思路及双因素理论中激励因素与保健因素的划分特点，可见薪酬较低、福利待遇不好、机构的工作环境较差可归为组织认同变量，即为保健因素；较不能实现个人发展及缺乏培训可归为职业认同变量，即为激励因素。由表 11 可看出，社工流失的大部分原因是保健因素并未达到社工从业者的心理预期。综上可见，社工行业的组织认同对职业流动的影响大于职业认同对职业流动的影响，职业认同对职业流动的影响小于组织认同对职业流动的影响，假设 H4 不成立。

四 研究讨论与建议

（一）研究发现与结果的讨论

通过因子分析和多元 Logistic 回归分析，本文得出以下结论。

1. 人口统计学变量与社工职业流动部分相关

人口统计学变量与社工职业流动部分相关，其中，社工性别对社工职业流动影响显著。在入行时间为 1 年及以下的社工中，男性的离职倾向比女性社工多，这可能由中国传统的男性与女性在社会生产活动中所扮演的角色的不同来决定的，一般而言，男性社工养家糊口的任务较重，因此，刚入职的男性社工可能会因自身的工资水平满足不了日常的养家糊口的需要而更倾向于不继续从事社会工作这一行业。在入行时间 1 年及以上的所有时间段中，女性社工的离职意愿比男性社工的离职意愿更为强烈，原因可能有以下几种：一是从事社会工作达 1 年以上的大多为女性，故在此人员比例上，女性社工本就比男性社工要多得多，因此在这一阶段选择离职的女性社工也自然是要比男性社工多；二是女性社工结婚生育对工作的影响；三是可能是多年从事社工工作而产生的职业倦怠感加强但调解能力不如男性社工强；等等（徐绮雯、邓梦园，2016）。

2. 组织认同对社工职业流动的影响程度更甚

组织认同和职业认同均对社工的职业流动有显著影响，其中，社工行业的组织认同对职业流动的影响大于职业认同对职业流动的影响。赫兹伯格（2009）关于双因素理论的论述中也提到：有那么一部分分工烦琐、单调乏味、几乎无法给人责任感和成就感的工作，难以给人实现自我价值的机会的工作，"保健因素"就显得尤为重要，从目前我国社会工作者的常态化工作的现实出发，目前社工工作比较烦琐，受行政化手段的影响较为明显：

> 比如我们要对民政局负责，要体现与居委、街道的良好合作，另外，你可以看到很多家综中心有很多门牌，很多是行政机构的挂名，但是相关机构就没有很好地跟进，我们家综的社工们可能就需要做很多琐碎的事情，我们独立性不强；与此相比，香港机构设置包括运营等方面就会很清爽。（访谈资料编号：20140703FENG）

因此，在一线社工看来，良好的工作环境、减少行政化的影响就相当于提高了社工的积极性。（工作）会很烦琐，如果先稍微减少行政化影响，就可以增加行政效率，增加社工们的积极性①。也就是说，在一定的条件下，激励因素和保健因素是可以相互转换的，成为保健 - 激励因素。

另外，双因素理论中的保健因素指人们在某些方面如果得到满足后就没有不满，得不到满足则产生不满，而激励因素指人们在某些方面如果得到满足则感到满意，得不到满足则没有满意感，但不会产生不满，即便如此，两个满意因素通常朝一个方向作用（赫兹伯格等，2009）。本文数据在某种程度上也进一步论证了这一观点，本文除了涉及一道社工流动原因的多选题外，还对社工选择从事社会工作者这一行业的原因进行了统计，数据表明，社工一开始选择进入该行业就是因为对这一职业有较高的职业认同感：

> （您是一开始就从事社工专业的吗？为什么会选择做社工呢？）是的，因为觉得社会工作这份职业符合我个人的价值观，喜欢工作内容，会有许多文娱活动，而且可以帮助到别人。（访谈资料编号：20140703FENG）

但是社工最终选择离开这一行业是因为对如薪酬、工作环境等保健因素没有感到满意，对一线社工的访谈也恰恰印证了这一点：

> 现在的工资比上不足比下有余。我们觉得指导价这个东西有固然是好，但必然都有一个调节的时效，你就算车、汽油都有个价格调控机制，你社工的工资5年才调一次，通胀都去到哪里了，拿五年前的3500和现在的3500比都差得远。要想一些调节的机制怎么调整好基准。（访谈资料编号：20140922JIN）
>
> 刚刚毕业的时候觉得还可以，但是做久了之后就会觉得不太满意。因为其实我们可以拿香港的和我们内地的做比较，在香港，社工工资占这一大块的七成，而且工资会随着货币涨率的增长而增长，而在内地，我们的工资其实就是有一个很固定的数字，例如说有200万，社工工资只占其中

---

① 访谈资料编号：20140703FENG。

的六成，而且不会切合物价水平，工资的设置不会将物价浮动考虑在内，做了社工三年的和才做一年的工资是一样的。

（社工离职）基本原因刚刚也说得差不多了，主要是跟薪酬有关，另外个人的追求、工作的溢化我认为也是很重要的因素。（访谈资料编号：20140703ZHANG）

立足于我国社会工作者的生存环境的现实，个人对职业认同感的培养固然重要，但是目前有离职倾向的社工对职业的不满主要源于工作以外的因素，即社工工作处境较不理想、薪酬待遇较低等保健因素，因此，立足于我国国情，提高社工对职业的满意度，缓解社工行业人才流失的问题还是要将关注点放在改善社工的保健因素上。

另外，数据显示，不少社工对是否仍从事社会工作存在踌躇、观望的态度，可见社工职业流动率较大的局面并不是不可挽回的，有关部门应进一步出台相关政策，促进社工行业的健康发展。

（二）稳定社工人才队伍的相关建议

结合实证分析的结果，本文提出以下建议。

一是重视社会工作者外部因素的激励作用。注重完善社工的职业环境，减少有关部门的行政性干涉，改善政府对社工机构的管理方式，减少社工的隐性的行政性工作，规定政府与社工机构双方的职责，保证社工服务的专业性、有效性及独立性。

同时，在这过程中，要注重厘清社工的角色定位。一方面，把社工的专业性和街道居委会人员的行政性区别开来，通过健全相关的规则规定，明确政府与社工之间的权利义务关系，双方各司其职，发挥社工的真正作用；另一方面，政府应加大购买专业性服务的比例，鼓励社工及社工机构提高自身的专业性。另外，注重调整社工的基本工资标准，依据地方城市城镇职工平均工资，并参考其他一线城市社工的工资水平，实现社工工资周期性调整，优化社工的职业待遇。再者，注重优化购买服务模式，首先，建立弹性的服务费用设立标准，如在统一的服务费用的基础上，综合机构的人员规模和资质比例、项目承接数量、服务领域广度等情况进行调整，确保政府财政支持力度，并运用以奖代补的形式，对机构未使用财政资金、自行开展的培训、交流、研究以及专业服务项目，成绩突出或效果明显的，在项目完成后给予适当的奖励；其次，完善服务费用使用机制；最后，可适当扩大购买服务范围，除购买社工机构服务外，还可购买其他社会组织的专项服务，并要求社会组织为社工设置相应的岗位，让社会组织的公益性、民间性与社工理念有机结合。

二是注重增强社工对职业的认同感。从我国国情及社工组织认同与职业认同均对社工职业流动有显著影响这一结论出发，可得注重提高影响社工行业稳定的保健因素必不可少，但是激励因素的作用也同样值得重视。综合相关研究的结论及笔者在访谈过程中的发现，社工的职业认同可能与社工的专业背景有关，即有相当一部分的在职社工是非社工专业的，且调查发现社工普遍认为自身专业技能一般，因此，有必要注重对在职社工的职业培训，加强对社工实务技巧的培训，并通过督导的持续性指导来提升社工的职业技能，提高社工对自身职业价值的认同。另外，注重完善社会工作行业相关机制。第一，健全职业资格认证制度，一方面，完善社会工作行业职业资格认证体系，在多方协商讨论的基础上确定社会工作职业资格认证标准，增强从业资格考核的科学性；另一方面，将社会工作考核制度和水平评价制度相结合，在传统考录的基础上，采用模拟实务操作、面试、笔试等相结合的综合认证方式进行全面考核，并新增相应的资格年检制度。第二，强化社工从业规范制度，一方面，细化个人和机构从业规范制度；另一方面，加强从业规范奖惩制度建设，如从业规范的落实与薪酬激励制度、绩效考核制度和惩戒制度相挂钩。第三，完善行业专家评估制度，如形成以注重服务质量为主的科学评估标准，由主要以审阅文件为主转为以面谈为主的评估方式，并以政府为主导在征求多方意见的基础上推出统一的评估执行标准。

参考文献

安秋玲（2010）：《社会工作者职业认同的影响因素》，《华南理工大学学报》（社会科学版）（2），第 39~47 页。

宝贡敏（2006）：《组织认同理论研究述评》，《外国经济与管理》（1），第 39~45 页。

〔英〕戴维·布坎南、安德杰·赫钦斯盖（2011）：《组织行为学》（第 5 版），李丽等译，北京：经济管理出版社。第 239~277 页

冯敏红（2015）：《青年志愿者组织认同影响因素研究——以广州公益组织为例》，《青年探索》（2），第 45~50 页。

〔美〕弗雷德里克·赫兹伯格等（2009）：《赫兹伯格的双因素理论》（第 1 版），张湛译，北京：中国人民大学出版社。

郭晟豪、萧鸣政（2017）：《集体主义人力资源管理与员工积极互惠：组织中认同的多重中介效应》，《江西财经大学学报》（3），第 32～40 页。

李红英、卫利珍（2013）：《广东社会工作者工作满意度影响机制研究——以广州、深圳、东莞三地为例》，《广东行政学院学报》，25（1），第 23～27 页。

苏雪梅、葛建华（2007）：《组织认同理论研究述评与展望》，《南大商学评论》（4），第 149～161 页。

王彦斌（2006）：《西方组织认同感理论研究综述》，《思想战线》（6），第 1～5 页。

徐道稳（2017）：《社会工作者职业认同和离职倾向研究——基于对深圳市社会工作者的研究》，《人文杂志》（6），第 111～118 页。

徐绮雯、邓梦园等（2016）：《社会工作人才队伍流失问题的调查与思考——以广州市为例》，《广州社会工作评论》（1），第 314～328 页。

杨发祥、叶淑静（2016）：《结构性约束与主体性建构：社会工作者的职业认同》，《江海学刊》（6），第 48～53 页。

赵应文（2011）：《组织行为学概论》（第 1 版），北京：清华大学出版社，第 28～49 页、第 303～334 页。

朱伏平（2010）：《职业认同与组织认同关系研究》，《商业研究》（1），第 68～71 页。

左文军等（2017）：《职场正念对护士工作使命感影响及组织认同中介效应》，《中国医院管理》，37（9），第 61～63 页。

Ashforth, B. E. & Mael, F. (1989), "Social Identity Theory and the Organization", *Academy of Management Review*, pp. 20～39.

Occupational and Organizational Recognition of Social Workers Research on Occupational Mobility：Based on the Survey of Social Workers in Guangzhou

Deng Mengyuan

[**Abstract**] Applying factor analysis and multi-variable logistic regression, together with the Two Factor Theory, this paper analyses the influence of social workers' occupational and organizational recognition on their occupational mobility. According to the specification of the motivation factor and the hygiene factor in the Two Factor Theory, this paper classifies occupational recognition as the motivation factor and the organizational recognition as the hygiene factor. Studies suggest that both occupational recognition and organizational recognition have significant influence on occupational mobility of social workers, in which social workers' organizational recognition is more influential than occupational recognition. It means that at the current stage, in order to deal with the high mobility of social workers in Guangzhou, it is necessary to raise social workers' organizational recognition and emphasize the role of hygiene factor for the social work industry. Therefore, this paper proposes that it is necessary to emphasize the motivational role of external factors for social workers, improve the occupational environment and raise salaries for social workers to reach stable and healthy development for them.

[**Keywords**] Organizational Recognition; Occupational Recognition; Social Worker; Multi-variable Logistic Regression

（责任编辑：李长文）

基于使命的公益组织项目治理策略分析

——以事实孤儿救助项目为例

董文琪　蔡　敏　许文慧*

【摘要】随着治理思潮的传播，项目管理领域也开始适用治理思维，出现了新兴的项目治理理论。公益组织的性质与资源筹集的劣势地位，决定了其也需要在项目运作中引入治理的概念与分析框架，从项目管理走向项目治理。论文以公益组织"大爱无疆"所推出的"事实孤儿救助项目"为例，说明公益组织在项目治理过程中，还必须坚守使命，以使命为基础确定项目治理目标、选择合作伙伴、构建治理机制、控制治理绩效。

【关键词】公益项目　项目管理　项目治理　事实孤儿

一　引言

近年来，随着治理思潮在社会科学领域的广泛传播与发展，"治理"一词也被导入项目管理，出现了新兴的项目治理理论。目前，该理论已成为项目管理领域的研究热点，许多学者开始使用治理的概念和框架来分析工程、制造、研发以及 IT 行业的项目建设，掀起了一场引人瞩目的"项目治理运动"（Patel，

---

* 董文琪，中南大学公共管理学院副教授；蔡敏，中南大学公共管理学院硕士研究生；许文慧，中南大学公共管理学院博士生。

2007：165－187）。对于通过系列项目的设计与运作，实现自己动员社会资源、参与社会治理、增进社会福利作用的公益组织而言，其也需要以治理为核心重构自己的项目管理平台与秩序，提升项目运作绩效。

然而，公益组织所具有的非政府与非营利特性，令其在项目运作中，既不能像政府那样靠公权力，也不能像企业那样以利润诱导资源，只能依靠志愿精神和利他主义去感召志愿者的奉献和社会捐赠，是一种"使命为先"的组织。尽管对于什么是使命，学者们有着多种不同的解释，有的视其为组织价值的明确表达，有的将其理解为组织存在的根本意义，或者业务范围的正式说明；但对于使命的重要性，他们的观点是一致的，即使命是公益组织吸引、凝聚员工和志愿者的关键；杰出的公益组织都"有着明确界定的，并且为所有成员认同和珍惜的使命"（盖拉特，2003：13）。

毋庸置疑，使命是公益组织内部治理中不容背离和忽视的准则。在各类与公益组织管理相关的论著中，我们都可以找到关注与强调使命的内容。但在与其他组织一起分享资源、协调行动、共同推进公益项目时，使命是否还应该被珍视，以及如何被珍视呢？本文拟以长沙市岳麓区大爱无疆公益文化促进会（简称"大爱无疆"）及其所推出的"事实孤儿救助项目"为例，来分析和展示使命在公益组织项目治理中的作用。

二　公益项目治理理论分析

作为治理理论谱系中的一员，项目治理理论被视为治理理论与现代项目管理的结合，反映着现代项目日益复杂、跨界运作的现实。如果说传统的项目管理是致力于运用各种工具、技能和方法，在给定的进度、成本和质量约束下完成项目目标，那么现代的项目治理则有着更为丰富的内涵与多元的认知：有的学者把它理解为一种组织制度框架（Turner & Keegan，1999；严玲等，2004；Bekker & Steyn，2007）；有的学者把它定义为一系列的组织活动与过程（Keith，2003；丁荣贵等，2013）；还有的将其视为一种公司治理模式，例如英国项目管理协会（APM），就把项目治理定义为公司治理中专门针对项目活动领域的治理工作。但不管是出于上述哪种认知，学者们在讨论项目治理时，总会包含下列内容。

1. 治理目标

在治理理论的创始人罗西瑙看来，治理就是一系列由共同目标所支持的活动，这个目标未必出自合法的以及正式规定的职责，而且它也不一定需要强制力量克服挑战而使别人服从（罗西瑙，2001：5）；但这个目标是各相关行动者克服分歧、达成共识、采取行动的起点与标准。同样，项目治理也始于共同目标。从学者们对项目治理目标的定义和研究可见，项目治理目标具有平衡各参与方的权、责、利安排，从而实现项目价值的作用，它不仅包括治理结果目标，如优化资源配置、实现共同价值，还包括治理过程目标，如建立信任、达成协同效应。这两种目标相互联系，相互促进（李淮安等，2014：45）。

2. 治理结构

现代项目的复杂性，已经决定了少有项目能在一个组织内部的闭合环境中完成，绝大部分项目需要合作、跨界整合资源。那么，项目治理所涉及的多个行为主体，是如何被吸纳入项目，彼此又有着怎样的角色分配与权、责、利关系呢？这就是项目治理结构的安排问题。首先，需要选择与确定项目治理的主要参与者。除了对资源与组织能力的考察外，使命与价值观始终是选择与确定项目参与主体的考察要素。其次，还需要明确各个项目参与主体的角色定位与权、责、利关系。虽然，项目的复杂性、长期性和风险不确定性特征决定了不存在一个适合所有项目的治理结构，需要根据项目的具体类型、规模和复杂程度分别设计治理结构（Miller & Hobbs，2005：42 – 50）；但就整体而言，项目主体之间的关系主要可归为垂直与水平两种，进而形成整体性与网络化两种不同的治理模式。其中，前者指的是参与主体之间存在科层关系，通常表现为同一组织内，如政府的不同部门与不同层级间的合作关系，后者则指向平等行为主体之间的合作关系。不同的合作关系与治理模式各具优势与特点。

3. 治理机制

由于项目治理中必然存在跨组织的垂直或水平合作关系，因而需要相应的治理机制来维护项目运作，调节各个合作主体的行为。在项目治理过程中，一般通过信任、学习创新、激励约束、决策协调、利益分配等机制（Powell，1989；Jones et al.，1997；孙国强，2005）推进项目运作进程，这些机制也可以被概括为治理结构的形成和维护机制、互动机制以及共享机制三类。其中治理结构的形成和维护机制主要包括信任、决策平衡、利益分配、声誉和联合制裁等；互动机制包括沟通和学习；共享机制包括资源配置和知识共享。

此外，基于项目的"组织"认识视角，也有研究者们从临时性契约组织和临时性社会网络组织视角对项目治理机制进行探讨。前者主要以委托代理和交易成本理论为基础，强调如何通过正式的制度框架，即正式的契约与合同治理来限制参与主体的机会主义行为（Sward & Lunnan，2011）；后者则主要适用利益相关者理论，关注如何通过非正式的关系治理，也就是基于信任，通过共同规范、联合行动来降低交易费用、解决代理问题（刘芳，2012）。更多的学者将二者结合，认为完整的项目治理机制应涵盖正式契约与非正式关系，通过建构契约 - 关系混合治理机制来提升项目治理水平（邓娇娇，2013）。

4. 治理绩效

根据李维安与孙国强等人的定义，项目治理绩效就是不同主体在协作的框架之内，相互依赖、相互补充、资源共享、风险共担，通过一系列协同互动的交互作用在一定时间内所增加和创造的价值总和，即协同效应的大小。目前，在项目治理绩效的评价方面，尚未形成统一的指标规则，研究者们多是从不同治理模式与主体的视角设计评价体系。而且这方面的实证研究多集中于有企业参与的战略联盟，较受关注的是虚拟企业的绩效测量与监控问题。一般的项目治理绩效则主要是根据治理目标，确定其关键绩效指标并予以评价。

总之，随着"治理思维"的拓展，"治理理论"已经被全面地应用于项目管理。适用动态的、系统的"治理思维"来协调项目中各行为主体的关系，在综合考虑各方利益的基础上，通过多元博弈调整使其达到均衡，实现项目治理目标，已经成为项目管理领域的必然趋势。

对于公益组织而言，也是如此。而且公益组织所具有的非营利性、社会性等特点，及其在资源获取上的劣势地位，令其项目运作方式与项目治理理论的主张高度耦合。相对于工程建设领域的项目治理，公益组织的项目治理还具有下列特点。

第一，更明确的价值导向。即公益组织在项目治理中选择合作者时，不仅考虑其对关键资源的拥有状况，还会对其价值观念进行筛选，务必寻求目标与价值观念一致的合作者，以避免自己出现"使命漂移"的问题。

第二，治理结构的网络化。由于公益组织一般规模偏小、专职工作人员较少、治理能力较弱，因而在与外部组织进行合作时，其很难拥有主导权，反而需要强调独立性，避免自己成为其他组织的附庸。在项目治理中，也更多的是强调关系治理，即借助非正式契约而非正式契约来协调行动。

第三，治理结构的变动性。由于公益组织所开展的公益项目主要应对的是社会问题，而社会问题本身是复杂多变的，往往伴随着项目治理的进展，该项目所针对的服务对象、所致力于解决的社会问题本身就在发展变化。此外，在公益项目的治理过程中，不同类型的行动者之间也经常发生互动，行动者之间的沟通、协调、冲突、合作、规则确立和权威形成的过程更为动态复杂。

三　案例分析

（一）组织与使命简介

"事实孤儿救助项目"是一个由长沙市岳麓区大爱无疆公益文化促进会首推的公益项目。该项目以"事实孤儿"为服务对象，致力于为其提供助学支持、精神陪伴和资源对接。

为什么"大爱无疆"会推出这一公益项目，并围绕该项目重构自己的组织结构呢？这需要从"大爱无疆"的发展历程介绍起。应该说，"大爱无疆"是一家典型的草根公益机构。其雏形是一群退伍老兵组建的 QQ 群。当时是 2008 年 5 月 18 日，30 名奋战在汶川地震救灾第一线的退伍老兵们，在救援服务中深切感受到了儿童在灾难面前的脆弱与无助。他们认为，要想提高公众对灾害的防范意识与自救能力，应始于对儿童的救护和教育。本着这种朴素的认识，他们建立了一个名叫"大爱无疆"的 QQ 群。

2009 年，这群退伍老兵中的一员——康雄来到长沙，联合一些爱心企业、高校社团正式发起成立大爱无疆公益文化促进会，并于 2012 年在长沙市岳麓区团委的帮助下，在长沙市岳麓区民政局登记注册，成为该区第一家民间公益组织。从成立之日起，该组织的使命就被确定为"维护儿童在灾害与生活中的尊严与权益"。因此，"大爱无疆"的志愿者们首先进入社区和学校，为少年儿童提供各种安全自护教育。2011 年，他们来到湖南省未成年人劳教所开展安全宣讲活动，却在活动中发现那里的少年犯多是缺乏家庭温暖或经济拮据失学而过早进入社会的孩子。如何对这一现象进行干预，并避免其他人步人后尘呢？志愿者们认为，与其事后补救不如堵住源头；要想遏制青少年犯罪，就应尽早对那些缺乏家庭关爱或经济拮据家庭的孩子提供帮助，让他们在校园接受教育而非流入社会。于是自 2011 年下半年起，他们与湖南省文明办、团省委联合发起了"贫困失学儿童返校计划"，希望为那些贫困失学的孩子筹募资金，帮助其重返校园。但随着项目的推进，他们发现需要帮助的青少年很多，而组织的人力与财力有限。

谁是最需要帮助的人呢？带着这样的思考，"大爱无疆"的志愿者们注意到了这样一类群体：他们是父母一方死亡，却被另一方放弃抚养的孩子，跟着贫弱的祖辈或其他亲属生活；由于家境贫寒和缺乏父母关爱，他们虽不是孤儿，却过着与孤儿无异的生活，他们不仅要承受经济上的匮乏，还要忍受内心的孤独，甚至背负照顾其他家庭成员的责任。他们的处境艰难、生活堪忧，却因为名义上还存在法定监护人而被排除在国家的救助体系之外。于是从 2014 年下半年起，"大爱无疆"开始以"事实孤儿"为主要服务对象，探索如何为其提供有效的救助。

到今天，"大爱无疆"已累计为 500 多名"事实孤儿"送去了关爱。它的服务对象也从长沙市岳麓区，扩展到了湖南省的多个县市（具体见表 1），并有可能面向全国。该项目的开发与推广过程，实际上是一个成功的项目治理过程。在这个过程中，"大爱无疆"始终坚守并践行着自己"维护儿童在灾害与生活中的尊严与权益"的使命，并以该使命为指南设计项目，形成项目治理框架，全面展示了使命之于公益组织项目治理的价值和意义。

表 1　2014～2018 年"事实孤儿救助项目"的受益人数

单位：名

年度	受益人数
2014～2015 年	岳麓区：28
2015～2016 年	岳麓区、开福区、芙蓉区、雨花区：45　浏阳：12　湘西：12　郴州：12　娄底：20　永州：12 【共计：113】
2016～2017 年	岳麓区、开福区、芙蓉区、雨花区：44　浏阳：35　湘西：35　郴州：35　娄底：40　永州：35　长沙县：12　株洲：10　湘潭：35　衡阳：35　怀化：37　张家界：35 【共计：388】
2017～2018 年	岳麓区、开福区、芙蓉区、雨花区：44　长沙县：12　浏阳：114　湘西：35（合作）郴州：35（合作）娄底：100　永州：35（合作）株洲：10（合作）湘潭：35（合作）衡阳：35（合作）怀化：37（合作）张家界：35（合作） 【共计：527】

（二）治理过程分析

1. 使命与治理目标设计

"大爱无疆"是我国第一个提出"事实孤儿"概念并为其开发救助项目的公益组织。而它所推出的"事实孤儿救助项目"，也并不是一个单独的项目，而是一系列项目组合。在这个组合中，首先包含的是"大爱无疆"基于"维护儿童在灾害与生活中的尊严与权益"的使命，对"事实孤儿"究竟需要什么帮助，救助项目应该实现何种目标的假设与思考。

在 2014 年刚推出该项目时，"大爱无疆"的目标是让这些孩子不因家庭困难而失学、辍学，因此设计了以结对助学方式为其提供经济帮助的内容，并为此多方筹款。但在发放助学款时，工作人员发现受助儿童普遍对前来帮助自己的志愿者有着强烈的情感依赖。这令他们意识到孩子们需要的不仅是经济上的资助，还有情感方面的关爱与陪伴。于是，在原来的项目内容上，又增加了"成长陪伴"环节，通过招募爱心家庭和大学生志愿者以会面、电话、短信或网络的方式为受助孩子提供情感关爱。

此外，"大爱无疆"的工作人员还发现一些孩子在自己面前很沉默，但在境遇相似的同龄人或更小的孩子面前很活跃，因而又在救助方案中加入了"集体活动"环节——通过组织夏令营、观光、旅游等户外活动，满足这些孩子的社交需要，帮助他们拓展社交圈、摆脱孤独感。由于这些孩子普遍跟随爷爷奶奶生活，祖孙间常因隔代代沟而缺乏良好沟通，存在诸多冲突，因此"大爱无疆"又自 2016 年底在项目执行中增加了环境营造内容。

首先，对其监护人的行为进行干预，为"事实孤儿"营造健康、良好的家庭环境，具体就是邀请"事实孤儿"的爷爷奶奶一起分享自己与孩子相处的感悟与体验，相互影响与学习；其次，针对孩子对母亲的依恋之情，为这些孩子创造与母亲相处的机会，帮助他们修复与母亲的情感。此外，"大爱无疆"还主动联系"事实孤儿"就读的学校，劝说学校里的老师给予他们更多的关注和理解。为了扩大"事实孤儿"的救助范围，"大爱无疆"的工作人员还整理"事实孤儿"的生存状况报告，撰写提案建议，通过政协委员、人大代表提交关于将"事实孤儿"纳入政府基本生活保障体系的建议。2018 年 7 月，"大爱无疆"还以"平等、尊重、合作、包容"为原则，为"事实孤儿"组织"麓山少年成长营"，以帮助他们更好地塑造人格、融入社会，提升安全自护意识。目前，"大爱无疆"

正在推出"梦想＋"筹款计划，专门为"事实孤儿"筹建成长营地。

总之，从提供助学方面的经济资助，到满足情感需要、社交需求，再到营造友好环境，助力"事实孤儿"发展自我，"大爱无疆"一直基于自己的使命，基于如何维护儿童的尊严与权益，调整自己的项目治理目标与服务内容（具体见图1）。这种调整，既增加了项目本身的创新性与实效性，也将组织的使命融会贯穿于项目。

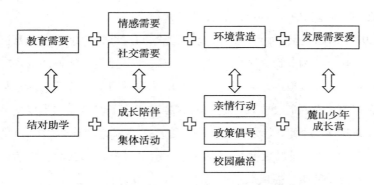

图1　2014～2018年"事实孤儿救助项目"目标与内容变化

2. 使命与治理结构建构

"大爱无疆"的公益性与非营利性，决定了其必然要通过网络化治理模式推进项目。从图2中可以看出，自2012年正式登记注册至今，"大爱无疆"在募集社会资源、开展公益服务方面做得较为成功。在2014年正式推出"事实孤儿救助项目"以后，更是获得了较多机构的支持，捐赠收入与活动支出出现大幅增长。

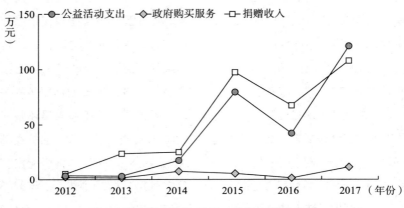

图2　"大爱无疆"2012～2017年收支状况

在"大爱无疆"编制的"事实孤儿救助项目"宣传册的最后几页,它分别向 13 家国家与省级媒体、7 家基金会、12 家公益合作伙伴以及 60 多家政府部门、企事业单位致谢,感谢它们的支持。此外,大爱无疆还拥有 500 多位志愿者与 2000 多名捐赠人。这些机构与个体一起构成了"事实孤儿救助项目"的治理网络(见图 3)。不同的网络成员,因不同的性质与资源特色,在网络中扮演着不同的角色,发挥着不同的作用。

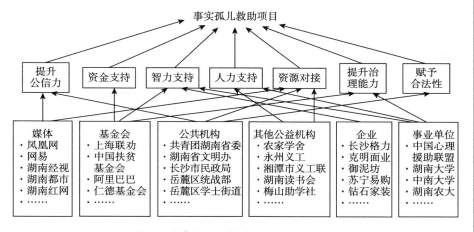

图 3 "事实孤儿救助项目"治理结构

对于这些机构的支持与合作,"大爱无疆"充满感激。但是在争取这些机构的支持时,"大爱无疆"始终把使命与价值观念放在首位,以价值而非资源为导向来选择合作主体。对于所有的合作主体,它都要求价值观念一致,即这些机构与个体必须认同"大爱无疆"的使命与项目发展原则,以尊重为前提提供救助,"维护儿童在灾害与生活中的尊严与权益"。

首先,合作主体必须认同"受助者也有尊严"这一观点。这是"大爱无疆"所有理事会成员、工作人员时刻铭记在心的一句话,是其筹款、发展志愿者、选择合作伙伴、接受媒体采访的基本标准。要捍卫受助者的尊严,首先就必须保护其隐私,不对外泄露其个人资料。在"事实孤儿救助项目"的宣传册中,"大爱无疆"明确规定了儿童隐私的保护内容,包括要求志愿者在拍摄孩子照片用于微信、微博等平台宣传时,绝不能选用孩子的正面照,并确保不得泄露孩子的姓名、地址、联系方式等信息;在发放助学款、将项目执行情况反馈给对应的资助人时,也只能在执行照片中出现孩子的侧面与签字,不得露出其正脸；在信息平台发布"事实孤儿"的信息资料时，也必须对资料进行特殊处理以避免曝光孩子隐私；捐赠人不得单独面对受捐助的孩子。坚决反对为了企业宣传、媒体报道，而将受助人照片和信息公之于众的做法，也因此拒绝了很多企业的捐赠与媒体宣传机会；在向湖南省其他地州市推广项目时，也明确要求当地的执行团队必须认同这一执行方式与公益理念。

其次，合作主体必须平等对待"事实孤儿"，无论其成绩优劣。这是"大爱无疆"独有的捍卫受助人权益与尊严的价值主张。在它看来，只要是处于困境的"事实孤儿"，都应该得到救援和帮助，不能因学业成绩的好坏而予以区别对待；帮助一个平凡的孩子、避免其误入歧途与资助一个优秀的孩子上大学同等重要。每一个孩子都有得到帮助的权利，都有公平受教育的权利。

最后，合作机构还必须认同"大爱无疆"的资金使用原则。经过对"事实孤儿"生活与心理状况的全面调查，"大爱无疆"已经确定，除了经济方面的帮扶，"事实孤儿"更需要情感方面的陪伴，因此在筹款时，"大爱无疆"明确表态将按照 1:3:6 的比例使用资金，即一成用于人员管理，三成用于情感陪伴，六成用于助学。如果捐赠方不能接受这样的分配方案，不同意将资金用于组织建设和情感陪伴，"大爱无疆"也不会因需要资金而服从对方的要求。双方务必就此达成一致。

如果合作主体不认可上述理念，那么即便它能够为项目运作带来重要的支持，"大爱无疆"也会拒绝其加入。正如其负责人康雄所说，"公益组织是需要钱来做服务、做项目，但我们也不是什么钱都收的。它必须认可我们的使命和理念。而且在开发服务项目时，也不能老是做加法。为了资金，什么服务都接，什么项目都做。这是不行的。我们要根据自己的使命做减法，根据使命来确定什么样的项目能做，什么样的项目不能做"。使命永远是组织决定发展方向、分配资源、选择项目合作者的基本准则。

3. 使命与治理机制演变

"事实孤儿救助项目"涉及的利益相关群体众多。它们先后出现于项目治理的不同时期，并分别通过关系治理或合同治理机制参与其中。其整体治理呈现一种"始于关系，趋于契约"的态势。所谓"始于关系"，指的是"大爱无疆"在其注册成立乃至发起"事实孤儿救助项目"的成长过程中，首先是基于人际关系，得到许多合作者的帮助和支持。作为一家纯粹的草根公益机构，"大爱无疆"之所以能够在双重登记管理体制下成功注册为社团法人，本身就是一个关系发挥作用的结果；是基于人际交往，得到相关政府部门工作人员信任的结果。这种信任，令其愿意帮助"大爱无疆"寻找业务主管单位，解决办公场地问题。但是在借助关系对接资源、联系服务对象的同时，"大爱无疆"也在逐步规范其推出的"事实孤儿救助项目"，开始更多地通过正式的契约与合同，构建合作关系。

在这方面，给"大爱无疆"带来最大变化的是基金会，尤其是上海联劝公益基金会，它从 2015 年开始为"事实孤儿救助项目"提供三个层面的支持与帮助：第一，直接为该项目提供为期三年的资助，资助金额逐年递增，分别为 5 万元、10 万元、20 万元；第二，设立"事实孤儿公益基金"，允许"大爱无疆"利用其公募平台筹款；第三，也是最重要的，就是派驻专业人员全程陪伴组织成长，规范"事实孤儿救助项目"的运作，指导组织工作人员开展徒步等筹款活动，为其提供吸引公众参与的系统和后台。当然，这一切都是以正式的合同为基础的。"大爱无疆"的工作人员最感慨的就是，所有与之合作的基金会都会在合同中详细规定服务的时间、对象、内容、资金以及考核标准，一切都必须严格按照合同执行；否则就无法顺利地拿到资助。当然在这个过程中，他们自己也感受到了自己在项目策划、执行方面的成长，并逐渐学着像基金会那样去控制项目运作、优化项目流程、选择战略合作伙伴。

在这个逐渐从关系治理走向合同治理的过程中，"大爱无疆"得以形成和维系上述治理结构的关键还在于其对组织使命的坚守和落实。为什么诸多合作者在一定的交往后，就愿意信任"大爱无疆"并参与其"事实孤儿救助项目"呢？关键还在于该组织一直将信守使命置于资源动员之前，不因资源匮乏就随意改变自己的服务领域和内容，坚持以使命为核心创造服务品牌、塑造组织特征，将使命落实于行动、应用于每一个环节，而不只是写在纸上或挂在嘴边。例如，对于志愿者，"大爱无疆"就设计了家庭走访须知、助学款发放须知以及陪伴须知，对志愿者的行为进行了详尽的规范，要求志愿者在与"事实孤儿"及其家庭交流时，务必以平等的口吻对话，不受家庭贫富或成绩高低的影响，不得提及"事实孤儿"一词，不得主动问及对方的父母和家庭情况，不得轻易许诺，不得谈及对方不想回答的问题……总之，一切从孩子的安全与感受出发，充分给予他们爱和尊重。

除了在服务中执行和落实使命以外，"大爱无疆"还利用各种合作机会宣传和推广自己的使命，以便让其得到更多机构的认同与接受。在这个过程中，"大爱无疆"无私地与其他地区的公益机构分享自己在"事实孤儿"救助领域累积的经验。对于这些合作伙伴，"大爱无疆"的要求就是：正式登记注册、一名以上专职员工、制度完善、财务公开透明、有一定的公益项目执行经验和能力，以及认同"大爱无疆"的使命和公益理念。目前，"大爱无疆"已经在湖南省的其他地州市发展了 12 家合作机构，并致力于打造湖南省"事实孤儿"信息平台，让更多需要帮助的"事实孤儿"获得社会支持。

4. 使命与项目绩效控制

在"事实孤儿救助项目"的治理过程中，"大爱无疆"始终坚持对每一阶段的活动进行评估和反馈。而评估与反馈标准，永远是"维护儿童在灾害与生活中的权益与尊严"。在项目实施前，"大爱无疆"主要以此为主题对自己的工作人员、志愿者以及其他的合作伙伴进行培训；在项目执行中，又以此为指南，对具体的资金募集、心理辅导以及陪伴行动，进行不定期的跟进。在每个年度的项目收尾期，再以此为标准对各地项目的执行情况进行总结和评估。这种全过程的评估与反馈，可以使"大爱无疆"在"事实孤儿救助项目"的治理中，随时发现问题并做出调整。

例如，在结对助学方面，"大爱无疆"一开始为"事实孤儿"设计的是初中以下每人每年 2000 元、高中每人每年 4000 元的助学标准。但随着湖南省各地市陆续通过试点的方式普及"困境儿童"（即"事实孤儿"）的生活补贴制度，"大爱无疆"便于 2017 年 8 月通过理事会决议，将"事实孤儿"的助学标准下调为初中以下每人每年 1200 元、高中每人每年 2000 元，发放周期也由原来的季度调整为学期，并逐步将项目重点转向"亲桥行动"与"集体活动"。

在成长陪伴方面，"大爱无疆"原来选择的陪伴人员主要是爱心家庭与爱心志愿者。随着陪伴行动的逐步推广，"大爱无疆"发现很多性格内向的孩子较难打开心扉与陪伴者们进行交流，而居住地较偏远的孩子不易于陪伴；大学生志愿者们又常因个人学习难以达到预定的陪伴次数，或因语言问题较难与孩子家长进行沟通，项目设计的预期目标难以实现。因此，为了提高和矫正"成长陪伴"环节的不足，"大爱无疆"又在原有的陪伴项目中加入"信鸽飞飞"内容，通过书信方式连接陪伴者与"事实孤儿"，促进他们之间的情感交流。

而且在陪伴中，时刻关注孩子们的感受，只要他们感到不适，就立刻进行陪伴人员的更换。考虑到大学生的学习问题，"大爱无疆"还特地以大学生志愿者为对象，设计了一个四位不同年级大学生共同陪伴一名"事实孤儿"的"4 + 1"模式。

总之，"大爱无疆"以使命为准则，对"事实孤儿救助项目"进行了全方位的追踪与控制，一步步提升自己的治理水平和服务绩效，赢得了众多捐赠者与合作者的信赖和支持。它定期公布工作月报，向捐赠人和合作者汇报每月工作进展；它为每个孩子建立一个档案，保存着展示他们成长轨迹的入户走访调研表、心理调查问卷、梦想卡片、每期助学款的发放回执单以及他们想说的话；它对自己的每次活动都有着详细的记录与反馈意见；它的财务透明，各种开支明细都公布于官网，接受公众审查。这一切都向捐赠者与合作机构展示着组织日趋强大的项目治理能力与服务水平，及其对组织使命的良好表达。

四　结论与启示

当然，"大爱无疆"的"事实孤儿救助项目"绝不会止步于当前，它将在更大的范围内，以更加多元的形式，造福更多需要帮助的"事实孤儿"。从它的治理历程我们可以看出，公益项目的成熟与完善并不能一蹴而就、一步到位，它需要系统的思考、反复的检验、不断的调整。具体而言，可以给公益组织的项目管理带来下列启示。

1. 以治理思维运作项目

"大爱无疆"的案例告诉我们，一个公益项目的成功推广，绝不是哪一家公益组织"单枪匹马"努力的结果，而是需要多家机构参与、多方整合资源。"事实孤儿救助项目"之所以能得到快速发展，是因为"大爱无疆"的负责人对公益组织的作用和能量有着清醒的认识。他们知道自己的作用有限，力量薄弱。因此，他们愿意与政府、企业以及其他社会组织展开合作，愿意以开放、包容的心态，以治理的理念整合不同背景、不同运行机制的多方利益主体，共同改善"事实孤儿"的境况。但是，从项目管理转为项目治理，并不是在项目运作中加入几个合作主体那么简单，它还要求公益组织摒弃传统思维，接受治理的概念和分析框架。具体就是不再以"三控、两管、一协调"的思维理解项目运作，而应从协调、合作的视角来看待项目过程；逐步从关注组织内部运作，转向寻求外部协作；从关注项目管理技术，转向利益关联群体；从关注结构化管理，转向动态的创新与学习；并围绕项目治理，构建新的组织结构和权、责、利关系。

2. 以使命引导治理过程

使命是一个组织存在的根本价值和意义，每个公益组织在成立之初，都有自己陈述和主张的使命。这些使命不仅决定着公益组织的业务范围，也代表着它们所遵从的价值观念。"大爱无疆"以自己的项目治理历程证明，使命并不是空洞的口号，而是真实的行为指南。它应该发挥自己对公益组织业务范围的导向性作用；而且也确实可以发挥这一作用。使命一旦形成，就不应该被束之高阁或成为组织宣传册上的点缀。那些为了短期的资源竞争，就置自己使命于不顾的公益组织，首先就在行为上暴露了自己的机会主义倾向，又如何能在合作中积累尊重和信任呢？相对于很多公益组织对自己使命的漫不经心和随意放弃，"大爱无疆"对使命的坚守和贯彻，充分说明使命才是公益组织赢得持久信赖和支持的根本，这也是其项目治理的守则和标准。缺失了使命的引导，公益组织的项目治理就会像风雨中飘摇的小船一样岌岌可危，随时被外界的风浪掀翻。

参考文献

邓娇娇（2013）：《公共项目契约治理与关系治理的整合及其治理机制研究》，天津：天津大学博士学位论文。

丁荣贵等（2013）：《项目治理相关概念辨析》，《山东大学学报》（哲学社会科学版），（2）：132～142。

〔美〕盖拉特（2003）：《21世纪非营利组织管理》，北京：中国人民大学出版社。

刘芳（2012）：《项目利益相关方的动态治理关系研究》，济南：山东大学博士学位论文。

李淮安、林润辉、范建红（2014）：《网络治理研究前沿与述评》，《南开管理评论》，（5）：42～53。

孙国强（2005）：《网络组织治理机制论》，北京：中国科学技术大学出版社。

严玲等（2004）：《公共项目治理理论概念模型的建立》，《中国软科学》，（6）：130～135。

〔美〕詹姆斯·罗西瑙（2001）：《没有政府的治理》，南昌：江西人民出版社。

Bekker, M. C. & Steyn, H. (2007), "Defining 'Project Governance' for Large Capital Projects", *AFRicon*, 9, pp. 1 – 13.

Jones, C., et al. (1997), "A General Theory of Network Governance: Exchange Conditions and Social Mechanisms", *The Academy of Management Review*, 22 (4), pp. 911 – 945.

Keith, L. (2003), "Project Governance", *World Management Week*, 27 (3), pp. 207 – 231.

Miller, R. & Hobbs, B. (2005), "Governance Regimes for Large Complex Projects", *Project Management Journal*, 36 (3), pp. 42 – 50.

Patel, D. (2007), "Why Executives should Care about in Achieving Project Governance: What Your Peers Are Doing About It", *PM World Today*, 9 (4), pp. 165 – 187.

Powell, W. (1991), "Neither Market nor Hierarchy: Network Forms of Organization", *Research in Organizational Behavior*, 12 (1), pp. 295 – 336.

Sward, A. R. S. & Lunnan, R. (2011), "Trust and Control in Fixed Duration Alliances", *International Journal of Strategic Business Alliances*, January 2 (1/2), pp. 41 – 68.

Turner, J. R. & Keegan, A. (1999), "The Versatile Project-based Organization: Governance and Operational Control", *European Management Journal*, 17 (3), pp. 296 – 309.

Analysis of Project Governance Strategy of Non-profit Organizations Based on Mission: "Aid Project for Virtual Orphans" as Example

Dong Wenqi   Cai Min   Xu Wenhui

[**Abstract**] With the spread of governance trends, governance thinking has also been used in the field of project management, and a new project governance theory has emerged. The nature of the nonprofit organizations and their inferior position of resource mobilization determine that it also needs to introduce the concept and analysis framework of governance in project operation, from project management to project governance. The paper takes the "Aid Project for Virtual Orphans" launched by the non-profit organization named as "Da Ai Wu Jiang" as an example to illustrate that the nonprofit or-

基于使命的公益组织项目治理策略分析

237

ganizations must adhere to its mission in the process of project governance, so as to determine the project governance objectives, select partners, construct governance mechanism and control governance performance under the guidance of the mission.

[**Keywords**] Charitable Projects; Project Management; Project Governance; Virtual Orphans

（责任编辑：郑琦）

童年的未来：儿童的公共参与和公共空间[*]

童年的未来：儿童的公共参与和公共空间 [*]

张　潮　王竟熠 [**]

【摘要】 随着技术全球化和社会的变迁，童年与成年的边界愈发模糊。儿童研究开始重新审视童年研究中的现代思维和二元对立，提出为了适应童年的多元性和持续影响性，童年研究必须去寻找和有效利用非二元性的理论分析资源。一方面，"行动者网络理论""复杂性理论"为这样的研究转向提供了理论基础，跨越二元对立的视角，关注童年对于个体公共性的长期影响，以及儿童的公共参与。另一方面，信息媒介技术和社区参与在当代童年建构中，尤其是对弱势儿童群体获得公共参与能力，进入公共领域有着重要的作用。童年研究需要广阔的理论视野和跨学科的研究方法，需要关注儿童参与对于个体公共性获得的影响过程和机制。如何有效地利用信息技术促进公共参与，扩展现有的公共空间，与现实的社区参与形成有效的衔接，是实现儿童未来"美好社会"的关键。

【关键词】 童年研究　非营利组织　公共空间　社区参与　儿童参与

---

* 本文系看见未来·儿童智库资助课题"城市社区公共空间对于儿童发展的中美比较研究"（2018CCTTA02）的阶段性成果，受到2018年国家自然科学青年科学基金（71804120）的资助与支持。

** 张潮，清华大学公共管理学院管理学博士（宾夕法尼亚大学联合培养），主要研究方向是非营利倡导、公共参与、社会政策；王竟熠，通讯作者，苏州大学政治与公共管理学院学生，主要研究方向是儿童政策、社区参与、养老政策。

当人们描绘和谈论童年的时候，会认为那是一切事物的启蒙阶段。儿童有着对这个世界最纯净、美好的认知和向往，这有别于成年人已形成的价值观、人生观和对这个世界复杂的理解。儿童拥有着自己的"小天地"，里面有着他们自己的文化符号和交流方式，童年所代表的快乐和纯洁，也与成年人的纷扰生活有着很远的距离，儿童被"常识性"地排斥在公共参与外。所以，人们总是将"童年"与"成年"分开。但随着技术全球化和社会的变迁，童年与成年的边界愈发模糊。阶级、性别、贫穷、家庭生活等成人社会的日常问题也开始出现在童年里，更深刻地影响着人类个体的长期发展。新技术的发展让儿童可以更便捷地接触到成年人的信息，童年的建构方式和过程也愈发多样。

那么童年研究到底应该是怎样的？艾伦·普劳特在《童年的未来——对儿童的跨学科研究》一书中给出了答案。他认为，当代童年特质的转变已经不止于具体的表象，童年研究应当有效回应这一社会改变，用新的跨学科方法去探究童年。他试图破除以往童年研究中对"儿童－成年""自然－文化"二元论的刻板观念，强调儿童是一个积极的社会行动者，是自然、文化、技术等异质因素组成的复杂产物。儿童是异质化社会关系中重要的组成部分，他们有权参与到公共领域中，童年对个体公共性发展的长期性影响更是不能忽视的，所以简单的二元论并不能有效地回应这一社会改变。

一　童年研究中的现代思维和二元对立

（一）童年研究与现代思维

普劳特在书中引用了鲍曼（Bauman）的观点："现代性的基础工程，应该是寻求社会的秩序和纯净，意欲排除矛盾。"现代主义思潮的特点就是这种二元对立的扩散（普劳特、华桦，2014：39）。在现代性思想影响下的童年研究将儿童与成人高度分离，严格区分，儿童被认为是依赖性的、脆弱的、需要被保护的。因此，人们鼓励建立家庭和学校，认为这才是最适合儿童生活的地方，这样才能更好地保护他们，这些观念深深根植于现代社会的各个角落。

但这种现代思维将儿童排除在公共空间和公共参与外，普劳特在书中列举了"美国禁止进口涉嫌童工制造的工业制成品"的提案一例，这个提案直接导致孟加拉国服装业解雇了数以万计的女童工。看似有效"保护"儿童健康权利的政策，却并没有实质改变儿童的困境。这些儿童并没有回到学校，而是投入到了更加危险的工作中。因为她们（儿童）明白自己的工作对家庭和团体的重要性，没有工作境况会变得更糟糕，贫困才是决定她们境遇难以改善的根本原因。社会活动家们秉持理想化的带有主观感情色彩的童年观，导致儿童的这些想法以及表象问题背后的核心原因往往被忽略，使得很多"保护"儿童的政策并没有起到应有的效果，出现了很多现实的悖论：一方面，保护儿童的政策不断更新；但另一方面，关于儿童艰难处境的新闻不断涌现。出现这一悖论的主要原因是：涉及儿童的很多公共决策，并没有将儿童的需求和地方性知识作为决策依据，而是简单地进行"理性"成人决策。很多决策者认为儿童尚处于认知形成的启蒙阶段，没有自己的价值观体系，他们的利益完全应该由拥有理性判断的、有完整认知的成年人来定夺。然而，上述例子表明，将儿童排除在涉及儿童的公共事务之外，会产生更糟糕的结果并为之付出代价。

（二）童年研究中的二元对立

"在现代思维的基础上，童年的建构是通过再现现代社会学所围绕的二元对立来完成的。"（普劳特、华桦，2014：60）这包括自然与文化、结构与能动、个人与社会的对立。其中，普劳特重点阐述了童年研究中自然与文化的对立。

"自然－文化"的二元论是后启蒙思想的特征，随着自然被"指配"给了科学，自然和文化一直保持着严格的界限。普劳特对于这一传统二元论的重新审视源于20世纪的一场争论：儿童培养中"先天"遗传和"后天"影响所占的比例。认为"先天"占比更高的人肯定了"自然"的影响，而认为"后天"占比更高的人则更加注重"文化"的作用。这是将"自然科学"与"社会科学"对立，传统的"自然－文化"二元论更是强化了两者的区隔。这样的想法在短期内可以建立一道防线：预防童年研究中的生物化约论，也允许在文化范畴内就此自由发挥智识的创造力，但这是以忽视和排除对生物、身体甚至是物质性的童年释义为代价的，在长期的发展中，这是不可行的（普劳特、华桦，2014：85）。因此，童年研究，不应该建立在"自然－文化"的二元论划分上，童年是不稳定和多元的，是时候突破这种固有的二元对立，对童年进行跨学科研究。

二 童年研究的"含中"策略——基于"行动者
网络理论"与"复杂性理论"

童年研究突破传统的二元对立，并且开始出现跨学科研究的发展，主要理论基础是行动者网络理论和复杂性理论。行动者网络理论是 20 世纪 80 年代中期，由以法国社会学家卡龙（Michel Callon）和拉图尔（Bruno Latour）为代表的（巴黎学派）科学知识社会学家提出的理论。在该网络中，没有所谓的中心，也没有主客体的对立，每个结点都是一个主体，一个可以行动的行动者，彼此处于一种平权的地位。尽管行动者网络理论发端于科学技术领域，但它主张的非二元对立的方法在童年经验研究中也被证明是更加符合儿童发展特点的理论（Watts & Flanagan, 2007; Turner et al., 2016）。"网络"这个隐喻表明童年是各种不同的，时而竞争、时而合作的异质性秩序的集合体：首先，它坚信行动者有很多不同的类型，他们都被当作自然和文化的混杂体；其次，每一个行动者背后都有一张人与物共同作用的、复杂的网络（普劳特、华桦，2014：73）。所以，当一系列"网络"发生连接时，不同儿童之间、儿童与社会之间的信息流动和联结方式也变得更加便捷和多元，新的童年形式也就随即出现了。行动者网络理论能够避免"自然－文化""能动－结构"等传统的二元对立，并且能够实现儿童的平权，从而为童年研究的新范式提供重要的基础理论视角。复杂性理论认为，复杂性系统是自组织的，并具有突生性质。从复杂性理论出发理解的童年带有突生性，与其周围实体有着复杂的组织关系，并且与它们有着紧密的联系。普劳特结合这一理论，提倡把童年的场域当作异质性物质的流动所建构的场所。学校、家庭、社区、游乐场、非营利组织、地方政府等紧密相连，人与物、人与人之间具有极强的流动性，童年的建构需要关注儿童所处的生活空间，并且关注儿童的主体性和参与性（Smith, 2002），上述理论为关注儿童的公共参与和参与主体性提供了重要的理论基础。

普劳特在书中基于上述两个理论，引用了意大利学者诺伯托·博比奥（Norberto Bobbio）的"含中"策略，"含中"策略试图在两个对立面之间寻找属于自己的空间，尽管它嵌在这两者之间，但并不脱离两者（普劳特、华桦，2014：70）。"含中"策略的突出特点就是非线性、混合、网络和流动性，区别于强调二元对立的现代性思维，更符合新时代童年及成年的不稳定性和多元性。

三　跨越二元对立——儿童的公共性及其公共参与

作者重新审视了以往童年研究中将"儿童－成年""自然－文化"对立，并将儿童排除在公共领域之外的局限性和不可行性，上述理论则为儿童的跨学科研究奠定了基础。童年对于个体公共性的长期影响，以及儿童的公共参与，则成为跨学科研究范式兴起后的主要研究领域（Flanagan & Levine，2010；Shonkoff & Bales，2011）。儿童和童年研究的转向也反映到国际实践中，《联合国儿童权利公约》（UNCRC）就明确提出儿童参与原则，儿童拥有公共参与的权利，他们的参与对社会具有重要的影响。这些国际实践的进步体现了对儿童能力的积极看法，并认识到儿童在自己生活的场所和社会环境中作为主体的重要性，无论是在学校教育、儿童服务，还是在社区中（Shier，2001；Wyness，2009）。

想要维护和促进儿童的公共参与，必须使他们在公共领域中拥有自己的"空间"。"'空间'包括物理空间（社区、街道）、社会空间（社会实践和关系）、文化空间（价值、权利和文化创造），以及话语空间（对话和批判性思维）。"（Hill，et al.，2004）儿童公共空间的概念从根本上改变了成人责任和儿童权利之间的关系，成人在公共领域中进行决策和对话协商的"绝对垄断"权力一部分让渡给了儿童，并转变成了儿童的权力。儿童和成人是知识的共同建构者，都应该参与空间的规划和设计（Simpson，1997）。因此，儿童公共空间构建是儿童公共参与的基础。然而，在公共空间中，儿童的空间不被寻求或被忽视的情况依然时常存在。在儿童公共话语中缺乏儿童自己的声音是他们在社会中占据如此边缘和弱势地位的原因之一，这可以归因于儿童疏于表达自我和成人世界不重视儿童话语（Rivera & Santos，2016）。只有儿童真正拥有在公共领域发声的权力，并与成年人进行平等对话时，有关儿童的社会政策才会回应儿童的权利和需求。

儿童的公共参与按照"儿童权力"实现的差异程度，可以分成五个等级：儿童的需要被聆听、儿童被支持表达他们的意见、儿童的想法被考虑、儿童参与了决策制定、儿童在决策制定里拥有责任和力量（Shier，2001）。第一个等级：儿童的需要被聆听。这个阶段的实施需要有效的聆听者以及恰当的时间和机遇。成人在聆听孩子们的想法中发挥着重要的作用。第二个等级：儿童被支持表达他们的意见。这个阶段要求来自成人的支持和信任。第三个等级：儿童的想法被考虑。这一阶段建立在儿童的需要被聆听、儿童被支持表达他们的意见的基础之上，成人世界将儿童的话语纳入决策的思考范畴中。例如规划师们在进行场所用地规划时，应当询问儿童的意见和想法，尽管最后并不一定尽如儿童所愿，给予他们全部的游玩空间，但至少他们的想法被考虑在了决策制定和实施过程中。第四个等级：儿童参与了决策制定。儿童参与有关他们的公共决策，不仅能为社会带来益处，也能为其自身带来益处，这不仅包括提升公共服务质量的行政逻辑，更包括能增强儿童的归属感、自信心和责任心，为个体的公共性发展奠定基础（Shier，2001）。第五个等级：儿童在决策制定里拥有责任和力量。这个等级的实现需要成人世界愿意把一部分权力让渡给儿童，尤其是社区等儿童参与的核心空间（Such & Walker，2004）。普劳特在书中提到，成人必须重视儿童公共参与的主体性，儿童拥有着充满竞争性、互补性和发散性的价值观和观点，这些都来自父母、学校、媒体、非营利组织以及他们同辈群体的影响。

在进一步探讨儿童的公共性和公共参与的重要性时，必须注重儿童和童年的异质性，尤其需要关注容易被忽视的儿童亚群体（如残障儿童、贫困儿童等），他们的声音更容易被社会所忽视（Zhang，2017）。一方面，社会往往因为这些儿童群体的部分障碍和弱势，认为他们的声音不能体现科学性和代表性，比如许多成人认为：残障儿童无法像普通儿童一样接触世界，所以他们的想法会受限，或是贫困儿童没有接受过良好的教育和处在比较糟糕的环境，其话语和思想没有足够的合理性和说服性等等，这直接造成了这部分儿童群体受到"双重歧视"，难以参与有关自身的公共事务。另一方面，这类群体进行公共参与的途径、方式本身就比较受限，比如残障儿童很难与普通儿童一起接受教育、很难与他们在同一场合出现，或是在贫困儿童生活的地区，教育资源稀缺、信息传播渠道也相对闭塞。然而，研究表明：在适当的社会支持系统和社工专业服务支持下，残障儿童等弱势儿童群体可以持有并表达他们的观点（Tisdall，2012）。同时，人们也越来越认识到具有严重疾病或残疾经历的儿童，可以在涉及自身教育、健康、福利政策的决策过程中提供独特而重要的信息（Cavet &

Sloper，2004），例如学校生活和融合教育系统的建立、短暂和长期住宿照顾等（Imms et. al.，2017）。

对于儿童的公共参与和个体的公共性培养，一方面，可以采用多层次的方法来促进他们的公共参与意识和能力，从传统的回应式儿童福利到以社区为基础的儿童服务再到多元的非营利组织服务，都可以促进差异化的儿童公共参与和社会包容（Shier，2001；Jack，2006）；另一方面，需要在社区、非营利组织、学校等区域为儿童构建适合讨论、协商、参与的公共空间。同时，在儿童政策决策、儿童服务评估中如何将儿童的声音和参与纳入其中，形成制度化安排（Zhao & Zhang，2018），是政府和非营利组织需要进一步考量的。

四 儿童研究的公共性——信息技术和
社区参与对儿童的影响

目前在对童年和儿童的研究中，信息技术和社区参与对儿童认知、情绪、社交、公共参与的影响成为主要的研究热点（Matthews，2003；Jack，2006；Gamliel，2017；陈静、王名，2018）。信息技术的发展，使得传统意义上的弱势儿童群体能够更便捷地获得信息，获得公共参与的必备知识，也能够在互联网的"虚拟空间"利用参与式传播（郑素侠，2014），扩展人际互动和辩论的公共空间，增加后续的线下公共参与的行动能力；更进一步地，通过合理的制度创新可以使他们能够借助信息技术参与有关儿童的公共决策，在公共议程中发出属于他们自己的声音（Cushing & Van Vliet，2017）。

现代儿童发展观是一个综合性概念，儿童的公民意识和公共参与行为是实现儿童积极发展和福利增进的重要方面（Hill，et al.，2004）。儿童的身份认同、公共参与以及儿童发展与其出生和成长的社区环境状况密切关联，社区参与对于儿童的成长发展十分重要（Jack，2015）。有效的儿童社区参与需要专业的社区非营利组织开展专业的社区儿童服务（Wheeler-Bell，2014），将公民教育纳入社区营造中，从儿童个体权利意识到社区意识再到公共意识，都需要结合儿童的发展差异进行专业的儿童服务设计。特别是在我国城镇化快速发展的今天，公共空间的范围进一步扩大，大量城市流动儿童群体进入城市社区（秘舒，2016），如何建构打破不同群体区隔的"融合空间"，有效地通过社区参与将流动儿童融入社会；留守儿童如何能够通过农村社区的参与形成乡土意识和认同；新技术如何建构留守儿童和外地务工父母的日常"交流空间"；非营利组织如何通过创新的方式建立儿童友好公共空间（例如儿童议事会等），促进儿童积极发展和公共参与……这些都是未来儿童公共参与和公共空间研究的重点，也是儿童"美好社会"的可能实现路径。

参考文献

〔英〕艾伦·普劳特（2014）：《童年的未来——对儿童的跨学科研究》，华桦译，上海：上海社会科学院出版社。

陈静、王名（2018）：《入乡随俗的"社会补偿"：社区营造与留守儿童社会保护网络构建——以 D 县 T 村的公益创新实验为例》，《兰州学刊》，（6）。

秘舒（2016）：《流动儿童社会融入的社会学干预策略——基于天津市 J 社区的个案研究》，《青年研究》，（5）。

郑素侠（2014）：《参与式传播在农村留守儿童媒介素养教育中的应用——基于河南省原阳县留守流动儿童学校的案例研究》，《新闻与传播研究》，（4）。

Cavet, J. & Sloper, P. (2004), "Participation of Disabled Children in Individual Decisions about Their Lives and in Public Decisions about Service Development", *Children & Society*, 18 (4), pp. 278 – 290.

Cushing, D. F. & Van Vliet, W. (2017), "Children's Right to the City: the Emergence of Youth Councils in the United States", *Children's Geographies*, 15 (3), pp. 319 – 333.

Flanagan, C. & Levine, P. (2010), "Civic Engagement and the Transition to Adulthood", *The Future of Children*, pp. 159 – 179.

Gamliel, T. (2017), "Education in Civic Participation: Children, Seniors and the Challenges of An Intergenerational Information and Communications Technology Program", *New Media & Society*, 19 (9), pp. 1388 – 1405.

Hill, M., et al. (2004), "Moving the Participation Agenda Forward", *Children & Society*, 18 (2), pp. 77 – 96.

Imms, C., et al. (2017), "Participation, both A Means and An End: A Conceptual Analysis of Processes and Outcomes in Childhood Disability", *Developmental Medicine & Child Neurology*, 59 (1), pp. 16 – 25.

Jack, G. (2006), "The Area and Community Components of Children's Well-being", *Children & Society*, 20 (5), pp. 334 – 347.

—— (2015), "'I May not Know Who I am, but I know Where I am From': the Meaning of Place in Social Work with Children and Families", *Child & Family Social Work*, 20 (4), pp. 415 – 423.

Matthews, H. (2003), "Children and Regeneration: Setting An Agenda for Community Participation and Integration", *Children & Society*, 17 (4), pp. 264 – 276.

Rivera, R. & Santos, D. (2016), "Civic and Political Participation of Children and Adolescents: A Lifestyle Analysis for Positive Youth Developmental Programs", *Children & Society*, 30 (1), pp. 59 – 70.

Shier, H. (2001), "Pathways to Participation: Openings, Opportunities and Obligations", *Children & Society*, 15 (2), pp. 107 – 117.

Shonkoff, J. P. & Bales, S. N. (2011), "Science does not Speak for Itself: Translating Child Development Research for the Public and its Policymakers", *Child Development*, 82 (1), pp. 17 – 32.

Simpson, B. (1997), "Towards the Participation of Children and Young People in Urban Planning and Design", *Urban Studies*, 34 (5 – 6), pp. 907 – 925.

Smith, A. B. (2002), "Interpreting and Supporting Participation Rights: Contributions from Sociocultural Theory", *The International Journal of Children's Rights*, 10 (1), pp. 73 – 88.

Such, E. & Walker, R. (2004), "Being Responsible and Responsible Beings: Children's Understanding of Responsibility", *Children & Society*, 18 (3), pp. 231 – 242.

Tisdall, E. K. M. (2012), "The Challenge and Challenging of Childhood Studies? Learning from Disability Studies and Research with Disabled Children", *Children & Society*, 26 (3), pp. 181 – 191.

Turner, R. J., et al. (2016), "Childhood Adversity and Adult Health: Evaluating Intervening Mechanisms", *Social Science & Medicine*, 156, pp. 114 – 124.

Watts, R. J. & Flanagan, C. (2007), "Pushing the Envelope on Youth Civic Engagement: A Developmental and Liberation Psychology Perspective", *Journal of Community Psychology*, 35 (6), pp. 779 – 792.

Wheeler-Bell, Q. (2014), "Educating the Spirit of Activism: A 'Critical' Civic Education", *Educational Policy*, 28 (3), pp. 463 – 486.

Wyness, M. (2009), "Adult's Involvement in Children's Participation: Juggling Children's Places and Spaces", *Children & Society*, 23 (6), pp. 395 – 406.

Zhang, C. (2017), " 'Nothing about us Without us': the Emerging Disability Movement and Advocacy in China", *Disability & Society*, 32 (7), pp. 1096 – 1101.

Zhao, X. & Zhang, C. (2018), "From Isolated Fence to Inclusive Society: the Transformational Disability Policy in China", *Disability & Society*, 33 (1), pp. 132 – 137.

The Future of Childhood: Children's Public Engagement and Public Space

Zhang Chao   Wang Jingyi

[**Abstract**] With the globalization of technology and the changes of society, the boundaries between childhood and adulthood have become increasingly blurred. Children's studies begin to re-examine the modern thinking and the binary opposition in childhood research, and propose that in order to adapt to the diversity and continuous influence of childhood, childhood research must find and effectively use non-dualistic theoretical analysis resources. On the one hand, "actor-network theory" and "complexity theory" have provided such research with theoretical basis, spanning the dualistic perspective, focusing on the long-term effects of childhood on individual publicity and the public participation of children. On the other hand, ICT (Information and Communication Technology) and community engagement play an important role in the construction of contemporary childhood, especially for the vulnerable groups of children to gain public participation and to enter the public domain. Childhood research requires a broad theoretical perspective and an interdisciplinary approach, and it also requires attention to the processes and mechanisms of the effects brought by children's engagement on the acquisition of individual publicity. How to effectively use information technology to promote public participation, and how to expand the existing public space to form an effective connection with realistic community participation are the keys to realizing a "good society" for children's future.

[**Keywords**] Childhood Research; Nonprofit Organization; Public Space; Community Engagement; Children Engagement

（责任编辑：朱晓红）

民族志与非正式文化的命运

——再读《学做工》

庄昳泱[*]

【摘要】正如关于社会阶层和流动性不断激化的讨论显示，"教育改变命运"的观点已日益受到质疑。在保罗·威利斯 1975 年对英国工人阶级男孩展开的经典研究中，他毫不妥协地揭露了关于机会均等的自由主义意识形态只是一个空洞诺言，更重要的是，反文化的认知和表达自身采纳了结构条件的限制，同时又导致了这些条件的再生产。这部著作在社会学、人类学和教育学领域均被广泛阅读。尽管揭示了反文化这种矛盾背后的悲剧性机制，威利斯仍乐观地相信，在对抗主导话语的象征性行动中，存在激进的潜能。他深入的民族志描写不仅为关于结构和过程的理论争论做出了贡献，更是提供了一种方法论途径，鼓励广泛的田野调查，他相信"理论不确定性"便寓于其中。当学者愿意理解并与非正式文化群体沟通，相信他们的命运是可以改变的，民族志则应该能够成为"受支配的人自己的知识教育"。

【关键词】反文化 民族志方法论 工人阶级

保罗·威利斯（Paul Willis）以"汉默镇"（Hammertown）命名他在 20 世纪 70 年代——英国工人阶级最后一个黄金时代的末期——开展反学校文化研究

---

* 庄昳泱，中央民族大学世界民族学人类学研究中心，2016 级人类学专业硕士。

的地点：正如"锤子"这一历史悠久的无产者象征所暗示的，那是一座粗野、古老、位于英格兰中部的典型工业小镇，那里绝大多数居民的生活都围绕着工厂的节奏运转，从他们的祖辈到子女，都与这种生活有着难以摆脱的命运关联。威利斯将研究的焦点放在了一群生于长于甚至囿于这一阶级环境的高中生身上，从他们毕业前 18 个月到参加工作的最初半年，尤其对其中 12 位违规生，进行了长期深入的观察和调查，并于 1977 年出版了《学做工：工人阶级子弟为何继承父业》（*Learning to Labour*：*How Working Class Kids Get Working Class Jobs*，简称《学做工》）一书，生动地记录并详尽地分析了这些不求上进的男孩在反抗学校教育过程中的文化实践和自我主张，以及从学校"自然"地走向车间里的体力劳动岗位，即"主动"回归自身阶级这一深刻的动态过程。

一 反学校文化的阳光与阴影

与英国工人作家艾伦·西利托（Alan Sillitoe）写作于 1959 年的代表作《长跑运动员的孤独》中那个宁可放弃梦想也不愿屈服体制的迷途主人公一样，《学做工》里主要登场的"家伙们"（Lads）也是一群"努力迷路"的人：他们桀骜不驯，对学校评判才能的标准嗤之以鼻，并质疑一切国家机器灌输的官方理念；也正是通过这种抵抗，他们"主动"地葬送了自己的前途，阻断了另外那条或许能改变自己阶级命运的道路。

和西利托一样，左翼学者威利斯想要反对有关教育和机会的自由主义意识形态，揭露 20 世纪由"工人阶级的消亡"这一社会神话带来的关于社会流动的空洞诺言（霍尔、杰斐逊，2015：98），击破将那些叛逆、不合作、"缺乏教养"的"失败"底层诉诸个体病理学的尝试。现实是，不论在统计数据里还是生活中，阶级出身对青年人机遇和成败概率的影响是昭然若揭的（霍尔、杰斐逊，2015：98）。就威利斯在汉默镇观察到的情况而言，所谓公平进步的现代教育范式以及人性化的职业指导很少获得工人阶级子弟的合作，无法改变他们对知识和文凭的消极看法，更难以使他们通过教育谋得一份报酬和社会地位更高的工作。不用说"自觉"将一生交付给体力劳动的"家伙们"，即使是那些生存策略和自我认同完全相反的循规生，他们通过认同学校秩序来实现阶级上升的期许也总是难以实现，往往在一份条件恶劣的低级文职工作里痛苦挣扎。

另一方面，威利斯也不同意古典马克思主义的经济决定论将个人命运与社会结构预先捆绑的简化看法（吕鹏，2006：238），他认为要有效地解释阶层固化的问题，必须引入"在不同模式间转换的文化定位"（威利斯，2013：76）。就整个学术界而言，对文化、象征和过程的重视是 20 世纪中期以来的一种趋势，人们开始以文化为中介乃至主题来重新论证社会不平等这个亘古难题。而在方法上，随着那些风靡一时的宏大理论的失效，民族志这一工具为表述和解释不同阶级生活方式和价值观念带来了"一种不同于过去的整体观"（马尔库斯、费彻尔：1998：44），威利斯所在的伯明翰当代文化研究中心便率先开辟了使用微观的文化文本方法解读资本主义社会"社会分层、文化霸权以及认知的变迁方式"的道路（马尔库斯、费彻尔：1998：212）。威利斯也认为，文化是人类集体实践的产物，而人们"活出而非借用"（威利斯，2013：3）他们的阶级命运，所以学者必须努力展现的，应该是通过观察得来的"动态地嵌在真实人物的真实生活"（威利斯，2013：257）中栩栩如生的文化景观和话语：在这里，就是"家伙们"在日复一日的较量中发展出的那一整套琐碎、轻浮而充满狂欢节气氛的反学校文化。《学做工》的魅力，很大程度上便源于那些底层的深刻洞见、生动表达以及珍贵的"创造意义的瞬间"（威利斯，2013：10），即"家伙们"对自己文化的"讲述"。

无疑，"家伙们"是有吸引力的：他们的男子汉气概得到同龄女孩的憧憬和循规生夹杂着嫉妒的怨恨，甚至一些老师也认同其危险气质中的魄力，读者同样如此。根据他们对自己的看法，这是一群正直率真、成熟透彻、"活得尽兴"又彼此团结的伙伴，成员必须需要头脑灵活，还得懂得幽默。这些评价不能说是错误的，例如从乔伊这个领袖人物身上，人们可以看到他们如何敏锐地锻造自己的语言，自信地建构出一套对整个现实的理解和关于生活策略的叙事，并创造性地挪用和改造各种资源来武装自己的意义世界。作为典型的非正式团体，"家伙们"反抗严肃的制度世界，用象征性的违规行为打乱学校强加的时间、空间和话语秩序，通过将自己暴露在日常的风险中保持相对于官方的个人动机性。

当然，这并不单纯是一个关于友情、自由和青春回忆的美好故事。反学校文化，因其非正式的地位，总是需要通过排外、尖锐的玩笑和对其他群体的贬低来宣告强大；它也并不总是彻底的，有时其无法超越正式文化确立的参照系；

这种充满活力的文化创造也不可能凭空而来："家伙们"所珍视的"自己的东西"中使用了大量家庭邻里文化氛围中的素材，他们对劳动和权威的看法以及沙文主义倾向，都与成年工人阶级男性车间文化一脉相承。这种阶级推力使他们得以拥有"自由"，这种"自由"却不乏偏见，从而使得他们"选择"了学业的失败和对劳动的认同，将自己送入了暗淡的未来。通过民族志的生动叙述，读者贴近了"家伙们"真实的处境和心境，这段生活的苦乐与真谬才得以完整呈现。

二　非正式文化的确信与迷障

就这样，《学做工》这出悲喜剧的第一幕暂时完结，将文凭看作知识权力爪牙的"家伙们"不出意料地进入了车间厂房，而像更广泛的工人阶级文化一样，以"找乐子"为主题的反学校文化最终迎向妥协和无奈，它反过来对抗"家伙们"自身，使得"在坚不可摧的信心背后，他们为生活所做的主要决定都不利于他们"（威利斯，2013：140），反而有意无意地迎合了资本主义的需要。既然看到同一个文化过程既是选择和超越，又使底层阶级结构性地嵌入剥削与压迫之中，在《学做工》第二部分，威利斯便试图通过理论分析，深入探讨特定文化形式的基本决定因素，即它是如何在与外界的互相映照和辩证对立中得以呈现现在的形态，"外部决定因素"如何经由主观的文化过程得以真正形成并发挥效用，而个体又是如何通过这种复杂的过程亲自书写了"自甘如此"的命运。

威利斯使用了"洞察"和"局限"这两个概念代表反学校文化深处的光与影。洞察指的是"家伙们"对资本主义制度的洞悉和对现代社会神话的祛魅，他们戳破了学校教育对公平竞争的虚假许诺，意识到文化资本的阶级排斥本质，正确地评估了集体层面上文凭的价值，从而拒绝与施加于自身的教育压制合谋；他们认识到资本主义制度中工作的标准化和劳动力的商品化，也抗拒新教伦理中暗含的无限度剥削，因而并不幻想在工作中得到自我实现，情愿在易于掌控的体力劳动中保全那种不被生产所同化的自我。然而破易立难：认识范畴中形成的短暂空白很快被工人阶级中根深蒂固的父权制俘虏，使他们对社会分工现实的理解错位，扭曲为一种男性沙文主义的逻辑。"真知灼见"和对它的扭曲彼此缠绕为了一种不彻底的"部分洞察"，创造了对体力劳动的承诺，而除去这种阶级固有的局限，外部主导意识形态也起到了有意或无意的积极作用。它或是"将错就错"地对底层文化中的某些判断（通常是其错位、妥协和短视的方面）加以"证实"，将其吸收为一种社会共识并"二次贩卖"给文化洞察者，使他们脆弱的文化分析得以更新与确立，或是不断地正面"扰乱"打破了工人阶级的团结。无论官方手段刻意宣传的谎言还是无意泄露的"真相"，都使得那些反叛的文化价值观更加顽固，而一种自然主义化的作用，使得"家伙们"错误地将资本主义社会规则看作一种普遍和永恒的人类生存处境，放弃了革命的可能。最终，本身具有颠覆性的文化洞察变成了一种宿命论，"家伙们"也就平静地接受了这个制度。

文化层面的解构为何反倒促进制度融入世界？通过这些分析，威利斯终于发现，谜底就是问题本身：这些男孩从一开始就是统治者的共谋，而意识形态一直就是反学校文化的"内部对话者"。或许"非正式文化"这个词本身便彰显了其软弱，正如威利斯所言，作为一种反抗形式，它是对"正式文化"的一种回答，基于对前者的承认才产生，它缺乏政策或意识分析层面的话语权，并受个人经验的限制，无法在更广泛的意义上逾越一般逻辑和主流道德。非正式文化的本质就在于，它虽拒绝了正式文化，却是作为规则的例外而自我保留下来。国家意志这间"布满镜子的大厅"里有无数这样局部和整体的关系，通过这种结构性的动态机制，无数的不和谐音不断被收编到官方范式中。威利斯用"分化"和"整合"来描述这个过程，虽然在制度代理人看来，这些分化是制度丧失合法性的表现，是需要真正被消灭的问题；但从宏观的角度，更好的结局是，将其控制，使其合法和常规化，逐渐形成可随时化解冲突的方法，并不受威胁地与其长期共存——就这样，工人阶级子弟继承了父业。

三 "民族志的想象力"：从决定论走向创造性

有学者提出，伯明翰学派（亚）文化研究中普遍存在理论发展与民族志写作之间的张力，《学做工》写作结构上的一分为二正体现了调和这两种方法所涉及的困难（Griffin，2011：250）。不过，应该看到，这种排篇布局并非对"故事"和"解释"的彻底隔离，也不是简单地由材料上升为理论，更像是以微观和宏观两种视角，揭示了文化实践与结构过程的同一性。正因如此，吉登斯（Anthony Giddens）认为这一案例可以作为对其提出的"结构二重性"（吉登斯，1998：89）之佐证，即"社会力量通过行动者的理性发挥作用"。

非主流群体的文化形式，从最终结果看，非但不会造成真正的地位转变，反而有缓和冲突的作用，事实上，在文化研究的早期成果中，人们就已经认识到这一点，例如菲尔·科恩（Cohen，1997：22）将亚文化称为对阶级矛盾"巫术式的解答"（Magic Solution）。而威利斯想做的，不是用"家伙们"幻灭的叛逆青春重新证明关于文化、阶级与意识形态的这个简单结论，而是因为必须落到具象化的层面上，才能讨论其中实际的动力学原理。他提出的中心理论问题，便是"主观性"的可能性，而自下而上的视角和"人本主义"的坚信让他坚持了文化层面的半自主性（威利斯，2013：6），视其为阶级斗争和历史变迁的一个方面。这才是《学做工》对马克思主义文化理论做出的贡献，也就是说，正是"文化与民族志的敏感性"带来了"理论上的不确定性"。

《学做工》让吉登斯大为称道的另一点，是其对一切功能主义解释的拒绝：比起满足系统的功能需要，未来暴露在由主观行动导致的意外后果中（吉登斯，1998：423）。这正是所谓的"民族志的敏感性"所在：研究对象对自身处境的理解无法被预知（威利斯，2013：3）。由于文化在具体情境的实践中从来不是给定的，而是被制造出来的"意外后果"，威利斯始终对"激进的逻辑可能性"抱有乐观的看法，认为文化形式能带来新的表达，制造不能被"任何处于支配地位的话语的内容和主题位置所同化的意义"（威利斯，2013：6）。在《弱者的武器》一书中，斯科特也赞同了威利斯对结构主义者的批评，他援引"洞察"这一概念，批评人们对主导意识形态凝聚力的高估，对官方现实的洞悉和批评，事实上是惯常于从属阶层的，而这些通常被认为是意识形态受害者的被统治阶层，才是"唯一不借助结构性基础的既得利益来实现自我神圣化的阶级"（斯科特，2011：387~389）。威利斯同样在洞察者身上看到了打破剥削逻辑的潜能，用"周一的清晨与千禧年"的隐喻，呼吁人们接受挑战，生活会继续，大多数人也确实别无选择要回归其阶级命运，但永远不能放弃变革的希望。在他提出的那些谨慎而紧贴日常事务的应用性建议中，我们可以看到这位学者在实践和政治层面上的态度："周一清晨不必然意味着同样的周一清晨无尽无休"。

威利斯始终强调研究和行动、思考和实践的统一。他认为，学者首先必须和他们的研究对象在一起，在互动的过程中以开放的态度去理解他们，这意味着用文化层面的自主性"复原底层被统治群体及他们的人性"（威利斯，2013：244），并且相信他们能够拥有探索更平等、更合理的生产组织的潜能，也许这也是破除"解释者"霸权、防止知识分子话语陷入片面的同情或谴责甚至回归精英主义视角的唯一方法。更进一步，学者还应该将他们通过研究得到的知识回馈给被研究者，从"家伙们"对理论和知识权力的不信任中，我们可以看到这种分享的必要性。虽然从书中的补充访谈便可见对话的难度，然而，至少此种在 1977 年还是新鲜尝试的做法，如今已司空见惯——这位同样出生于工人阶级家庭的学者始终相信教育的重要性。在近四十年后，威利斯痛惜文化研究已经抛弃了工人阶级，离实质的社会运动参与越来越远，但仍相信民族志应该"成为那些受支配的人自己的知识教育"①。

而就更广阔的社会空间而言，要改变非正式文化群体的命运，则需要促使社会共识摒弃对底层民众"自我诅咒"的片面谴责，而将各种断裂的文化形式重新联结起来。对于完成这一紧迫的任务，比起对社会分化无穷无尽的理论争论，民族志也许更有实践性的意义：它能够给不同的文化群体提供有关他者的"地方性知识"，也能为抛弃了自发论（Spontaneism）和僵尸论（Zombieism）、试图真正了解民众的政治行动者所用（威利斯，2013：184）。如威利斯所说，他研究的"家伙们"仅仅是多样的社会文化图景中的一种立场，而他"从制度生活隐晦、费解的日常模式中分离出一些核心、强势的模式"（威利斯，2013：112）需要在更多的社会事实中得到检验，用以分析其他的情境下其他的文化——而还有许多沉默的人们等待着倾听。

参考文献

〔英〕安东尼·吉登斯（1998）：《社会的构成：结构化理论大纲》，李康、李猛译，北京：生活·读书·新知·三联书店，1998。

① 沈河西（2017）：《工人阶级为何子承父业？〈学做工〉作者对 40 年前名著有补充》，ht-tp://www.thepaper.cn/newsDetail_forward_1570742（2017/8/10）。

〔英〕保罗·威利斯（2013）：《学做工——工人阶级子弟为何继承父业》，秘舒、凌旻华译，南京：译林出版社。

吕鹏（2006）：《生产底层与底层的再生产——从保罗·威利斯的〈学做工〉谈起》，《社会学研究》，（2）。

〔美〕乔治·E. 马尔库斯、米开尔·M. J. 费彻尔（1998）：《作为文化批评的人类学》，王铭铭、蓝达居译，北京：生活·读书·新知三联书店。

〔英〕斯图亚特·霍尔、托尼·杰斐逊编（2015）：《通过仪式抵抗》，孟登迎、胡疆锋、王蕙译，北京：中国青年出版社。

〔美〕詹姆斯·C. 斯科特（2011）：《弱者的武器》，郑广怀、张敏、何江穗译，南京：译林出版社。

Cohen, P. (1997), "Sub-Cultural Conflict and Working Class Community", *Working Paper in Culture Studies*, 1997, No. 2.

Griffin, C. (2011), "The Trouble with Class: Researching Youth, Class and Culture Beyond the Birmingham School", *Journal of Youth Studies*, Vol. 14, no. 3.

Ethnograghy and The Fate of Informal Culture: Rereading *Learning to Labour*

Zhuang Yiyang

[**Abstract**] As the increasing discussion over social stratification and mobility indicates, the idea of "education changes destiny" has progressively been brought into question. In his classic study of British working-class boys from 1975, which is widely read in the fields of sociology, anthropology, and education, Paul Willis uncompromisingly revealed that liberal ideology about equal opportunity was only an empty promise and, more importantly, how the counter-cultural cognition and expression adopted the constraints of the structural conditions and at the same time leads to the reproduction of them. Despite the tragic mechanism behind the contradictory counter-culture, Willis remained optimistic about the radical potential in the symbolic works against dominant discourse. His in-depth ethnographic description didn't only contribute to the endless theoretical debate about Structure and Process, but also provided a methodological approach encouraging extensive fieldwork, in which he believed the "theoretical uncertainty" lies. Ethnography can really "become the intellectual education of those who are governed", if the scholars are willing to understand and communicate with the informal cultural groups and believe that their fate can be changed.

[**Keywords**] Counter-culture; Ethnographic Methodology; Working Class

（责任编辑：朱晓红）

NP

民族志与非正式文化的命运

全球视野下非营利研究的集成图景[*]

——评《帕尔格雷夫志愿服务、公民参与和非营利社团指南》

董俊林[**]

【摘要】志愿服务和非营利社团在人类活动中占据重要地位，对于促进公民参与国家和社会生活有着多层次和广泛的影响作用。志愿服务行为、公民参与进展以及协会组织发展成为非营利研究中的核心内容。戴维·史密斯等人编著的《帕尔格雷夫志愿服务、公民参与和非营利社团指南》通过学科交融、学理分析等方式描绘出当前非营利研究中最为清晰的全球图景。该书对于新时代提升中国非营利研究有着重要的参考和启示意义，国内学界应重视非营利相关的基础理论研究，加强从行为科学和社会科学进路的探索，推进中国非营利理论创新和实践发展。

【关键词】志愿服务　公民参与　非营利研究

志愿服务和非营利社团运行是人类历史中最为普遍、影响深远的社会活动之一。当代学者们立足所在国家和地区的发展实践和各种理论，开展多视角、

---

* 本文系国家社科基金重大项目"中国特色社会体制改革与社会治理创新研究"（16ZDA007）的阶段性成果。

** 董俊林，清华大学公共管理学院/公益慈善研究院博士后，研究方向为社会组织与社会治理。

维度和体系的研究，试图绘制出一幅日趋科学、精准和丰富的非营利研究世界图景。戴维·史密斯等人编的《帕尔格雷夫志愿服务、公民参与和非营利社团指南》（*The Palgrave Handbook of Volunteering*，*Civic Participation*，*and Nonprofit Associations*，*Palgrave Macmillan*，2016，以下简称《指南》）第一、二册以宏大的视野、综合的视角和条理清晰的论证，构成了全球学界对非营利研究的最新集成图景。

核心编者戴维·史密斯是全球非营利组织研究协会（ARNOVA）、非营利和志愿部门季刊（NVSQ）的创办者，在欧美以及中国的多个大学有着教育和学术职位。加拿大学者罗伯特·斯特宾斯多年致力于研究休闲学。德国学者尤尔根·格罗茨则是汉学专业，并在欧洲以及中国有着丰富的非营利组织实践。三位编者组织全球 70 多个国家 200 余位学者和实践者进行跨地区、跨学科和跨领域合作，通过 9 部分 55 章标准化"引言、定义、历史背景、主要议题和问题、可用知识、未来趋势和需要研究、相互章节参考"的研究框架，呈现了一副宏大、精要却不失详尽的非营利研究基础之作。帕尔格雷夫·麦克米伦（Palgrave Macmillan）是施普林格·自然集团（Springer Nature）旗下专注于人文社会科学领域研究的出版商，国际学术出版中的顶级品牌，《新帕尔格雷夫经济学大辞典》《政治家年鉴》《国际历史统计数据库》《帕尔格雷夫战略管理百科全书》等皆是影响全球人文社科的经典系列。冠以其名的《指南》在其官方介绍中被称为"代表着这一学科的主要里程碑"（major milestone for the discipline），表达出一种高品质的学界认定。

一　志愿服务的多维揭示

志愿服务是非营利活动和组织的行为根基。志愿服务"是指人们处于自由意志而非基于个人义务或法律责任，不以获取报酬为目的，以自己的知识、体能、劳力、经验、技术、时间等为邻里、社区或社会提供服务的行为"（张远凤等，2016：268）。《指南》围绕志愿服务进行了全方位的多维研究。从休闲活动的视角，该书提出志愿服务以及包括志愿服务在内的更广泛的公民参与活动是人类诸多休闲活动之一。志愿服务是其中最富有成效、最令人满意、最有意义且最重要的休闲方式之一，也是社会文化生活中被广泛认可的休闲活动。

志愿服务是"认真的"或是"随意的"休闲活动，对于社会规范整合、群体行为传播以及个性态度因素的组织有着相当强的支配作用（Graham et al.，2004）。从人类行为的实证分析，可以进一步发现志愿服务作为休闲活动的特质和趋势。志愿服务是在任何时间地点，能够自由地为其他人、团体或事业带来益处的活动。志愿服务是帮助行为集群的一部分，需要比自发援助更多的承诺，但范围比提供给家人和朋友的范围更宽广（Wilson，2000）。志愿服务在当代的发展更加多元化和复杂化。传统的志愿服务被定义为未受到约束，自由选择和无偿服务，涵盖了大多数但并非像今天所包含的专业化志愿服务。当代志愿服务中最显著的变化之一就是青少年的参与程度越来越高，而且在内容、形式和特征上不断演化。《指南》还从时间分配的视角探索志愿服务的内容和形式，提供了思考志愿服务本质的一种新思路。从时间使用的角度来看，志愿服务在不同国家地区存在不同发展变化特征。在自由时间的支配中，志愿服务成为一种"认真性休闲活动"（Serious Leisure）（Smith et al.，2016：126）。

志愿服务是人类的特有天性，有着数千年的历史。人类文明历程中，志愿服务在各个国家、地区，在不同历史时期都是一种普遍的行为存在，并且在人类的社会生活中发挥积极的作用。在志愿服务的发展历程中，形成和积累了一系列的理论。注重理论创新的戴维·史密斯就提出了一个"综合性的、跨学科的和量化的个人行为理论"，特别针对志愿服务这样的亲社会行为。他借鉴了许多社会行为科学、生物学、神经科学等跨学科领域的最新研究成果，提出 S 理论（Synanthrometrics），也可称为"人人理论"，戴维·史密斯通过在俄罗斯进行的实证研究来证明该理论。S 理论可以解释人的行为，并主要用于解释志愿服务是一种亲社会行为。

志愿服务有着不用的类型和作用方式，从不同视角和环境下科学解析，可以增进对于这一人类行为的认识。戴维·史密斯根据每种类型的背景区分了 5 种类型的志愿服务，包括非正式志愿服务、正式协会志愿服务、正式理事会志愿服务、正式服务项目志愿服务和固定薪金志愿服务（Smith et al.，2016：78）。而丁格尔（Dingle）则提出正式志愿服务的类型包括社区活动、应急响应、社区维和、社会援助、个人援助、儿童和青年、人权、宣传和政治等 19 种服务（Smith et al.，2016：115 - 116）。《指南》还提出了特殊类型的志愿服务，主要有非正式或无组织的志愿服务、跨国性志愿服务、强化全国性志愿服务、志愿旅行或旅行志愿服务、在线和虚拟志愿服务、紧急情况下自发志愿服务以及正式志愿服务。志愿服务在不同领域和背景下还可以"精耕细作",进一步研究和揭示其不同类型和特征。

志愿服务还通过在不同领域的作用影响非营利社团活动。志愿服务保持与人类社会中关键概念和历史进程之间的互动和演变,特别是与社会资本和社交网络等因素密切相关。志愿服务在非营利社团中的主要表现和活动方式包括:传统的慈善志愿服务、自助和互助组织志愿服务、参与贸易和商业协会、参与工人合作社、在消费者和服务合作社中的志愿服务、在宗教和信仰基础上进行志愿服务、政党和政治志愿参与以及社会运动和维权人士抗议的志愿服务等。志愿服务还受到健康、认知、神经学、神经化学、激素和遗传领域存在的生理相关因素的影响,这些成为行为科学中关注的重点(Smith et al.,2016:541)。此外,在不同生命阶段,志愿服务的周期性特征也存在不同的表现。对志愿服务的多学科、多领域、多视角的持续研究,能够让非营利研究的学科根基不断强化,专业影响也更加深远。

二 公民参与的发展形式

公民参与是全球民众影响公共事务的重要方式,而志愿服务和非营利社团活动则是公民参与的重要选择。公民参与被定义为任何单独或与他人一起在家庭和家庭界限之外进行的任何活动,这些活动直接或间接地试图促进他人的生活质量,并可能使社区或社会更适合居住。公民参与形式是公民借以进入政策过程,影响或决定政策制定和执行的具体途径、方式或手段,它表现为公民与政府互动中所采取的制度化、合法化的参与方法和策略(孙柏瑛,2005:124)。公民参与是理解社会、分析人类行为和解决现代社会问题的重要基础。

公民参与可以采取多种形式。从个人志愿服务、社区参与、组织参与和政府工作,到政治活动参与,这些参与可能包括直接通过个人工作,以社区为基础或通过代议制民主制度来解决公共问题。许多人基于个人责任而积极参与,作为对其社区的义务和投入。"青年公民参与"的目标类似于发展社区环境和培养关系,尽管青年公民参与重视赋予青年权力。在戴维·史密斯看来,公民参与在概念上可以被看作志愿服务或个人自愿行动的一个非常广泛的版本。公民参与可以通过社会互动非正式表达，也可以通过有组织的民间团体成员正式表达。志愿服务以及包括志愿服务在内的更广泛的公民参与活动，同样是被看作诸多休闲活动之一。分析西班牙和南非的案例，戴维·史密斯认为，某些形式的公民参与和政治参与在不良政治和逆境条件下能更好地发展（Smith et al.，2016：524）。

公民参与在志愿服务和非营利社团中发挥桥梁作用。非营利社团发展代表着公民参与以及全球社会的共同营造，志愿服务则是最为基础的活动形式。虽然在不同国家地区、不同历史时期，以及不同的社会政策环境下，公民参与的水平、程度和特征有着不同呈现，但其影响组织及其行为的作用无法动摇。公民参与的推进有赖于志愿服务形式内容的不断创新以及非营利社团的变革发展，这与全球社会的民主化水平相互作用、相互影响。公民参与成为连接志愿服务和非营利社团的重要行为，对其发展形式的深入研究不仅有助于非营利研究和实践的发展，同时更增进政治学、社会学、经济学等学科在应用发展中的纵深推进。

三　非营利社团的多维透析

过去的数千年已证明，作为人类组织重要形式的社团在所有人类社会中都是有用的和有价值的，并且成为社会资本形成的关键。作为一种可以在各种自然和人为危机中动员的潜在资源，非营利社团的价值和地位普遍被接受。非营利社团存在的主要目标在于会员服务、合法性以及公共政策影响（Smith et al.，2016：97）。《指南》分析了非营利社团的结构和发展，包括涉及社团的内部结构、内部流程、外部环境以及整体志愿服务和社团的范围和影响。

在非营利社团的内部结构方面，本书分析了不同层次的社团。在地方或基层社团层面上，小型协会主要是由自主创业者和独立创始人作为社会创业者发起的，遵循自下而上的愿景驱动模式，去追求一个理想和美好的世界。在国家和其他地方协会层面上的中型协会，主要伴随着 19 世纪中叶以后的民族国家的崛起而成长，是人类历史上的社会发明和创新。跨国和国际非政府组织层面上的大型协会则有着更高的责任，并为全球社会发展和推动民主做出贡献。非营利社团研究关注协会治理、理事会、内部结构和会员模式等问题，形成代理理论、管理理论、利益相关者理论和资源依赖理论等理论。社团领导和管理，以及志愿服务成为非营利社团管理中的关键，会员满意度和组织发展力则是社团领导力的主要追求。非营利社团因各种使命而生，有着"成长、发展、稳定、衰落、消亡"的周期，提出"生命周期模型"，有助于非营利组织发展中的平衡增长需求与组织建设。

在非营利社团的内部流程方面，会员资格的获取和保留是普遍存在的现象和问题。政治、宗教、专业和工会联合会等不同类型协会有着不同的会员资格获取和保留形式，需要分别看待。非营利社团的资源在于财力、人力、实物和声誉品牌。不同要素、不同层面、不同类型组织之间的相互作用成为非营利社团发展中的关键。"避免社团中的官僚化和使命漂移是非营利社团共同面临的发展困境，内部变革和外部联系则是主要的解决方式。"（Smith et al.，2016：1007）在社会规则和法律体系下，政策制定者、监管机构、从业人员、管理人员和理事会成员之间形成的协作模式塑造了非营利社团的自我调解能力。协会的自律、协会的问责制和社会会计系统能在相关机制的协力下，共同保障非营利社团的组织运营和风险对抗。

在非营利社团的外部环境方面，公民权利和自由影响着志愿服务和会员制组织。经济发展水平、文化制度、民主进程是影响社团外部环境的重要因素。社团发展中的相关政策必须适应当地文化、社会性质和发展水平。在不同法律背景下，会员制组织的运作、获得公共慈善地位、透明度、自律和问责决定着非营利社团的生命力。普通公众、政府以及企业、志愿者对社团存有不同看法和信任度，让诚实和透明度成为社团公共形象管理和品牌的基本先决条件。非营利社团在与不同主体的合作中同样面临各种风险和挑战，教育水平、公民自由度、各种投入，以及社团组织基础等因素影响着非营利社团的发展、繁荣和终结。

从整体志愿服务和社团的范围和影响上看，全球志愿服务及其社团之间存在诸多研究议题。无论在国家、地区还是具体的领域行业之间，志愿服务和社团发展之间存在的诸多广泛关联和实际探讨，构成非营利研究中的持久话题。另外关于非营利社团中的腐败以及犯罪行为也值得关注和探讨，这些都是关系和影响本领域发展趋势的重要问题。

四　关注中国非营利理论与实践

中国是非营利研究和实践的瞩目地，无论是历史表现，还是当代发展，都是非营利研究难以绕开的主题。《指南》自称是来自"WEIRD"（西方，受过教育，工业化，富有和民主）国家的编者们，提供了一种全球主义视角来汇聚和反映发生在世界各地的志愿服务和非营利相关活动，尤为重视与中国学者的合作、对中国案例的运用以及对研究中国非营利发展文献的采撷。13 位中国学者（仅次于美国和英国的学者数量）获邀撰写其中的章节，他们与合作者一起，根据统一的逻辑架构，提供了关于中国实践和国际研究的素材和佐证，共同参与非营利研究中的主要论题。

《指南》根据不同的主题不时地对中国志愿服务和社团发展进行描述和引证。该书肯定了中国社会组织的悠久历史（Smith et al.，2016：27）。该书还总结了中国志愿服务和非营利组织活动的过程中不同的历史表现形式和特点。在研究正式志愿服务项目计划中，民政部支持下的社区服务志愿者组织和中国共青团引领下的中国青年志愿者协会成为代表并引起关注。在研究行业协会商会在当代社会的重要性时，通过对中国东部沿海城市烟台和温州的行业协会的案例研究，分析了行业协会商会对中国公共政策的作用和影响，探讨了商业发展和非营利社团之间的关系。此外在书中，中国学者王名、俞可平、邓国胜、朱健刚等人的研究论著成为国际非营利研究中的重要参考文献。

五　对中国非营利研究的启示

《指南》充满着对非营利实践和学科发展的热情与信心，以一种开放交融的理念专注于志愿服务的发展，公民参与的推进和非营利社团的规律探索，凸显出对于构建非营利和志愿研究学科（Voluntaristics）的雄心或"野心"。该书反对狭隘的学科观，尤为尊崇和推荐多学科理念，坚持倡导在对非营利相关问题求解过程中的多种方法、多个视角以及对争论的多种看法。该书竭力通过运用实践和学术领域积累的多方面资料和案例来分析呈现全球更多国家和地区非营利实践和研究的进展；梳理出非营利研究中的主要问题，寻求可用并支持理论和实践的知识；同时在选择和比较中展望面临的问题和发展的趋势。从不同学科的视角把握和分析非营利领域中的要素、问题特征及相互关系，从而形成更为科学化、精细化和全景化的知识理论体系。全书注重精细耕耘，立足非营利研究中的核心要素，从多学科角度进行"程式化"抽丝剥茧般的分析和展示，力图在全球的各个角落中寻找志愿服务、公民参与和非营利社团活动的研究和发展踪迹。在各种理论的交互和对话中，该书不断提出新的结论、分类、理论，让全球非营利研究多维、集成地透析在理论和实践所交融的图景中。这种磅礴的研究荟萃带给中国非营利研究新的启示。

重视非营利相关基础理论的研究。志愿服务是非营利活动的行为基础，非营利社团是志愿行为的组织形式，在公民参与的大背景下，这些核心概念能够不断构筑并演绎全球非营利研究体系。对比中西方研究发现，我们比较缺失对这些基本概念的辨析、多维多视角的透析，以及对不同国家地区的比较等研究。缺乏深厚的理论研究支持，导致我们对志愿服务乃至非营利社团的理解和把握还不够充分，特别是从中国社会、历史、文化等变迁过程中，难以清晰呈现志愿行为的本质、内涵、类型以及历史脉络，让我们在当代社会认识志愿行为时也多停留在一种奉献和服务的表象特征中。碎片化以及学科分割的研究还让中国非营利研究未形成更为宽广的合力，未能坚定非营利研究学科建构的决心。

加强从行为科学和社会科学进路的研究。行为科学在西方现代科学体系构建中居功至伟，不同领域不同对象的研究都非常重视从人类行为的视角探析各种活动的层次结构和发展特征，以及与不同政治、经济、文化、科技、社会生活之间的交互影响关系。社会科学是强化行为研究的学科保障，旨在推进行为研究的科学化水准。在研究志愿行为、非营利组织活动以及对推进公民参与的关系中，行为科学以及社会科学的视角、方法、经验有助于推进非营利研究的科学化，更精准、更清晰、更可靠的结论和发现对于新时代学界和公众提升非营利组织的价值认识和作用判断具有重要作用。

推进中国理论和实践学派的形成。在全球化的进程中，戴维·史密斯等人从西方学术脉络的基石上开启了非营利研究的合作模式。这种大范围的跨区域领域合作带动了不同国家和地区实践和理论的交互作用，形成了全球学术公共产品。从国家主义的视角来看，我们依然处在一种适应学习、吸收借鉴、追赶引领、渴望被认可接纳的研究阶段。中国特色社会主义的发展进入新时代，我们应在全球非营利研究中，加强话语体系建设，增加国际影响力，发挥本土学者和机构的引领力量，主导国际研究合作，培育出中国引领下的研究格局和体系，让世界各地的行为与活动进入中国的研究框架和视野。在跨学科理论的发展下，精细耕耘，强化基础理论，运用科学进路，推动中国理论和实践的发展，构筑新时代非营利研究的全球高地。

参考文献

孙柏瑛（2005）:《公民参与形式的类型及其适用性分析》,《中国人民大学学报》,
（5）。

张远凤等（2016）:《非营利组织管理 理论、制度与实务》, 北京: 北京大学出
版社。

Graham, et al. eds. (2004), *Volunteering as Leisure/Leisure as Volunteering: An Interna-tional Assessment*, Wallingford, United Kingdom: CABI Publishing.

Smith, D. H. , et al. eds. (2016), *The Palgrave Handbook of Volunteering, Civic Par-ticipation, and Nonprofit Associations*, London and New York: Palgrave Macmillan.

Wilson, J. (2000), "Volunteering", *Annual Review of Sociology*, Vol. 26, pp. 215 – 240.

An Integrated Picture of Non-Profit Research From A Global Perspective: Comments on *The Palgrave Handbook of Volunteering, Civic Participation, and Nonprofit Associations*

Dong Junlin

[**Abstract**] Volunteering and nonprofit associations occupy an impor-tant position in human activities and have multiple levels and impacts on pro-moting civic participation in the country and social life. *The Palgrave Handbook of Volunteering, Civic Participation, and Nonprofit Associations* edited by David Smith et al. , through the collaboration of scholars, discipline blending and academic analysis, portrays the clearest global picture of current non-profit re-search. The Handbook has significant reference and enlightenment for the new era to improve China's non-profit research. In particular, we should pay attention to non-profit related basic theoretical research, strengthen exploration from behavioral science and social science, and promote the development of Chinese non-profit theory innovation and development of practice.

[**Keywords**] Volunteering; Civic Participation; Nonprofit Studies

（责任编辑：朱晓红）

NP

全球视野下非营利研究的集成图景

改革开放以来中国科技社团理论
研究发展文献综述

杨书卷[*]

【摘要】 改革开放以来，中国科技社团取得了长足的发展。以中国科技社团发展历程为主轴，回顾 1978～2017 年发表的有关科技社团理论研究的文献，将中国科技社团理论研究分为四个阶段：科技社团研究起步期、建构期、拓展期、深化期。借此梳理中国科技社团理论研究的构建体系与发展轨迹，比较和总结以往的相关实践，为中国的科技社团理论研究提供一个既有历史纵深又有现实针对性的背景与框架，以期促进科技社团理论研究的进一步完善与发展。

【关键词】 社会组织　科技社团　文献综述

改革开放以来，我国科技社团迎来了繁荣发展时期，取得了令人瞩目的成就。截至 2018 年，中国科协所属全国学会 210 个，占全国科技性社团的 80%，省市地方科协所属学会为 6 万余个，在科技社团中占有较大比例。相应的，科技社团理论研究也取得了长足的进步和发展。本文以改革开放以来科技社团发展历程为主轴，梳理 1978～2017 年发表的有关科技社团理论研究的文献，可以将其划分为四个阶段：第一阶段（1978～1990），科技社团研究起步期；第二阶段（1990～2000），科技社团研究建构期；第三阶段（2000～2012），科技社团

---

* 杨书卷，中国科协学会服务中心科技社团研究所高级工程师，研究方向为科技社团研究、科技传播。

研究拓展期；第四阶段（2012～2017），科技社团研究深化期。随着我国社会的急速变化与发展，科技社团的理论研究也在不断产生出新的内涵和外延，有关研究和探索仍处于不断深入和完善过程中，回顾我国科技社团理论研究的发展进程，以为研究我国科技社团理论在不同阶段上的发展轨迹，提供一个既有历史纵深又有现实针对性的背景，以促进科技社团理论研究的进一步完善与发展。文中"科技社团"的概念基本等同于"科协所属学会"，特别在第一、二阶段中，由于历史称谓的特点，研究文献中使用"学会"概念远超"科技社团"，但研究所指相同。

一 第一阶段（1978～1990）科技社团研究起步期

改革开放初期，国家科学事业"春天到来"，科技社团也迎来了快速发展期。中国科协恢复活动，在改革前成立的全国性学会重新开始运行，新的学会纷纷成立，到1982年中国科协所属全国学会已达到127个，学会呈蓬勃发展态势，到1989年，全国学会总数激增到167个，是新中国成立以来科技社团增长最快的阶段。在这一时期，科技社团研究工作也同时开始起步，进入探索期，其范围主要集中在科技社团的基本性质与基本任务中，初步形成了研究框架与体系。

（一）科技社团的一般属性及其特性的探讨

正确认识科技社团的基本性质、特点和任务，是开展科技社团工作的重要前提，科协与学会的研究以此为出发点，开始进行理论观点的探索。

中国科协所属各种专门学会是按学科组成的学术性群众团体，不是科学行政机构，也不是科研机构，而是科技工作者自愿结合的跨部门、跨行业的群众性学术团体，不能依靠行政法规和行政命令进行管理，必须建立民主办会的思想（周培源，1978）；科学家们要通过学会活动进行学术交流；学会人才荟萃，需要充分开发智力资源，为国家建设服务（林渤民，1980）。我国科技社团具有三点基本性质：社会主义的，区别于国外科技社团的性质；学术性，区别于工会、共青团、妇联等其他群众团体的标志之一；群众性，区别于政府科技部门的特性（王顺桐，1982）。

总体来看，20世纪80年代的学会研究仍处于"百家争鸣"阶段，初步界定了学会即科技社团的基本性质、特点和任务，对学会是强化组织、强化体系，还是保持松散的结构看法不一致，问题最后都归结到学会的性质、任务上，归到了应该干什么和实际能干什么的问题上，归结于对学会"自我认知"的不同见解和深入程度（邢天寿，1985：8~11）。

（二）科技社团的学术交流机制与职能

在党和国家全面开创社会主义现代化建设新局面的时期，科学事业开始建立与社会经济协调发展的体制。科技社团也开始寻找一种适应新的时代发展需要的内在机制与职能，尤其关注其最基础的职能——学术交流活动，并对此进行了深入研究。

学会是科学技术活动的重要阵地。科研工作的显著特点是探索性、创造性、个体性，科学的横向联系，特别是科学家之间的科学交流活动，对推进科学技术发展起到重要作用。学术交流是学会的基本工作。综合分析国外科技社团活动，学会的工作主要有：举办学术会议，开展学术交流；讨论科研方向，资助科学研究，促进科学事业发展；为经济部门提供技术服务；举办科技在职教育；科普工作和青少年工作；为会员做服务性工作；出版书刊（裴丽生，1981）。

学会的学术交流工作最突出的表现是应有效地发扬学术民主和开展自由争鸣，而多学科跨部门的特点，是实现信息的快速传递和加快研究及生产进程的有效手段。学会活动重要的社会效能，在于促进成果效能，促进科研成果更快形成生产能力效能，提高人才效能，决策咨询效能，可行使部分权力性职能而优于政府部门效能，进行国家学术交流获取情报、资料及友谊的效能。这些社会效能，使科技社团具有了应有的社会地位（邢天寿，1986）。

科技团体的综合学术交流活动产生了促进科学进步、学科发展、科学咨询的经济效益和社会效益。具体表现为学术观点转变为国家决策思想；解决急迫而重大的国计民生问题；为科技进步献计献策；推动经济建设向前发展；推动学科间的交叉、渗透与发展；提出国家发展的战略性建议；探寻综合的超前科技与经济发展途径；广泛交流科技信息；完善与强有力地推广科技成果，增强科协对学会的宏观管理与推进学会之间的团结合作（王小清，1988）。

学会是近代科学诞生的摇篮，在科学技术发展的整个过程中起着重要的不可替代的作用，在繁荣科学、促进生产发展方面做出很大贡献。学会促进形成了独特的科学文化、科学价值观和科学规范，包括"学术自由、崇尚真理"

"独立思维、民主办会""求实、协作、献身"等，为学术活动、科学发展提供了丰富的精神营养和力量（袁正光，1989）。

（三）提出"学会学"的学科研究观点

随着学会研究的发展，探讨形成"学会学"学科的观点逐渐在一些科协与学会研究者中形成，探寻科技社团知识系统化的途径。

《论学会》（邢天寿，1986）是这一时期对学会研究比较系统、全面的专著，在回顾学会产生和发展史的前提下，该书以"学会学"为一章，对学会含义与概念、研究目的与意义、研究对象及领域、研究方法、加强学科建设的性质做了较全面的阐述，并阐述了学会的任务及功能、学会的管理以及未来的发展。概括而言，学会学就是把学会作为一个专门的研究对象进行研究。学会学作为一门学科也许并不成熟，但作为具体的研究方向，有其存在的意义（袁永江，1989）。

（四）评价：初步的基础认知

在改革开放推动下，科技社团因为其先天带有"科学与技术"属性，在国家和民众意识中均具有较高的地位，发展受到的阻碍较少，在中国社会组织的发展过程中最先兴起，无论在理论还是实践上都是重要的关注热点。这一阶段研究主要集中于对科技社团的基本性质与基本任务的探讨，科技社团的形象开始逐渐明晰，任务与职能开始具体化，对科技社团的发展现状建立了初步的基础认知，并对未来发挥的作用充满了期待。不过，此时正值改革开放初期，社会组织相关法制和管理体制尚未建立，使得科技社团的研究视角还较为狭窄、简单，处于浅层次的讨论，基本是对传统科技社团发展观点的回顾与继承，但对指导中国科技社团向前推进具有重要的启示，为后续研究奠定了良好的基础。

二 第二阶段（1990～2000）科技社团研究建构期

之所以称之为建构期，是因为这个阶段重点探讨了科技社团作为独立社团法人的角色、功能与管理，确立了科技社团研究的基本框架。在这一时期，我国社会主义市场经济地位确立，为加强和规范社团管理，国家于1989年颁布实施《社会团体登记管理条例》，对社会团体实行归口登记、双重管理体制。中国科协作为业务主管单位对申请加入的学会从严掌握，调整学会组织，规范学会组织行为，全国学会发展进入适应调整期，数目基本保持稳定（1996 年中国科协所属全国学会为 165 个），同时，体制改革促使学会谋求自主发展道路，科协系统开始探讨学会经营和体制改革问题，进而在思想、理论和实际层面探索中国特色科技团体的建设道路。

（一）科技社团在社会主义市场经济下的角色转变

符合市场经济体制必须实现科技社团发展的观念更新。中国科协及所属团体应建立起适应社会主义市场经济发展和符合科技社团自身规律的体制与机制，站在中国科技经济走向世界的高度，建立依照法律和团体章程的规定，独立自主开展活动，自我发展，并与国际科技团体运行惯例接轨，建设充满生机和活力的有中国特色的社会主义科技群众团体（高潮，1994：3~5）。科协所属学会在计划经济体制下实行了挂靠体制，人事、办公场所、经费依靠挂靠单位，会员不交会费，"民办"成为事实上的"官办"，学会为挂靠单位负责而不是为会员提供服务，失去了学会的本来存在意义，使学会的社会地位不高、经济基础脆弱，无法真正具有活力，走上自我发展的轨道（郑颜，1998：20~21）。科技社团只有按社会团体的方式办理，才能逐步摆脱行政化的倾向，真正实现科技工作者的主体地位，实现科协与学会的不可取代性（罗远信，1994：12~13）。

1989 年《社会团体登记管理条例》的颁布，表达出社会团体是"我国社会主义现代化建设事业不可缺少的组成部分"。科技社团作为社会团体的组成部分，应根据政社分开的精神，成为自主活动的社团法人；应根据"实现会员共同意愿"的原则确立宗旨，真正成为会员利益的代表者和维护者；是非营利性组织，应加大运行机制改革的力度，努力走上自我发展的道路（吴伟文，1999：3~4）。

科技社团的"公益性"并非完全依靠国家或地方财政拨款，"非营利性"的主要特点是盈余不分红，而不是不讲盈利。科技社团要在继续取得政府对学术交流、科学普及等公益性事业的财政拨款、资助的同时，充分用好税收优惠政策来经营、发展各种科技服务事业，并依具体条件依法组织、经营有关的公司企业，处理好社团法人与企业法人的收益关系，不断增强团体的自我发展能力（朱光亚，1993）。

（二）中国科技社团的生存与发展

在社会主义计划经济向市场经济转轨之际，中国科技社团不可避免地受到影响，出现了问题与困难。

"政社分开""无主管学会"原则提出后，学会组织体系模糊，与挂靠单位、政府主管部门的关系不流畅，学会对会员的吸引力减弱，专职干部不稳定，后继乏人，学术活动数量质量下降，活动经费日趋紧张，自筹渠道不稳定，多数学会参与市场经济能力有限，缺乏学会发展的法规政策。综上所述有学者认为，建立良好学会支持体系是当务之急，包括有利于学会生存发展的良好政策环境和法律地位及有利于学会发展的经济基础（刘恕，1994）。

改革开放以来，科技社团经费运行取得了一定成效但成效不大，重要原因之一就是科技社团产权不明晰，管理不规范，并且缺乏法律保障。应建立科技社团所有制这一新型产权制度并从法律上确认，责、权、利明晰，理顺科技社团与国家、挂靠单位、所在单位、合作单位、兴办实体之间的产权关系，防止社团财产的流失，同时调动科技社团内部各个方面创收的积极性和增强社团财产积累的积极性（丁忠言，1995：10~11）。

该阶段学会组织松散、基础脆弱、经费紧缺，确实面临生存困境。学会自身建设刻不容缓。一是正确处理与挂靠单位关系，争取多头挂靠，减少行政干预；二是理事会实行年轻化、限额制和明确分工制、引入公开和公平竞争的机制；三是建立学会秘书处人员激励机制，实行专职秘书长制度，秘书长的考核与工资等与学会挂钩，而非由挂靠单位决定；四是建立学会退出机制（肖兵，1995：10~12）。

为促进我国科技社团的发展，一是要精心经营，广辟财源，争取国家财政支持，争取社会捐赠，收取会员会费，经营好出版物和学术会议；二是力争减免税优惠待遇，在制定社团法中列入减免税条款；三是壮大发展基金，包括科协学会基金与学会专项基金，使之成为科技社团开展活动的重要财力支持和固定经费来源（卢景霆，1994：32~34）。学会的改革应明确会员是学会的主体与主人，实行真正的民主办会原则，会员必须缴纳会费，民主选举理事长与理事，并有任期限制，理事会与委员会成为学会真正的权力机构，决定学会重大事项。学会要有"产品"，包括会议、刊物、咨询等有偿服务。只要"产品"质量好，受会员欢迎，就可实现收支平衡，甚至略有盈余（沙踪，1996：9~10）。

（三）科技社团的职责与社会功能调整

学者从科技社团对学科发展，政府、企业等利益相关方的角度研究其社会功能。为适应社会经济体制的变革，学会的社会功能迫切需要调整，科技社团在继续发挥自己的学术功能和文化功能，直接推动科技进步的同时，积极扩大经济功能和社会服务功能，更有效地面向经济建设和整个社会的现代化建设（王兴成，1994：10~12）。

学术交流活动是学会生存发展的生命线，举办大型系列学术年会、主办重大国际会议、编辑高质量的学报，代表着学会的地位与水平，也为学术界和科技人员所信赖（徐渭，1997）。学术交流活动必须体现全体会员的凝聚力，成为青年科技工作者脱颖而出的舞台，并坚持"以会养会"的原则（杜娟，1997：15~17）。

学会是政府决策服务中的一支重要力量，因为学会具有智囊机构的特点：研究组织的柔性和组织的多样性、学科的综合性、研究工作的独立性和客观性。学会应精心选择重大的、领导亟待解决又是学会力所能及的问题，力争决策建议具有科学性、实用性、客观性（于欣荣，1991：6~7）。

学会应在为企业服务能力上下功夫。企业是市场经济的主体，学会活动应面向社会主义市场经济的需求，不以营利为目的，而是"以服务为宗旨"，组织有关科技工作者为企业解决科研和生产建设中的具体问题，对企业提出的问题实行免费诊断，收费治疗，咨询有效，收益合理，企业受益越大，学会也就获得越大的经济效益。学会有了一定的经济实力，才能够实现自主活动，学会只有在社会上有所作为，才能有一定位置，提高学会的学术影响力、社会地位与作用（王维兴，1994：10~12）。

（四）主管单位对科技社团的管理

加强科协对学会的有效管理成为学界关注重点。随着社团法人制度的建立，学会独立意识增强，中国科协对学会的管理应适应形势的发展和团体的特点，提高领导权威和管理水平，立足服务，提供政策、协作与交流、后勤保障服务，实行宏观管理、分类管理、互补管理、信息管理、自我管理的原则，向服务型管理转化，使学会不仅把科协作为学会领导，而且把科协作为学会利益代表者和学会发展的有力促进者，给以真心的支持和拥护，增强对学会的凝聚力和号召力（于欣荣，1996）。加强社团管理的根本目的，就是要把社会团体的工作纳入规范化、法制化的管理轨道，应提高认识，多方协调做好社团管理工作（肖兵，1995：10~12）。

学者这一时期提出了对科技社团的分类管理和考核评估的建议。应将学会分为基础性、工程技术类、其他学科类，设置不同管理指标和考评系统，进行不同层次的分类管理（胡祥明，1996）。科协尝试建立学会工作评价指标体系，加强对学会的科学管理，提高和检验学会工作质量。指标建立以整体性、导向性、可操作性、科学性为原则。一级指标是把学会工作划分为学术活动与决策论证、咨询、建议，组织建设学会管理，科普活动，科技培训，科技报刊五大类；二级指标将一级指标具体分解；三级指标是将二级指标量化，促进学会评价工作从定性到定量的转变（赵世营，1992：19~21）。

（五）中国科技社团的历史研究

在这一阶段，中国科技社团的历史研究也是研究热点之一。研究者认为，中国最早的科学学会是创建于1569年明代的一体堂宅仁医会，其是我国科技团体目前已知的最早的民间科学团体，而其宗旨、活动内容、组织条例、遵从的医德与治学方法等，都和现代学会相似（邢天寿，1986：8~11）。

近代中国学会的发展有一定的历史轨迹，西方传教士将西式学会引入中国，中国知识分子也开始组建学会，始于1895年建立的强学会。梁启超的《论学会》，是我国近代第一篇对学会的专门论著，其论证了建立学会的重要性和可行性。民国建立后，五四运动前期学会活动呈现多元化的格局，五四运动以后，专业化的学会蓬勃发展。中国科学社、中国工程学会、中国农学会、中华学艺社等近代科技社团相继出现，成为中国学术从传统走向近代化的重要表征（王齐生，1990：16~18、20）。

我国的科学团体相继出现，而这些团体几乎都是由著名学者筹建的。近代最早的自然科学群众团体——算学会，是清末谭嗣同发起建立的。詹天佑创建了中华工程师学会，赵元任等创建了中国科学社，颜福庆等创建了中华医学会，梁希等创建了中华农学会，蔡元培等创建了中国地学会。李四光、竺可桢、茅以升等，不仅是学会的创始人，更是中国科协的发起者和领导者（邢天寿，1985）。

近代科技社团的生存、发展方式有着鲜明的特色。在外部管理体制上，政府对科技社团实行分类治理，在内部管理体制中，建立了总会—分会的结构；在领导体制上实行决策权和执行权分离，并建立了科技社团内部的民主监督机制；在会员管理上则实行分类管理，并建立了赞助会员制度等。这些举措有效地保障了近代科技社团的独立性和民主性，从而也为自己的自组织演化创造了条件（韩晋芳，2014：12~17、23）。

（六）国外科技社团的对比研究

学者开始借鉴国外科技社团经验反思我国科技社团的发展。在国际史中，社会经济和政治发展程度是自然科学学会产生的基础，社会科技发展的需求是学会产生的直接原因。国际学会的传统与特点是平等民主；氛围宽松；活动自主，经费自筹；联系广泛，横向性强；重视国际合作，加强国际交流；决策助手，智囊集团。中国学会应强化中外学会的共性。中国科技社团有较强的政治属性，但经济属性模糊，在开放的社会结构形成时，学会应主动地适应社会，达到适应性和主动性的统一（沈爱民，1995：12~17、23）。

英国皇家学会是"无形学院"的开创者。早期著名科学家虎克、牛顿等对英国皇家学会做出了积极贡献，学会对科学家本人的工作也有极大的促进作用（赵红洲，1994）。达尔文从年轻时就积极参加英国皇家学会活动，而且其一直伴随着他走过了漫长的科学生涯（于欣荣，1994：10~12）。

西方学会发展至今已有四百多年历史，在推动学术民主、学科发展，促进科技与经济、社会的结合以及发现、培养人才方面做出了重要贡献。与此同时，学会本身也得到巨大的发展，建立了完整的运行机制。其特点是：独具特色开展活动，树立权威性，以增强对社会的影响力；大力为会员服务，以增强对会员的凝聚力；精心经营，像经营企业一样经营学会；在组织上自主经营，民主办会，机构精干（卢景霆，1997：10~12）。

中外学会体制及经营思想、经营方法存在具体差异。以中美学会为例，在市场经济下，美国政府是对社团直接经费支持和行政干预最少的代表，政府主要通过法律手段进行调控和管理。学会与它面临的市场之间的关系如同企业与用户，服从"自愿的价值交换"，这是经营企业的中心概念，学会必须像真正的企业一样，以市场为导向，在深入调查分析、充分掌握市场信息的基础上，经过科学的决策过程形成战略规划，并通过一系列的管理控制过程，实现与目标市场的自愿价值互换（朱梅，2000）。

各国税制均对科技社团征税有着相似优惠。在美国、日本、法国、德国等国家对科技社团税制的比较中可以看出，各国均进行了减免税的优惠政策，社会各界向公益法人捐款在税收上给予优惠，但公益法人经营收益性事业必须按章纳税，公益性收入与支出的基本原则，都在税法中明确规定，其税收原则值得中国借鉴（金伟，1989：25～26）。

（七）评价：寻求专业性的突破

随着我国改革开放的进一步深入，社会主义计划经济向市场经济转轨，国家重点关注政府与市场的互动，科技社团所处的"社会"空间尚未释放，国家和社会对科技社团的存在意义和职能作用也有了不同的意见，科技社团的改革发展方向难以确定，总体处于"迷茫期"。在此阶段中，科技社团的实践遭遇挫折，但现实困境激发了理论研究的相对热潮，呈现对科技社团"专业性"的探索。专业性是指一个社会组织应明确成立的具体目的，而且需要拥有实现目标的能力，这是一种独立生存、自我发展的能力，而这种能力在现阶段的科技社团发展中却出现总体短缺的状况。研究者从各个角度分析造成这一现象的原因，从法律环境、管理体制、组织方式、运营能力等方面寻求突破，同时纵深科技社团的历史研究，对比国外发达国家科技社团的研究，总体都是在为科技社团的发展寻求定位，寻求专业化的自我肯定。在这一过程中，科技社团发展的理论建构逐渐深入，初成体系，为今后科技社团的发展奠定了理论基础。

三　第三阶段（2000～2012）科技社团研究拓展期

进入 21 世纪，中国科协所属 167 个全国性学会，20 个接受委托行使业务主管单位职责的全国性社会团体，共同步入稳步改革发展时期。科技社团的研究融入非政府组织、非营利组织以及社会组织的概念，进入更广阔的空间。

（一）科技社团的非营利性组织特性

随着非营利组织管理理论的普及、研究的深入，科技社团的非营利属性更为明确。特别是民间组织的称谓改为社会组织之后，对学会的性质与作用的研究更加深入。

中国科协明确界定了学会是学术性、科普性、社会公益性的非营利性社会团体，由科技工作者自愿组成。科技社团应重视会员发展，探索建立多元结构的会员制度，民主办会，更好地建设科技工作者之家，从国际性人才竞争的高度积极开发科技人才资源，进一步塑造学会作为 21 世纪的重要社会力量的形象（冯长根，2003：9～13）。《现代科技社团概论》一书中，给出科技社团的定义：科技工作者自愿结社，组成为实现会员共同意愿，按照其章程开展活动的非营利性社会组织。科技社团具有一般非营利组织的特性，有非政府性、非营利性、自治性和志愿公益性，同时还有自己鲜明的组织特性：科学性、学术性和中立性。科技社团是社会发展过程中的社会想象与文化想象，是人类社会进步的反映（杨文志，2006）。

2006 年，党的十六届六中全会第一次提出了"社会组织"的科学概念，其概念的提出有着重要意义，社会组织蕴含着一种非政治、非经济的价值取向，追求的是整个社会的共同利益，谋求的是人、人与自然、人与社会之间的和谐相处和科学发展，其概念具有整体性、统一性、科学性和协调性（张海军，2012：9 ~ 13）。由于我国是一个缺乏市民社会传统的国家，社会组织存在先天不足的状况，发展尚处在初级阶段，要从根本上促进社会组织发展，必须逐步形成相关法规体系，完善相关配套制度，从消极管理转变为积极管理，从形式管理转变为实质管理，从监管型管理转变为服务型管理，从事后惩罚型管理转变为事前预防型管理，社会团体本身也应该加强自身建设，严格自律，塑造诚信形象，实行民主办会，经济运行实行非营利组织模式，不断增强自主活动、自主发展、自我约束的能力（沈爱民，2011：3 ~ 8）。

（二）科技社团的体制改革与能力建设

管理体制的改革是学会改革的关键点之一。与美、德、日等国相比，黄浩明指出中国科技社团在社会与法律地位、功能与设置标准、会员体制与管理等方面仍然有较大差距，应该努力营造有利于学会发展的法制环境，加快政府部分职能向学会转移，学会要大力加强自身能力建设，加强对会员的管理与服务，适应市场经济和对外开放的需要，推行"精品化""社会化""国际化"的战略（黄浩明，2011：3 ~ 8）。

科技社团经费不足是一个相当普遍和非常严峻的问题，资金短缺已成为科技社团生存和发展的瓶颈，缺乏营销观念、资源受限、人力资源短缺、缺乏竞争意识，应该更新观念、筹措资金、满足需求、寻求社会多方支持与合作、增强组织核心竞争力以及提高管理效率（蔡瑞娜，2007：26 ~ 30）。

科技社团加强自身能力建设与科技社团核心竞争力密切相关。科技社团核心竞争力是科技社团整合内外部优势资源，建构社团特有知识和文化体系，保持持续发展优势的知识和能力的集合体。科技社团的核心资源集中体现在科技学术智力优势、社会组织网络体系以及宗旨价值使命三个方面，科技社团的核心能力集中体现为整合资源和建构知识的能力，科技社团的核心价值集中表现为科技共同体价值文化体系（杨红梅，2012：654～659）。

秘书长是推动学会工作与发展的核心，是促进学会振兴的组织者与执行者，秘书长职业化值得重视。职业化包括专职化与专业化，通过改革，使秘书长的职务由"头衔"转为事业，职权由"服从"转为服务，职位从兼职转为专职，职责由单纯的义务转为责权利相统一（肖兵，2008b）。借鉴国内外制定职业标准的基本经验，学者提出了我国学会秘书长的职业标准、任职条件（郗永勤，2009：3～8、34）。

（三）发挥科技社团在国家创新体系中的作用

学会是区别于企业、政府和其他社会阶层的一支既独立又受多方制约的队伍，是技术专家阶层，是人力资本和知识资本的载体，国家创新体系有学会的一席之地（贾丽，2001：12～13）。

科协系统所属学会的功能与自主创新活动有着天然的密切关系，学会具有聚合功能、服务功能、参与功能、维权功能（邵新贵，2006：40～44）。科技社团的作用类似于科技中介组织，在国家创新体系中发挥着加速科技成果转化、优化科技资源配置、推动企业科技创新的作用。在自主创新战略导向下，应建立专业分工与网络协作的组织模式，搭建公共信息平台，提高科技中介人员业务水平，建立信用评价体系，推动科技中介法规建设（纪德尚等，2007：60～64、66）。

科技社团在推动全社会创新活动中发挥重要作用。一是依托高水平的学术交流，促进新知识生产和推进原始创新；二是利用科技社团的专业优势，汇集各学科专家权威，为创新方向提供科学预判；三是培育促进创新文化，践行社会主义核心价值观，推动科技体制的完善；四是穿越组织边界，促进政产学研结合和协同创新（魄斌贤，2012：7～10）。

科技社团在国家创新体系中，在推动科学技术发展、促进知识流动、创造良好创新文化、推动政府体制改革转变政府职能、推动市民社会成长和社会治理结构完善、维护科学技术合理使用中发挥重要作用（王春法，2006：4～6）。

（四）科技社团公信力的建立

公信力是科技社团赖以生存和发展的社会基础，也是科技社团的品牌价值和核心竞争力所在，学者开始深入探讨科技社团公信力的源泉和评价指标。

科技社团社会公信力是社会公众信任科技社团各种行为、活动和提供的信息及其综合能力的保证，是科技社团在社会公共活动过程中形成的内在综合品质的反映，这种由社会信任而产生的科技社团的软实力，是一种特殊的社会资源。能够通过科技社团的社会公信力，间接评价其社会认可度、市场竞争力、同行业间的实力强弱等细节问题（王兵等，2009：279～280、282）。

科技社团社会公信力的影响因素分别来自科技社团外部的社会系统和科技社团自身内部。法律政策监督的缺位，科技社团缺少足够的社会资源，科技消极思想的阻碍，科技社团内部自身发展水平不高、社会责任感缺失、影响力不高的问题，都影响了科技社团的社会公信力（赵敏，2008：51～53）。

学者尝试建立科技社团公信力评价指标体系，对外的公信力影响因素包括守法、独立性、协作和伙伴关系，对内的公信力影响因素则包括利益冲突和资源利用、财务透明两个指标（朱钰，2008）。科学的评价指标体系的制定与实施，具有引导发展、激励工作、规范行为、诊断问题和改进工作等积极意义。但现有学会评价体系在综合性与差异性、导向性与现实性、紧密性与隔离性、稳定性与开拓性等方面存在许多问题。学会所处环境与评价指标的设立、评价系统的建构与主要指标的差异、评价的激励机制与指标体系的折中方案都说明目标与现实存在冲突。设立评价指标的目的，应该是推动学会改革、工作创新和职能拓展（肖兵，2008a：74～78）。

（五）评价：治理理念的出现

在此阶段，"社会治理"的概念开始在中国生根发芽，标志着社会发展进入一个全新的阶段，带来了关键理念，即政府组织、社会组织、市场组织有着各自的治理空间，这三类组织支撑着现代人类社会大厦的构建，社会公众可以通过社会组织自我组织，追求自我发展，并在其中参与治理和提升能力。治理理念融入科技社团理论研究，科技社团在国家治理中发挥重要作用也获得了政界和学界共识，国家的引领提供了科技社团改革开放的动力，国外科技社团的成功经验为我国提供了科技社团建构的理念与工具，通过这一阶段的理论研究，科技社团拓展了改革认识、凝练了改革思路、汇聚了改革共识。

四　第四阶段（2012～2017）科技社团研究深化期

2012 年 12 月，党的十八大为学会改革带来新的契机。十八大报告明确提出，要加快形成政社分开、权责明确、依法自治的现代社会组织体制。党的十八届三中全会首次提出了全面深化改革的总目标是完善和发展中国特色社会主义制度，推进国家治理体系和治理能力现代化。中国科协积极抓住机遇，继续深化学会改革，实行二期学会能力提升专项，积极争取中央的支持，优化学会发展环境。2015～2016 年，中共中央办公厅印发《科协系统深化改革实施方案》，提出强化学会主体地位，提升学会创新和服务能力。中国科协切实履行业务主管和行业指导职能，围绕学会治理结构和治理方式、办事机构实体化建设、会员发展与服务方式、学会创新和服务能力提升、学会党建等方面积极探索实践，科技社团研究相应地也走入创新与深化发展阶段。

（一）科技社团应在国家治理体系中发挥重要作用

社会治理的现代化，需要科协及所属学会作为提供科技公共服务的社会组织发挥重要作用。科协组织一方面是党领导下的人民团体，要在政治上、思想上引领、团结、服务、凝聚广大科技工作者，另一方面其还是为全社会提供公共服务产品的社会主体。科协系统的深化改革，要把自觉接受党的领导、团结服务科技工作者、依法依章程开展工作有机统一起来，改革联系服务科技工作者的体制机制，改革治理结构和治理方式，创新面向社会提供公共服务产品的机制（尚勇，2016：6～10）。

国家治理理念中所带有的包容性，从国家层面提高了社会组织在治理体系中的地位。科技社团广泛作用于科技工作者与其他社会群体的科技服务，能够弥补政府与市场组织科技服务的不足，促进现代社会的科技创造。为实现科技社团参与国家治理，应从意识、组织、服务三方面进行实践构建。科技社团需要抓住国家体制改革、吸收社会力量参与治理的良机，融入国家治理体系，通过吸引国家资源投入和承接国家治理职能，提升自身的服务能力和公信力（潘建红，2017：12～17）。

伴随着社会组织改革进程，科协有可能不再作为学会的业务主管机构，科协需要重构与学会关系，包括"指导发展，提供服务，政策环境，构建平台"

等，加强顶层设计，通过服务来引导和促进社会组织健康有序发展，努力为学会创造良好的法规政策环境，构建和完善基础平台和制度平台（沈爱民，2015）。

（二）加强党的领导

党组织是联系党和会员的桥梁、纽带，如何充分发挥党组织的作用，增强学会会员的服务能力，是新时期学会党建工作面临的一项重要课题。要从加强制度建设、创建多元服务形式、创新工作方法三个方面，以学会党建为抓手，充分发挥党组织的桥梁纽带作用（夏婷，2013：27~30）。

依据 2010 年度中国科协所属 184 个全国学会的年检数据，学会党建发展态势良好，学会党建的第一阶段的主要任务（即在符合建党条件的学会中成立党组织）已基本完成。因此，下一阶段的工作应主要围绕"巩固基础、落实责任、分类指导、深入推进"，将重心由党建向党的组织和工作覆盖并举转变（孙新平等，2011：27~30）。

社会组织党建工作是一项新的实践，应着力建立适合科技类社会组织实际的党建工作运行机制的工作思路，创新工作体系、组织体系，构建科学、有效的党建工作运行机制，理顺党建与群建的运行关系。但是，建立系统、规范、扎实、高效的党建工作管理制度，有效地对党建工作实施分类指导，尚任重道远（夏强，2014：30~35）。

（三）完善内部治理结构

我国科技类社会团体内部治理民主化管理水平不高，挂靠单位干预较多，内部权责划分不科学，内部监督机构不健全、监督机制缺位，科技社团提供服务产品的数量与质量难以测度，导致科技社团组织绩效难以测度，非营利性和公益性使薪酬激励作用被弱化，科技社团的薪酬水平普遍存在对内缺乏公平性，对外缺乏竞争性等问题（郝甜莉，2017：189~190）。民主选举、民主决策和民主监督是新型社团的重要标志，中国计算机学会在完善内部治理结构、创建新型科技社团中做出了实践性探索，建立和完善了一整套现代管理制度，改革效果显著，值得借鉴（李国杰，2010：9~10）。

会员发展和会员服务对学会发展具有重要意义，中国科协所属学会个人会员管理系统搭建联系会员的平台，提供会员的发展、管理和服务工作的手段，科技工作者可在线申请入会，全国学会会员管理员可查询会员信息。做好学会会员服务工作，应设立基于会员管理的专项支持，开展基于会员管理的专题学术交流活动，完善学会治理结构，提升会员主人翁意识和归属感，健全会员管理制度建设，创新会员服务活动，建立健全会员意见征集制度和会员评价制度，提升会员发展与会员服务能力（赵红，2015：25~27）。

（四）发展学会社会化服务职能

学会应发挥独特优势积极承接政府职能转移，学会承接政府职能转移有独特的法律资源、组织资源、专业资源、人力资源优势，中国科协认为，学会可以承接五个方面职能：政府资助的科研项目评估、科技成果评价、技术标准和科研规范制定、科技人才评价、科技奖励（沈爱民，2013：11~14）。

国外科技社团承担了许多社会化服务职能，在整合社会资源、弥补社会不足、促进社会和谐等方面发挥了重要作用。国外政府支持科技社团开展社会化服务的做法主要有：社会组织与政府签署合作治理协议；政府付费购买服务，政府授权委托有资质的社会组织，由服务的使用者付费；政府通过制定相应的法律法规，实现对社会组织的引导和支持。我国科技社团的社会化服务才刚刚开始，进入一个转型成长的关键时期，正围绕社会经济发展和政府简政放权需求，努力将职能从原来的单纯以服务科技创新为主，扩展到服务经济发展、参与社会治理创新等新领域（宋军，2015：2）。

国家治理体系与治理能力现代化目标的提出，为科技学会能力建设研究提供了新的视角，应建立科技学会能力模型，以组织功能理论、组织合法性理论、组织认同理论、复杂适应系统理论为理论支撑，探讨科技学会能力形成的机制，建立"功能－能力"分析框架，从功能、边界、时序三个维度，构建科技学会能力结构的"动态螺旋"模型，即新的能力要求被不断提出、强化、形成，实现科技学会能力结构的发展完善，进而为科技学会能力建设提供理论依据和测度标准（张良，2015：5~12、20）。

在全面深化改革的新时期，政社关系与政府职能转移是改革的重要议题之一，政府与科技社团间的权力关系对科技社团承接政府转移职能的影响的调查表明，科技社团拥有的政府批准的编制、发起者、现职党政群团领导兼职显著地与政府拨款和承接转移职能项目数成正相关关系。政府和科技社团在人事、财务、领导兼职等方面的全面脱钩及二者间的职能划分是改革的当务之急（陈建国，2015：83~93）。

（五）评价：科技社团深化改革

围绕新时代建设世界科技强国的宏伟目标，科技社团必须确定自身的新使命、新任务，做好新的机制、机构的设计，发挥科技社团在国家治理体系和治理能力现代化建设中的作用，贡献智慧，为构建人类命运共同体提供中国方案。本阶段的理论研究，以"党委领导、政府负责、社会协同、公众参与、法治保障"为框架和以大数据互联网技术为支撑的共建共治共享、公共服务型现代治理新模式，对参政议政、群团党建、学术、科普、智库，以及承接政府职能、权益维护等业务职能，结合中国特色社会主义新时代发展要求进行了重构，以国际视野，探讨了建设世界一流科技社团的战略方向，探索了科技社团的国际化路径，以推进科技社团相应的持续改革。

五 结论

科技社团作为学术类的非营利组织，是创新型国家建设的重要组成部分，应在国家治理体系和治理能力的现代化中主动作为，发挥重要作用。在新形势下，加强科技社团理论研究意义重大。

（一）科技社团理论研究渐趋成熟

改革开放以来，中国科协领导均十分重视科技社团理论研究，关注科技社团领域的学术探讨，以及科技社团研究平台的构建，围绕中国科协、中国科协所属全国学会、地方科协、地方科协所属学会等有关科技社团发展的研究，具有一定的开创性和综合性，具有较强的理论价值和现实指导意义。随着我国政治体制、市场经济的改革与发展，在中国社会组织大发展的背景下，在深化改革、推进国家治理体系和治理能力现代化的总目标下，科技社团理论研究也已进入了新的发展阶段，目前形成了以中国科协为主导、科协组织与学术性社团共同开展、高校对科技社团开展专题研究等研究形式，内容涵盖科技社团改革发展、法律政策、内部治理、自主经营、创新地位、承接政府职能等领域，不仅是对科技社团理论系统化的探索与实践，而且极大地丰富了我国社会组织研究内容。

（二）科技社团理论研究应与社会学术界研究形成合力

科技社团理论研究也存在一定问题。由于科协系统的封闭性，科技社团理论研究的研究人员多为单位内部人员，长期以来科协系统的研究力量与高校、科研机构等学术界研究存在一定的脱节，未能实现有效互补和衔接，科技社团管理实践中的创新没有被学术界及时关注和研究，如何科学地总结和提炼科技社团理论研究，将科技社团实践升华为有特色的科技社团理论体系，是摆在科技社团理论研究界面前的一个挑战。

因此，科技社团理论研究亟须加强与学术界力量的合作，使之无论在研究的内容上还是形式上产生实质性提升。针对先进的科技社团实践，应科学地总结提炼甚至实现理论创新，用先进的理论指导并快速提升落后的科技社团，将科学理论与实践行为相结合。中国科协与各级科协应发挥主导作用，增进理论研究者与实际工作者的交流与联系，充分结合高校资源丰富、理论构建高能的优势，建立协调合作的长效机制，共同促进科技社团理论的发展。

（三）建设有中国特色的科技社团理论研究体系

科技社团理论体系要着力研究当前特别重要而又能尽快实现突破的课题，借鉴包括社会政治发展文明方面的一切有益成果，但绝不照搬套用西方的制度模式和发展道路，善于联系国情实际，从更高、更全面的角度权衡科技社团实现突破发展的各种途径，把握宏观背景，实现理论整合与理论突破，以继承性、创新性和面向未来的前瞻性，建设有中国特色的科技社团理论研究体系。

参考文献

蔡瑞娜（2007）：《科技社团非营利营销探析》，《学会》，（9）。

陈建国（2015）：《认知差异视角下的政府职能转移问题——基于政府官员和科技社团负责人的实证分析》，《理论探索》，（9）。

丁忠言（1995）：《建立新型产权制度大力发展社团经济》，《学会》，（1）。

杜娟（1997）：《提高学术交流活动质量开拓学会工作新局面》，《学会》，（12）。

冯长根（2003）：《当前学会改革尤需树立三个观念》，《科协论坛》，（6）。

高潮（1994）：《符合市场经济体制必须实现观念更新》，《科协论坛》，（7）。

韩晋芳（2014）：《历史深处有回声》，《学会》，（2）。

郝甜莉（2017）：《我国科技类社会团体内部治理机制现状》，《中国管理信息化》，（6）。

胡祥明（1996）：《省级学会的改革、发展与管理》，《科协论坛》，（5）。

黄浩明等（2011）：《中外学会管理体制的比较研究》，《学会》，（7）。

纪德尚等（2007）：《自主创新战略与科技中介组织发展》，《决策咨询通讯》，（11）。

贾丽（2001）：《学会在创新体系中的地位和作用》，《学会》，（2）。

金伟（1989）：《各国税制对科技社团征税的比较》，《学会》，（8）。

李国杰（2010）：《完善内部治理结构创建新型科技社团》，《社团管理研究》，（3）。

林渤民（1980）：《学会工作管理的特点和内容》，北京：中国科学技术出版社。

刘恕（1994）：《对当前地方性学术团体改革发展现状的几点认识》（工作报告）。

卢景霆（1994）：《科协系统经费解决途径探讨》，《科协论坛》，（11）。

卢景霆（1997）：《独具特色树立权威性扩大对社会的影响力 – 外国学会活动的特点》，《中华医学信息导报》，（7）。

罗远信（1994）：《体制转变时期科协及学会模式初探》，《学会》，（12）。

潘建红（2017）：《国家治理现代化与科技社团服务》，《长沙理工大学学报》（社会科学版），（5）。

裴丽生（1981）：《关于科学技术群众团体及其活动的初步探讨》（工作报告）。

魄斌贤（2013）：《科技社团推动全社会创新的作用与途径》，《今日科技》，（1）。

沙踪（1996）：《我国学会的改革任重道远》，《学会》，（2）。

尚勇（2016）：《在 2016 年地方科协工作会议上的总结讲话》，《科协论坛》，（3）。

邵新贵（2006）：《从学会的功能看学会在促进自主创新中的作用》，《学会》，（9）。

沈爱民（1995）：《历史上的自然科学学会》，《学会》，（9）。

沈爱民（2011）：《在和谐社会建设中创新社会管理格局》，《学会》，（7）。

沈爱民（2013）：《发挥学会独特优势积极承接政府职能转移》，《科协论坛》，（9）。

沈爱民（2015）：《学会发展的春天》，北京：中国科学技术出版社。

宋军（2015）：《国外政府如何支持科技社团开展社会化服务》，《学习时报》，（10）。

孙新平等（2011）：《科技社团党的基层组织建设现状分析》，《学会》，（6）。

王兵等（2009）：《科技社团社会公信力生成机制研究》，《中国科技信息》，（1）。

王春法（2006）：《充分发挥科技社团在国家创新体系建设中的作用》，《科协论坛》，（11）。

王齐生（1990）：《近代中国学会的历史轨迹》，《学会》，（12）。

王顺桐（1982）：《正确认识学会的基本性质、特点和任务》（内部报告），北京：中国科协学会学术部。

王维兴（1991）：《学会应在为企业服务能力上下功夫》，《学会》，（10）。

王小清（1988）：《论综合多学科学术交流活动的社会功能》（内部报告），长春：吉林省社科联。

王兴成等（1994）：《经济体制的转换与学会功能的调整》，《科协论坛》，（6）。

吴伟文（1999）：《全面认识国务院三个条例的重要意义》，《科协论坛》，（1）。

郗永勤（2009）：《学会秘书长职业标准研究》，《学会》，（1）。

夏强（2014）：《开拓创新全面推进科技社团党建工作》，《学会》，（6）。

夏婷（2013）：《论学会党组织增强服务会员能力的机制、形式、方法》，《学会》，（7）。

肖兵（1995）：《关于学会强化制度多链自锁办会模式的建议》，《学会》，（11）。

肖兵（1996）：《提高认识多方协调做好社团管理工作》，《科协论坛》，（12）。

肖兵（2008a）：《社团评价目标与现实状况的冲突和对策》，《学会》，（6）。

肖兵（2008b）：《从专职到职业化：科技社团制度创新的发展趋势》，《学会》，（1）。

邢天寿（1985）：《我国科学家与学会》，《学会》，（3）。

邢天寿（1986）：《论学会》，厦门：福建科技出版社。

邢天寿（1988）：《学会的自我认知》（内部报告），长春：吉林省社科联。

邢天寿（2000）：《学会——科学技术活动的重要阵地》（内部报告），北京：中国科协调研室。

邢天寿（2000）：《中国最早的科学学会》（内部报告），北京：中国科协调研室。

徐渭（1997）：《坚持一个方向保持两个特色实现三力并举》，《学会》，（4）。

杨红梅（2012）：《科技社团核心竞争力的认识模型及实现初探》，《科学学研究》，（5）。

杨文志（2006）：《现代科技社团概论》，北京：科学普及出版社。

于欣荣（1991）：《学会在决策服务中的地位与作用》，《学会》，（10）。

于欣荣（1994）：《达尔文·物种起源·学会》，《学会》，（2）。

于欣荣（1996）：《论科协对学会的有效管理》，《科协论坛》，（4）。

袁永江（1989）：《浅谈学会的形成和进化》（内部报告），长春：吉林省社科联。

袁正光（1989）：《学会是近代科学诞生的摇篮》（内部报告），长春：吉林省社科联。

张海军（2012）：《"社会组织"概念的提出及其重要意义》，《社团管理研究》，（12）。

张良（2015）：《治理能力现代化视角下科技学会能力模型构建研究》，《学会》，（11）。

赵红（2015）：《关于做好会员发展与会员服务工作的思考》，《科协论坛》，（11）。

赵红洲（1994）：《英国的无形学会》，《学会》，（10）。

赵敏（2008）：《科技社团社会公信力影响因素探析》，《东南大学学报》（哲学社会科学版），（6）。

赵世营等（1992）：《学会工作评价走向量化的有益实践中》，《学会》，（4）。

郑颜（1998）：《对科协所属学会面向新世纪几个问题》，《科协论坛》，（7）。

周培源（1978）：《积极开展学术交流》，《人民日报》，2月26日。

朱光亚（1993）：《中国科协四届三次全委会报告》。

朱梅（2000）：《中外学会体制及经营思想、经营方法的一点比较》（内部报告），北京：中国科协调研室。

朱钰（2008）：《建立科技社团公信力评价指标体系的若干思考》，《统计与信息论坛》，（8）。

Literature Review of China's Scientific and Technological Societies Theoretical Research Since 1978

Yang Shujuan

[**Abstract**] Since 1978, the reform and opening up year, the Chinese science and technology societies has developed rapidly. With the development of Chinese science and technology societies as the main direction and 1978 – 2017 published the relevant theoretical research as the foundation, the theoretical research of the Chinese science and technology societies is divided into four stages: the science and technology societies research establishment and exploration development period, adjustment and transformation development period, and reform and standard development period, innovation and intensive study development period. The article is about study on the construction of the literature review, combing Chinese science and technology societies theory track system and development, comparison and summarizing the past practice, providing both a certain historical depth and practical for background and framework for theory research of the Chinese science and technology societies, further improvement and development in order to promote the study of science and technology society theory.

[**Keywords**] NGO; Scientific and Technological Societies; Literature Review

（责任编辑：朱晓红）

编辑手记

　　"政社关系"，对于将 1949 年之后的中国作为研究对象的学术圈而言，一向是非常重要、特殊且敏感的主题。在经历新中国成立初期的社会主义改造之后，我国进入社会主义初级阶段，最初的近三十年时间，是一种单位社会，社会组织同时必然也是一个单位，且在以中国共产党为核心的同心圆组织体制内。根据有些学者的研究，"社会"一词在普通老百姓的日常话语中，意味着"不正规和不可信任"，国家与政府才是最可认同、最可信任（或者说是唯一可认同、可信任）的。在某种意义上来说，这段时间并没有作为问题的"政社关系"。

　　"政社关系"作为问题出现，是因为"社会"被现实所需要，最初的社会是包括经济领域的，这很符合历史上国家与社会关系的话语演变过程。三分法的政府、市场与社会，是在社会重建与分化过程中逐渐出现的。随着市场与社会的分化，在国际话语的全球化过程中，独立的"社会"话语也开始出现在中国，NGO、Civil Society、民间组织、第三部门、非营利组织、志愿组织、社会中介组织、公益慈善、社会公益等概念层出不穷，围绕这些概念本身的认知与理解就出现了大量的研究文献。

　　再接下来，"社会"也出现了分化，对社会组织存在的功能，也有了不同立场的阐述，"政社关系"也就出现了更为激烈的纷争。社会作为国家的补充而存在，还是可以作为独立于国家的现实存在？政府、市场与社会，三者关系到底为何？社会创新、社会企业、公益金融、社区治理、社会治理等概念，就是探索出来的产品，不同的学科各自使出浑身解数，试图厘清这个关系，但是因为理论基本上都来自西方，隔靴搔痒与水土不服是这些研究文献的常态，中国"社会"的不可解释性成为理论难题，这个问题至今没有解决。

再将视野放宽至一百年前，"群"与"社会"的博弈，最后是"社会"这个外来语胜出，就已经注定了这个进入千年历史峡谷"骤变"的国度文化的断裂。无论是传统的话语，还是外来的话语，都很难（或者更难）来描述这个国度的变化。

（中国）"社会"，于是成了实践的难题和学术"富矿"，因为谁也说不清，就需要一直说下去。于是《中国非营利评论》这一卷的主题就围绕着"政社关系"的新视野展开。"政社关系"还是这四个字，但因为社会情境的变迁，国内国际局势出现了新趋势，"新视野"也就自然而然了。但实际上，太阳底下无新事，一百多年的问题，四十年的问题，在大历史和小现实之间来来回回，所以，本卷讨论的，无非依旧是一些老话题。

"能力专有性"是本期特稿中的一个概念，作者借用经济学的理论成果，来指称同一场域内社会组织专有能力的状态，其核心是不可替代性，其衍生包括稀缺性、多样性和效率性等。社会组织的能力专有性越高，政府就会更重视、更尊重和更依赖社会（组织），在某种意义上，这是一种"政社关系"的经济学考察。

在新的时代，党建、扶贫、社区治理、社会工作、社会企业、慈善法、社会治理、公民参与等话语各自代表着一些新的趋势、新的观念和新的实践，这种新的方向其实是不确定的，唯一相同的就是和前些年的不同，因此可以作为"新"话题进行"新探索"。

2018 年，一场史无前例的"Me Too"运动席卷了整个公益界，还弥漫在作为社会重要场域的高校与传媒中，虽然因为众所周知的原因，这场运动显得有些虎头蛇尾，但是似乎我们确实看到了不同，和前些年只关注"帮助弱势群体"为主要话语的实践以及早期"复制粘贴式"的 NGO 全球化不同，这里有"自主"（意识觉醒）、"多元"（主题转移）和"建构"（议程倡导），而这些是"组织化社会"的专有品质。

在一个"营利"作为主流话语的社会中，"非营利"的话语往往是很有局限的，因为这是一个否定的概念，缺乏对于美好生活正面的阐释。但有时候，不也只是话语表达的策略吗？"非营利"，不要局限于"不要去追求营利目标"，而是要表达为"追求与营利不一样的美好生活目标"。文字是死的，人是活的，有了人，文字就变成了语言/话语，就变成了生活世界的基本单元。

本刊编辑部

2019 年 1 月 16 日

稿　　约

1. 《中国非营利评论》是有关中国非营利事业和社会组织研究的专业学术出版物，分为中文刊和英文刊，均为每年出版两卷。《中国非营利评论》秉持学术宗旨，采用专家匿名审稿制度，评审标准仅以学术价值为依据，鼓励创新。

2. 《中国非营利评论》设"论文""案例""研究参考""书评""观察思考"等栏目，刊登多种体裁的学术作品。

3. 根据国内外权威学术刊物的惯例，《中国非营利评论》要求来稿必须符合学术规范，在理论上有所创新，或在资料的收集和分析上有所贡献；书评以评论为主，其中所涉及的著作内容简介不超过全文篇幅的 1/4，所选著作以近年出版的本领域重要著作为佳。

4. 来稿切勿一稿数投。因经费和人力有限，恕不退稿，投稿一个月内作者会收到评审意见。

5. 来稿须为作者本人的研究成果。作者应保证对其作品具有著作权并不侵犯其他个人或组织的著作权。译作者应保证译本未侵犯原作者或出版者的任何可能的权利，并在可能的损害产生时自行承担损害赔偿责任。

6. 《中国非营利评论》热诚欢迎国内外学者将已经出版的论著赠予本刊编辑部，备"书评"栏目之用，营造健康、前沿的学术研讨氛围。

7. 中国非营利评论英文刊（*The China Nonprofit Review*）是 Brill 出版集团在全球出版发行的标准国际刊号期刊，已被收录入 ESCI（Emerging Sources Citation

Index）。英文刊接受英文投稿，经由独立匿名评审后采用；同时精选中文刊的部分文章，经作者同意后由编辑部组织翻译采用。

8. 作者投稿时，电子稿件请发至：lehejin@ 126. com （中文投稿），nporeviewc@ gmail. com （英文投稿）。

9.《中国非营利评论》鼓励学术创新、探讨和争鸣，所刊文章不代表本刊编辑部立场，未经授权，不得转载、翻译。

10.《中国非营利评论》集刊以及英文刊所刊载文章的版权属于《中国非营利评论》编辑部所有；本刊已被中国期刊网、中文科技期刊网、万方数据库、龙源期刊网等收录，为适应我国信息化建设的需要，实现刊物编辑和出版工作的网络化，扩大本刊与作者知识信息交流渠道，在本刊公开发表的作品，视同为作者同意通过本刊将其作品上传至上述网站。作者如不同意作品被收录，请在来稿时向本刊声明。但在本刊所发文章的观点均属作者个人观点，不代表本刊立场。本声明最终解释权归《中国非营利评论》编辑部所有。

由于经费所限，本刊不向作者支付稿酬，文章一经刊出，编辑部向作者寄赠当期刊物 2 本。

来 稿 体 例

1. 各栏目内容和字数要求：

"论文"栏目发表中国非营利和社会组织领域的原创性研究，字数以8000～20000字为宜。

"案例"栏目刊登对非营利和社会组织实际运行的描述与分析性案例报告，字数以5000～15000字为宜。案例须包括以下内容：事实介绍、理论框架、运用理论框架对事实的分析。有关事实内容，要求准确具体。

"研究参考"栏目刊登国内外关于非营利相关主题的研究现状和前沿介绍、文献综述、学术信息等，字数为5000～15000字。

"书评"栏目评介重要的非营利研究著作，以5000～10000字为宜。

"观察与思考"栏目刊发非营利研究的随思随感、锐评杂论、会议与事件的评述等，字数以3000～8000字为宜。

2. 稿件第一页应包括如下信息：（1）文章标题；（2）作者姓名、单位、通信地址、邮编、电话与电子邮箱。

3. 稿件第二页应提供以下信息：（1）文章中、英文标题；（2）不超过400字的中文摘要；（3）2～5个中文关键词。书评、随笔无须提供中文摘要和关键词。

4. 稿件正文内各级标题按"一""（一）""1.""（1）"的层次设置，其中"1."以下（不包括"1."）层次标题不单占行，与正文连排。

5. 各类表、图等，均分别用阿拉伯数字连续编号，后加冒号并注明图、表名称；图编号及名称置于图下端，表编号及名称置于表上端。

6. 本刊刊用的文稿，采用国际社会科学界通用的"页内注 + 参考文献"方式。

基本要求：说明性注释采用当页脚注形式。注释序号用①②③……标识，每页单独排序。文献引用采用页内注，基本格式为（**作者，年份：页码**），外国人名在页内注中只出现姓（容易混淆者除外），主编、编著、编译等字眼，译文作者、国别等字眼都无须在页内注里出现，但这些都必须在参考文献中注明。

文末列明相应参考文献，参考文献中外文分列（英、法、德等西语可并列，日语、俄语等应分列）。中文参考文献按照作者姓氏汉语拼音音序排列，外文参考文献按照作者姓氏首字母排序。基本格式为：

作者（书出版年份）：《书名》（版次），译者，卷数，出版地：出版社。
作者（文章发表年份）：《文章名》，《所刊载书刊名》，期数，刊载页码。
author（year），*book name*，edn.，trans.，Vol.，place：press name.
author（year），"article name"，Vol.（No.）*journal name*，pages.

图书在版编目（CIP）数据

中国非营利评论. 第二十三卷, 2019. No.1 / 王名
主编. -- 北京：社会科学文献出版社，2019.2
　　ISBN 978 - 7 - 5201 - 4344 - 8

　　Ⅰ. ①中… Ⅱ. ①王… Ⅲ. ①社会团体 - 中国 - 文集
Ⅳ. ①C232 - 53

中国版本图书馆 CIP 数据核字（2019）第 031925 号

中国非营利评论（第二十三卷）

主　　办 / 清华大学公益慈善研究院
　　　　　明德公益研究中心
主　　编 / 王　名

出 版 人 / 谢寿光
责任编辑 / 关晶焱
文稿编辑 / 张　娇

出　　版 / 社会科学文献出版社·集刊分社（010）59367161
　　　　　地址：北京市北三环中路甲 29 号院华龙大厦　邮编：100029
　　　　　网址：www. ssap. com. cn
发　　行 / 市场营销中心（010）59367081　59367083
印　　装 / 三河市龙林印务有限公司

规　　格 / 开　本：787mm × 1092mm　1/16
　　　　　印　张：19　字　数：320 千字
版　　次 / 2019 年 2 月第 1 版　2019 年 2 月第 1 次印刷
书　　号 / ISBN 978 - 7 - 5201 - 4344 - 8
定　　价 / 65.00 元